2021年度国家社科基金重大项目

中宣部2022年主题出版重点出版物

浙江文化艺术发展基金资助项目

PROJECTS SUPPORTED BY ZHEJIANG CULTURE AND ARTS DEVELOPMENT FUND

# 中国式现代化开创人类文明新形态

Chinese Modernization Creates a New Form
of Human Advancement

韩庆祥　著

浙江人民出版社

**图书在版编目（CIP）数据**

中国式现代化开创人类文明新形态 / 韩庆祥著. —
杭州 ：浙江人民出版社，2024.4
ISBN 978-7-213-11435-9

Ⅰ. ①中… Ⅱ. ①韩… Ⅲ. ①中国特色社会主义理论
体系–研究 Ⅳ. ①D610

中国国家版本馆CIP数据核字（2024）第061212号

# 中国式现代化开创人类文明新形态

韩庆祥　著

出版发行：浙江人民出版社（杭州市环城北路177号　邮编　310006）
　　　　　市场部电话：(0571)85061682　85176516
责任编辑：高辰旭　沈敏一　张苗群　张　伟
营销编辑：陈雯怡　张紫懿
责任校对：杨　帆　何培玉　姚建国
责任印务：程　琳
封面设计：王　芸　今亮后声
电脑制版：杭州兴邦电子印务有限公司
印　　刷：浙江新华数码印务有限公司
开　　本：710毫米×1000毫米　1/16　　印　　张：26.25
字　　数：310千字　　　　　　　　　　插　　页：2
版　　次：2024年4月第1版　　　　　　印　　次：2024年4月第1次印刷
书　　号：ISBN 978-7-213-11435-9
定　　价：88.00元

如发现印装质量问题，影响阅读，请与市场部联系调换。

# 目　录

# 引

# 言

# 走向中国式现代化、人类文明新形态研究的深处

创造中国式现代化新道路、创造人类文明新形态，是习近平总书记在庆祝中国共产党成立100周年大会上的重要讲话中正式提出的。"中国式现代化新道路""人类文明新形态"等具有标识性的重大论断的提出，为源远流长、博大精深的中华文明注入了充满生机活力的时代元素，也迅速引起了我国思想理论界的广泛关注和热烈讨论。从"现代化在中国"到"中国式现代化在世界"，从"融入文明主流"到"以中国式现代化建设中华民族现代文明、创造人类文明新形态"，体现了基于中华民族主体性的新时代中国共产党人越发自信的精神状态和奋斗姿态。

欲深化对中国式现代化和人类文明新形态的研究，首先必须对我国理论界的相关研究进行梳理与总结，我国理论界对"中国式现代化""人类文明新形态"的研究，经过了"政治宣传—文本解读—学理研究"的发展历程，当然，这三个层面的研究时常是交织在一起的。在思想资源层面，主要是挖掘整理马克思主义文明观、马克思的现代性批判思想与中国式现代化和人类文明新形态之间的关联性；在基本理论层面，学术界深入探讨现代化规律与现代化道路、文化与文明等基本概念，并进行相应的学术史、概念史挖掘；从理论建构层面，系统总结和阐释中国式现代化、人类文明新形态的形成逻辑、理论内涵、时代意义。

## 一、世界历史视野中的中国式现代化与人类文明新形态

中国式现代化走出了"西方中心论"框架，开创出人类文明新形态。我国思想理论界从世界历史和世界现代化进程的宏观维度，审视中国式

现代化和人类文明新形态，超越"西方中心论"的框架，论证了中国式现代化道路的自主性、独特性、创造性，取得了具有共识性的研究成果。

在这一问题上，我国理论界提出以下具有代表性的观点。

第一，从大历史观看，中国式现代化的鲜明特征、实质内容和世界意义，就在于它不是国外现代化发展的翻版，而是以马克思主义为指导思想，坚持和发展中国特色社会主义，成功走出自己的现代化道路，且创造了文明新形态。中国式现代化，是在既定的"东方从属于西方"的世界格局中，以中国人民"站起来"的国家独立为首要前提的现代化；是在"改革开放"的创新实践中，以中国人民"富起来""强起来"为现实基础的现代化；是在坚持和发展"中国特色社会主义"的进程中，以创建人类文明新形态为历史使命的现代化。中国式现代化是推进社会全面进步和实现人的全面发展的现代化新道路。[①]这一观点的独到之处，就是把现代化置于既定的"东方从属于西方""站起来、富起来、强起来""中国式现代化的历史使命"的框架中进行研究。

第二，要以大历史观，建构起中国式现代化、人类文明新形态、人类命运共同体的内在逻辑及理论体系、话语体系，厘清并解构"西方中心论"的理论体系和话语体系。西方国家在西方文明演进中内生出"帝国文明"，建构起"西方中心论"理论体系和话语体系，蕴含使"帝国文明"异化为野蛮的基因。"西方中心论"理论体系和话语体系是沿着"线性道路""单数文明""民族优越""天赋人权""社会进化""理性尺度""普世价值""开化使命""美丽神话""唯一哲学"的逻辑建构起来的。中国式现代化以"主主平等"为哲学根基，能开创出人类文明新形

---

① 参见孙正聿：《从大历史观看中国式现代化》，载《哲学研究》2022 年第 1 期。

态，人类文明新形态是构建人类命运共同体的人文基础，三者在生成逻辑上是逐步演进的关系，在理论逻辑上是彼此理解的关系。中国共产党一改过去中国对西方现代化潮流冲击的被动回应为主动应对，在实现社会主义现代化上掌握了历史主动。该观点的独到之处，就是把建构中国式现代化与解构"西方中心论"从内在本质上联结起来。

第三，从世界现代化视野来看，中国在现代化发展过程中的一个最大变化，就是由"现代化在中国"到"中国式现代化"。中国式现代化不仅加快了中国的发展进程，而且对世界发展和人类文明发展产生了重大而深远的影响。中国式现代化在有关现代化这样一些重大关系问题上，尤其显示出其独特的意义与价值：在现代化的普遍与特殊关系上，中国式现代化既遵循现代化的普遍规律，又体现中国共产党人的能动选择和创造；在现代化的"外源"与"内生"关系上，中国式现代化经过自身努力，不再是外源现代化，而是内生现代化，实现了从外源向内生的深刻转型；在现代化的自主与依附关系上，中国式现代化在其发展过程中，既不"依附"，也不"脱钩"，破解了"依附"发展与"脱钩"发展的二元难题；在现代化的学习与创新关系上，中国式现代化成功地实现了从简单学习、模仿到自主创新的重大跨越，为发展中国家提供了重要示范。[1] 这一观点的亮点，就是认为中国式现代化的提出，实现了从"现代化在中国"到"中国式现代化在世界"、从外源向内生的深刻转型，从被动依附到主动发展的深刻转型，从学习模仿到自主创新的重大跨越。

第四，在世界历史的整体背景中理解和论述中国式现代化，体现在以下三个方面：从现实起源来说，世界历史使现代化成为每一个民族的

---

[1] 参见丰子义：《从世界现代化看中国式现代化》，载《北京师范大学学报（社会科学版）》2023年第 1 期。

普遍命运，但不同民族现代化道路的现实进程则完全取决于特定民族本身的社会条件和历史环境。正是由于具体而独特的社会—历史现实，中国的现代化进程在特定的转折点上，同时成为马克思主义中国化的进程。就当代意义来说，中国式现代化—马克思主义中国化的当代形态是中国特色社会主义。它在新的历史方位上展现出三重意义：对于中华民族、对于世界社会主义、对于人类整体的发展所具有的重大意义，而这样的意义正应当被理解为"世界历史意义"。就未来筹划而言，中国式现代化之所以展现出世界历史意义，是因为它在完成现代化任务的同时，正在开启人类文明新形态。这意味着中国式现代化进程与人类文明新形态建立起历史性的联系，而这一联系尤为突出地反映在中国未来发展的战略目标上。[①] 这一观点的启发意义主要在于，它建立起中国的现代化进程与马克思主义中国化的进程、中国式现代化与人类文明新形态的历史性的联系。

## 二、马克思主义关于文明和现代性批判的思想资源

中国式现代化和人类文明新形态，是马克思主义同中国具体实际相结合、同中华优秀传统文化相结合的成果和结晶。中国式现代化开创的人类文明新形态，强调对于资本现代性的驾驭和规范，是不同于资本逻辑主导的文明形态。

在这一问题上，我国理论界提出了一些具有一定影响力的观点。

第一，在马克思之前，思想家们从三种路向探讨了资本主义文明社会：一是论证资本主义文明社会的永恒合理性；二是主张返回到人类简单

---

[①] 参见吴晓明：《世界历史与中国式现代化》，载《学习与探索》2022 年第 9 期。

需要的原始状态；三是提出超越资本主义文明社会的未来社会的空想。马克思从人的物质生产劳动出发，提出了人类文明演变的思想。马克思认为，资本具有二重性，资本打破了人对狭隘的人群共同体的依赖，却又迫使人依赖物化的社会关系；资本为了逐利刺激生产力发展，却又无法驾驭生产力；资本通过缩短工人必要劳动时间榨取剩余价值，使社会有了大量自由时间；资本以殖民侵略和掠夺方式促使历史向世界历史转变。在资本的统治下，人与自然的关系、人与人的社会生活关系、政治关系和精神文化关系都扭曲了。资本的内在矛盾促使其走向解体，被社会主义的高级文明形态所代替。当前，中国特色社会主义进入新时代，中国共产党领导人民推进物质文明、政治文明、精神文明、社会文明和生态文明建设，使它们相互促进、协调发展，创造了人类文明新形态。[①] 这一观点的合理之处，就是它基于资本文明的内在矛盾来研究人类文明的历史演进。

第二，马克思既是资本现代性的批判者，也是新现代性的构建者，他在肯定现代社会生产力发展水平的同时，指出资本逻辑的现实化体现为资本无限增殖和膨胀的过程。在批判资本现代性的同时，马克思提出现代化发展的新版本，从而提升了现代文明的品质。马克思主义为中国的民族解放事业提供了科学指导，激活了支撑中国式现代化的现实历史伟力。中国式现代化道路体现了社会主义建设规律和人类社会发展规律，促进了中华优秀传统文化创造性转化和创新性发展，其中创造的人类文明新形态表明，取得的成就具有世界历史意义。[②] 该观点的启迪之处，就

---

① 参见李淑梅：《马克思的文明演变思想与创造人类文明新形态》，载《南开学报（哲学社会科学版）》2022年第2期。

② 参见臧峰宇：《马克思的现代性思想与中国式现代化的实践逻辑》，载《中国社会科学》2022年第7期。

是强调马克思既是资本现代性的批判者，也是新现代性的构建者。

第三，作为政治经济学批判，《资本论》实现的不仅是批判和超越德国古典哲学和英国古典政治经济学的哲学与经济学革命，更是从"解释世界"到"改变世界"的世界观革命。《资本论》的世界观革命，实际上就是剖析和解构资本主义的"私人化"生产方式，发展和建构共产主义的"合作化"生产方式变革。通过世界观革命和生产方式变革，《资本论》从根本上推动了人类社会从"必然王国"向"自由王国"的迈进和人类文明新形态的变迁。《资本论》就是世界历史的"重新书写"和人类文明新形态的"助产婆"。[①] 该观点从人类文明新形态的角度揭示和阐释了《资本论》的重大价值，挖掘了《资本论》的哲学深度。

## 三、开创中国式现代化和人类文明新形态的历史过程及其内在逻辑

中国式现代化和人类文明新形态，既是对中国共产党领导中国人民探索中国向何处去这一历史过程的实践总结，也是对世界现代化进程中中国现代化经验的理论提升，其开创具有特定的历史过程和内在逻辑。

在这一问题上，我国理论界提出了两种具有深刻见解的观点。

第一，中国式现代化历经艰难起步、初步探索、正式开辟和深化拓展四个阶段。中国共产党在中华民族面临生死存亡的关键时刻，在中国现代化遭遇重大挫折的时候走上历史舞台，开启了中国式现代化不可逆转的新征程，为建设中国特色社会主义和新时代的中国式现代化提供了

---

[①]　参见白刚：《〈资本论〉与人类文明新形态》，载《四川大学学报（哲学社会科学版）》2017年第5期。

宝贵经验、理论准备、物质基础。遵循历史逻辑，科学总结我们党关于社会主义现代化建设的宝贵经验、深化拓展建设社会主义现代化强国的科学内涵，明确实现这一目标的路径选择、重要原则、战略安排，是引领我们实现第二个百年奋斗目标的科学指南和行动纲领。中国共产党百年历史，不仅是为中华民族伟大复兴而奋斗的历史，也是为实现中国式现代化而奋斗的历史。[①] 该观点的价值在于梳理了中国式现代化发展的四个阶段，即历经艰难起步、初步探索、正式开辟和深化拓展四个阶段。

第二，中国式现代化的逻辑，包括生成逻辑、理论逻辑、实践逻辑和世界逻辑。生成逻辑，就是中国式现代化的历史起点是党的十八大；理论逻辑，在于第一次较为系统地阐述了中国式现代化理论；实践逻辑，就是以中国式现代化全面建成社会主义现代化强国、全面推进中华民族伟大复兴；世界逻辑，就是中国式现代化在世界现代化发展历程中的地位经历了从"世界失我"到"世界有我"再走向"世界向我"的历史演进。该观点的学术价值主要在于，从"四层逻辑"全面深入探究了中国式现代化，且从"世界失我"到"世界有我"再走向"世界向我"的历史演进，分析了中国式现代化在世界现代化发展历程中的地位。

## 四、中国式现代化与人类文明新形态的理论内涵

只有提炼中国式现代化和人类文明新形态的理论体系和内在逻辑，才能把中国实践和中国经验提升为中国理论，才能在西方理论占据主导地位的现代化理论丛林中占据重要的一席之地。

---

[①] 参见秦宣：《中国式现代化的历史逻辑探析》，载《当代中国史研究》2022年第2期。

在这一问题上，我国理论界提出几种具有启发性的观点。

第一，提炼概括出了中国式现代化理论体系的总体框架：历史方位是"强国时代"；根本问题是"如何全面建成社会主义现代化强国"；哲学根基是"主主平等"；分析方法（解释框架）是"坚持统一性和多样性统一"；核心理念是"坚持人民至上"；体系主干是"为中国人民谋幸福、为中华民族谋复兴、为世界谋大同、为中国共产党人谋强大、为马克思主义谋生机"；体系支干是"本质要求、重大原则和重大关系"；原创贡献是"自主创造了中国式现代化道路、创造人类文明新形态、构建人类命运共同体，为创新发展 21 世纪马克思主义奠定基石"。该观点的新颖之处，在于提炼概括出了中国式现代化理论体系的总体框架。

第二，认为中国式现代化与人的全面发展具有内在的本质联系。在马克思主义特别是科学社会主义理论中，促进人的全面发展是社会主义社会发展的目标，是社会主义社会区别于资本主义社会的根本特征之一。中国特色社会主义理论体系关于中国式现代化的论述，特别是习近平新时代中国特色社会主义思想对中国式现代化的基本特征和本质要求的揭示，蕴含着促进人的全面发展这一重要内容。新时代中国式现代化的实践与理论拓展丰富了人的全面发展思想：坚持人民至上立场和以人民为中心的发展思想是对促进人的全面发展思想的进一步拓展和深化；在中国式现代化进程中促进人的全面发展与实现人的现代化本质上是一致的；促进人的全面发展是在中国式现代化总体进程中逐渐实现的。[①] 该观点从人的全面发展的角度研究中国式现代化，颇有独到之处。

第三，认为人类文明的变迁与社会形态的嬗变具有一致性，判断文

---

① 参见郝立新：《中国式现代化与促进人的全面发展》，载《思想理论教育导刊》2023 年第 4 期。

明形态演进的依据在于生产方式的发展状态。从人类文明的历史变迁看，实践的发展决定文明的发展，生产力的发展程度直接体现人类实践的高度，是人类文明变迁的动力源泉。从人类文明秩序的形成看，人类文明秩序既不由先验理性所设计，也不是自由竞争条件下的自然演化，而是受到生产关系的内在规定，蕴含着历史规律与主体选择的统一。中国共产党在领导中国人民探索现代化道路的历史进程中，以对"现实的人"的自我认识和自我解放为内驱动力，在生产力的发展上追求平衡和充分，在生产关系的构建中凸显人的主体性，力求以生产方式的创新性发展超越资本主义文明的局限，创造人类文明新形态。[①] 该观点坚持唯物主义历史观的世界观和方法论，把唯物主义历史观作为一种分析框架，着重从生产方式的变迁来理解和把握文明形态演进。

## 五、中国式现代化和人类文明新形态的时代价值和世界意义

为什么中国式现代化能够开创人类文明新形态？为什么西方现代化没有创造出人类文明新形态？后发国家如何在享受现代化的成果时避免现代性的代价？现代化的中国方案，无疑具有重要借鉴意义。

在这一问题上，我国理论界提出三种具有独到性和启发性的观点。

第一种观点：中国式现代化为创造人类文明新形态作出了独特贡献。一是从哲学维度讲，创造了以"主主平等、和合普惠"为哲学范式的多元共赢文明，区别于西方那种一元主导文明；二是从历史维度讲，创造

---

[①] 参见刘同舫：《人类文明新形态的内在依据：生产方式的创新性发展》，载《北京大学学报（哲学社会科学版）》2023 年第 1 期。

了以新发展理念为指导原则来全面建成社会主义现代化强国，进而注重物质文明、政治文明、精神文明、社会文明、生态文明相协调的全要素文明，区别于西方工业化进程中那种物质主义膨胀的单向度文明；三是从关系维度讲，创造了坚持人民至上的民本文明，它区别于资本主义社会资本至上、两极分化的资本文明；四是从空间维度讲，创造了坚持走和平发展道路，高举和平、发展、合作、共赢旗帜，携手共建人类命运共同体的类本文明（人类和合文明），区别于"西方中心论"、狭隘民族主义、殖民扩张的地域性文明。该观点的学理意义，在于较为系统地阐释了人类文明新形态的理论内涵，从哲学根基上揭示出西方现代化开创不出人类文明新形态，而中国式现代化能开创人类文明新形态。

第二种观点：中国式现代化道路与人类文明新形态相互贯通、交互作用。中国式现代化道路所展现的新文明，主要体现为以社会主义为本质规定的制度文明、以人民为中心的价值指向、切合实际的路径选择、综合协调的整体文明、命运与共的和平发展等。中国式现代化道路开创的人类文明新形态，为人类文明增添了新的内涵，改变了人类文明的格局，导引了人类文明的走向，创新了人类文明发展的方式。[①]该观点的启发之处，在于它把中国式现代化道路与人类文明新形态理解为相互贯通、相互成就的关系。这种观点还从五大方面概括了中国式现代化对世界文明的贡献：拓展人类文明发展路径；丰富人类文明内涵；为人类文明发展注入新动力；指引人类文明发展的正确方向；深化文明交往的规律性认识。[②]

第三种观点：中国式现代化的成就不仅属于中国，也属于世界；不

---

[①] 参见丰子义：《中国式现代化道路的文明价值》，载《前线》2022 年第 3 期。

[②] 参见丰子义：《为世界文明发展作出重大贡献》，载《人民日报》2022 年 11 月 2 日。

仅在中华民族复兴史上具有重大意义，在人类社会发展史上也具有重大意义。一是中国式现代化理论的创立终结了西方现代化理论的垄断地位，实现了现代化理论的范式重构和术语革命；二是中国式现代化事业的奠基，改变了"东方从属于西方"的现代化版图和世界历史格局，向世界宣告了"人类和地球的欧洲化"时代已经结束；三是中国式现代化道路的开辟改变了发展中国家"要么依附，要么脱钩"的历史宿命，启迪广大发展中国家走自主现代化的新道路；四是中国式现代化提供了后发国家规避西方"现代化悖论"和"现代性之殇"的新路径，开辟了更为健康、更可持续的现代化新愿景；五是中国式现代化文明的出场，在吸收现代文明积极成果的同时，开创了具有大国气象、东方气质、社会主义性质的人类文明新形态。[①] 该观点的独创之处，在于全面深入揭示和阐释了中国式现代化的世界历史意义。

我国理论界对中国式现代化和人类文明新形态的研究取得了丰硕成果，几乎涉及相关问题的方方面面，也提出了许多独到见解。然而，美中不足的是，对中国共产党成功推进拓展、创新突破中国式现代化的演进历程，中国式现代化理论体系和话语体系的建构，建构中国式现代化理论体系与解构"西方中心论"的内在联系，中国式现代化开创人类文明新形态的历程与机理，人类文明新形态的理论内涵，文化和文明的区别，中国式现代化、人类文明新形态与发展21世纪马克思主义的关系，21世纪马克思主义的"思想芯片"等问题，还缺乏全面深入的研究。这恰恰是本书推进理论创新的突破口、切入点和生长点。

基于上述研究成果，可以提炼概括出进一步全面深入研究中国式现

---

① 参见陈曙光：《中国式现代化的世界历史意义》，载《马克思主义与现实》2023年第4期。

代化和人类文明新形态的重大意义、根本问题和分析框架。

重大意义是：使人们对于人类实现现代化和人类文明发展的走向及其对整个世界的影响这个问题，有进一步的理解和把握。这是我们整个人类和世界最为关切的根本问题，它关乎整个人类和世界发展的命运。它回答了研究中国式现代化和人类文明新形态"何以重要"的问题。

根本问题是：西方现代化与现代性思想具有怎样的演进逻辑；中国是如何从对西方现代化潮流冲击的被动防御走向主动应对的；怎样理解"西方中心论"的理论体系和话语体系；如何全面深入理解和把握中国式现代化；如何建构中国式现代化的理论体系和话语体系；中国式现代化的深层逻辑和基本原理是什么；怎样把握中国式现代化开创人类文明新形态的历史过程与内在机理；如何全面理解和把握人类文明新形态的基本内涵；中国式现代化和人类文明新形态对人类发展命运有何重要影响；怎样以建构性思维构建 21 世纪的"中国理论"；如何基于中国式现代化和人类文明新形态创新发展 21 世纪马克思主义；文化和文明究竟有何区别；造就新的文化生命体、建设中华民族现代文明具有什么重要意义。这表明研究中国式现代化和人类文明新形态还具有较为广阔的空间，它从现在和未来两个维度回答了研究中国式现代化和人类文明新形态"何以可能"的问题。

分析框架是：立足于人类社会"主主平等普惠"这一哲学根基，以唯物主义历史观为世界观和方法论，遵循动力、平衡、治理相统一的规律，展开对中国式现代化和人类文明新形态问题的全面深入研究。它回答了"何以深化"对中国式现代化和人类文明新形态的研究的问题。

运用上述分析框架研究上述根本问题，本书提出以下重要观点：

——在如何揭示西方现代化与现代性思想的演进逻辑问题上，指出西方现代化从启蒙现代性开启，之后演进的逻辑，便是从经典现代性，经资本现代性批判和反思现代性，最后走向后现代主义。

——在中国是如何从对西方现代化潮流冲击的被动防御走向主动应对问题上，强调马克思列宁主义的指导思想、中国共产党的领导力量、正确的中国道路，是中国由被动防御走向主动应对的关键因素。

——在怎样理解"西方中心论"的理论体系和话语体系问题上，认为"西方中心论"的理论体系和话语体系，是沿着"线性道路""单数文明""民族优越""天赋人权""社会进化""理性尺度""普世价值""开化使命""美丽神话""唯一哲学"的逻辑建构起来的，这也堪称"西方中心论"的十大支点或要素。

——在如何全面深入理解和把握中国式现代化及其理论体系和话语体系问题上，主张从中国式现代化具有中国特色、中国式现代化发展道路具有特殊性、中国式现代化创造中华民族现代文明和人类文明新形态、中国式现代化彰显中华民族的鲜明特质、中国式现代化在社会性的群己关系中注重为他、体现中国式现代化的本质要求和重大原则的社会治理、中国式现代化坚持以人民为中心的发展思想、中国式现代化致力于构建人类命运共同体、中国式现代化倡导"主主平等"的普惠哲学（蕴含全人类共同价值这种普惠价值）、中国式现代化为人类实现现代化提供新的选择等十个方面，建构起中国式现代化的理论体系和话语体系，进而全面深入理解和把握中国式现代化。

——在如何进一步深入揭示中国式现代化的深层逻辑和基本原理问题上，尝试通过动力、平衡和治理统一论，统一和多样辩证法，社会主义、中华优秀传统文化和中国具体实际结合论，实践主体性及其自主性、独特性、超越性论，守正和创新辩证法，系统为基的战略辩证法，使传统走向现代、使中国走向世界、使民族的成为人类的这七个维度进行梳理，并挖掘出中国式现代化的深层逻辑和基本原理，以彰显中国式现代化的一般规律和独特价值。

——在怎样把握中国式现代化开创人类文明新形态的历史过程与内在机理问题上，认为中国式现代化的逻辑，包括生成逻辑、实践逻辑、世界逻辑、理论逻辑、历史逻辑和哲学逻辑。其生成逻辑，就是新中国成立特别是改革开放以来的长期探索和实践是中国式现代化生成的基础，党的十八大是我们党在理论和实践上具有根本性的创新突破和成功拓展中国式现代化的历史起点，它是沿着"'走自己的路'（自主性成长）—'中国特色社会主义道路'（内涵式成长）—'中国式现代化新道路'（世界性成长）—'中国式现代化'（理论性和话语性成长）"的历史过程实现创新性突破和成功拓展的；其实践逻辑，就是在以中国式现代化全面推进强国建设、民族复兴进程中不断推进中国式现代化；其世界逻辑，就是中国式现代化在世界现代化发展历程中的地位，经历了从"世界失我"到"世界有我"再走向"世界向我"的历史演进；其理论逻辑，在于第一次较为系统地阐述了中国式现代化理论；其哲学逻辑，在于中国式现代化的哲学根基是"主主平等普惠"，它必然内生出人类文明新形态。

——在如何全面理解和把握人类文明新形态的基本内涵问题上，强调它是哲学上的"主主平等文明"，区别并超越于西方传统的"主客对立"文明；它是历史时间上从工业文明走出来的"全要素文明"，即物质文明、政治文明、精神文明、社会文明、生态文明协调发展，区别并超越于西方那种物质主义膨胀的单向度文明；它是历史空间上的"和合普惠文明"，区别并超越于西方那种以掠夺、殖民为特征的文明；它是社会制度和意识形态意义上的社会主义"人本文明"和中国特色社会主义的"民本文明",区别并超越于西方传统的"资本文明"。

——在中国式现代化和人类文明新形态对人类发展命运有何重要影响问题上,强调中国式现代化为人类实现现代化提供了新的选择;中国式现代化要让14亿多人整体迈进现代化社会,不仅解决了世界近1/5人口的贫困问题,也为世界提供了广阔的市场发展空间,这是对世界的生存性贡献和经济贡献;中国式现代化是实现全体人民共同富裕的现代化,它不仅为发展中国家走向现代化提供新的途径,也为人类实现以人为本提供新的选择,这是对世界的社会主义贡献和稳定性贡献;中国式现代化是物质文明和精神文明相协调的现代化,它不仅推进了整个社会全面协调、统筹兼顾式的发展,而且彰显出社会主义制度的优越性,这是对世界的发展性贡献和制度性贡献;中国式现代化是人与自然和谐共生的现代化,它不仅能使人在美丽的环境中工作和生活,而且也保护了人类的生存家园,这是对世界的文化性贡献和文明性贡献;走和平发展道路的现代化,不仅有助于维护广大发展中国家人民的生存权利,而且有利于维护世界和平,这是对世界的人类性贡献与和平性贡献;中国式现代化以站在人类进步的一边掌握历史主动,影响人类发展命运,即它以正确道路影响人类发展命运,以积极推动力量影响人类发展命运,以创新发展21世纪马克思主义影响人类发展命运;中国式现代化还以对传统文明的超越影响人类发展命运。

——在怎样以建构性思维构建21世纪的"中国理论"问题上,强调当今我们面对的是一个迫切需要新的理论解释的21世纪的时代和世界,因而要把理论创新置于实现强起来的应有位置,把走自己的路尤其是中国式现代化看作我们党全部理论和实践的立足点,构建起大国成为强国的"中国理论"，这一理论，就是基于中国式现代化、人类文明新形态、人类命运共同体的 21 世纪马克思主义；从中国式现代化经人类文明新形态到人类命运共同体，是一个环环递进、层层提升、逻辑严密的有机整体，中国式现代化是发展 21 世纪马克思主义的立足点，是发展 21 世纪马克思主义的一个首要基石，中国式现代化开创的人类文明新形态，是发展 21 世纪马克思主义的根本支点，构建人类命运共同体是发展 21 世纪马克思主义的根本支柱，中国式现代化、人类文明新形态和构建人类命运共同体对发展 21 世纪马克思主义具有奠基意义；发展 21 世纪马克思主义，是继续深入推进马克思主义中国化进而推进理论创新提出的一个标志性论断，是中国理论走向世界和未来的标识性符号，当然也是一个正在生成发展的重大命题；21 世纪马克思主义的"思想芯片"，就是"三种根本机制论""系统力量结构论""五为五谋论"，"三种根本机制论"就是动力机制、平衡机制和治理机制三统一，"系统力量结构论"就是由党的领导力量、人民主体力量、市场配置力量、文化凝聚力量、社会动员力量、生态滋养力量、世界和合力量七种进步力量构成的系统整体，"五为五谋论"就是为中国人民谋幸福、为中华民族谋复兴、为世界谋大同、为中国共产党谋强大、为马克思主义谋生机。

——在如何基于中国式现代化和人类文明新形态创新发展 21 世纪马克思主义问题上，认为从总体上讲，马克思主义的发展始终与"现代化""文明""人类命运"联系在一起，中国式现代化、人类文明新形态和构建人类命运共同体作为一个有机整体，对发展 21 世纪马克思主义具有奠基意义：中国式现代化、人类文明新形态和构建人类命运共同体彰显了 21 世纪马克思主义的时代特征，呈现了 21 世纪马克思主义的时代主题，凸显了 21 世纪马克思主义所解决的根本问题，表明了新时代中国具有发展 21 世纪马克思主义的能力。

——在文化和文明究竟有何区别问题上，认为二者既不是等同关系，也不是对立关系，它们既有联系，也有区别，有着直接和复杂的关系。文化和文明有相通之处，都与"人"有关，是"人化"的产物，也都"化人"。二者也有区别。一是所存在的时间不同。文化产生在前，文明产生在后。按照各自所存在的时间，中华文化是 1 万年，中华文明是 5000 年。二是针对性相对不同。文化相对于未经人的活动外化的原始"自然"，讲的是"人化自然"，是人的内在本质力量的对象化，文化发展过程就是由原始自然转化为人化自然的过程，而文明则相对于未经开化的"野蛮""丑恶"，讲的是追求真善美的"发展进步"的过程和结果，它是一种人类"开化"性的自我确证、自我约束、自我完善、自我进步，它也有"人化"的因素，但它是人化中因人性进步而具有的"利他"发展进步的积极成果。三是哲学根基不同。文化的哲学根基是知识论，它相对侧重于人和物关系框架中的"人化"事物或"人化为物"，相对注重做事化事，注重外化于事物，坚持事物尺度，它致力于把原始自然、原始事物"人化"为人化自然、人化事物，从中获得新的知识，而文明的哲学根基则是伦理学或德性哲学，它相对侧重于人和人关系框架中的"化人"，即使人成其为人的积极成果（由自然人到社会人再到具有健全人格的人），相对注重教化和化人做人，注重内化于人、化人为善，坚持人的尺度，它致力于把人化之物（事物）转化为化人之物、成人之物、利人之物。这里，文化包括人类活动的一切成果，而文明一般专指人类活动的积极成果。就是说，文化不完全等于文明，文明也不完全等于文化，文化中蕴含文明，但不都是文明，文明中有文化，但不等同于所有文化，即文明是文化之善，是文化成果中有益于人性进步且化人为善的进步方面，文明高于文化，因为事物推进的逻辑与教育逻辑，先使人成为文化人，再使文化人成为文明人。四是侧重相对不同。文化是基于民族性和地域性的概念，相对强调民族自我、民族特质、民族差异和民族认同，它看重传统，侧重特殊性，注重边界，而文明虽也呈现民族特色及其独特性，但从整个人类发展进步来讲，它更加注重民族之间的统一性、交融性、互鉴性，注重民族或地域文明所具有的世界意义，它看重人性进步，侧重普遍性，注重超越边界。五是作用相对不同。文化有先进、落后和优秀、颓废之分，落后、颓废的文化阻碍人类与国家、社会的发展进步，包括文明进步，而基于事实且作为描述性概念的文明，是人类发展和文化发展之演进中沉淀下来的有助于人性进步、人类进步、国家进步、社会进步的积极成果，是文化中的先进方面和状态，适合整个人类共用，它只有特色不同，没有优劣之分。六是所在方式相对不同。文化之本，是一定地域的人们的生产方式、生活方式、思维方式，是一个国家、民族的存在样式，不可复制，而文明则是一个国家、民族存在样式的"形象"呈现，是一个国家、民族存在样式的积极呈现状态。

——在造就新的文化生命体、建设中华民族现代文明具有什么重要意义问题上，强调造就新的文化生命体，从"破"的角度讲，它可以破除对西方现代化和"西方中心论"的迷思，破除历史虚无主义和文化虚无主义，破解"古今中西之争"；从"立"的角度讲，它可以为建构中国式现代化的理论体系和话语体系进而创造人类文明新形态，提供新的更为坚实的立足点或基石。

第 一 章

# 西方现代化
# 与现代性思想的
# 演进逻辑

自世界推进现代化以来，现代化在表面上似乎呈现出纷乱如麻、杂乱无章的图景，运用"现代化、人类文明和马克思主义发展"的解释框架，就能从这样的图景中揭示出其演进的内在逻辑与根本主线。

　　从总体上理解和把握人文社会科学的学术问题之逻辑起点，首要是"现代化运动"。就西方而言，文艺复兴、启蒙运动及其在此基础上产生的文明问题、资本主义和社会主义问题、马克思主义问题、哲学上的形而上学问题等，在一定意义上都与西方现代化运动相关。就中国而言，1840年鸦片战争以来，西方现代化运动对中国产生了强烈冲击。洋务运动、戊戌变法、五四运动，以及由此产生的东方化和西方化、资本主义和社会主义、中国本位和全盘西化、以农立国和以工立国之争，还有中国共产党诞生以后致力于实现中华民族伟大复兴与推进马克思主义中国化，等等，都与西方现代化运动对中国的冲击直接相关。因此，揭示和梳理世界现代化进程的内在逻辑与根本主线，是从总体上研究人文社会科学问题的基础和前提，当然也是研究"现代化、人类文明与 21 世纪马克思主义"问题的基础和前提。

我们需要回到"站在世界看中国和站在中国看世界"的基本立场，从世界现代化历程和精神文化变迁的维度审视中国式现代化道路。作为一个后发现代化国家，中国既身处全球化的时代又秉承源远流长、博大精深的文化传统，以坚定不移的战略意志推进中国式现代化，以高度的自觉意识和居安思危的问题意识关注现代化征程中人的精神世界和精神生活，构筑以马克思主义文化为主导、以中国优秀传统文化为底色、以西方文化的精华为动力的文化生态和精神文化氛围，这对于中国具有特殊的意义。从马克思主义和中国特色社会主义视阈审视资本主义困境，避免误入歧途，是中国现代化的明觉智慧。

# 第一节
# 西方现代化发展的历史演进

首先需要从历史客观性上揭示西方现代化发展的历史逻辑。

西方现代化运动是从文艺复兴和启蒙运动开始的，文艺复兴、启蒙运动开启了西方现代化之旅。埃里克·沃尔夫指出："我们中间许多人甚至开始认为西方世界拥有一个谱系，就像古希腊孕育了古罗马；古罗马孕育了基督教欧洲；基督教欧洲孕育了文艺复兴、启蒙运动以及随之出现的政治民主和工业革命。而工业革命夹杂着民主，反过来催生了象征生命、自由与追逐幸福权利的美国。"[1] 工业革命和政治民主，是西方开启现代化运动的标志性符号。格奥尔格·G. 伊格尔斯认为："以启蒙形式呈现的进步思想代表了第一个现代化理论。"[2] 这里伊格尔斯也把启蒙运动作为现代化的逻辑起点和源头。

现代化与现代性是密切相关而又有区别的两个概念。现代化是现代社会的一种客观社会运动过程和历史发展过程，是现代性问题出场的社会历史背景，侧重于"历史维度"，强调历史发展的连续性，是"历史学话语叙事"，是历史过程概念，具有描述性；现代性则是对现代化社会运动之结构性问题的哲学反思和思想检讨，是对现代化发展历程的根本属

---

[1] 转引自［澳］布雷特·鲍登：《文明的帝国：帝国观念的演化》，杜富祥、季澄、王程译，社会科学文献出版社 2020 年版，第 280—281 页。

[2] 转引自［澳］布雷特·鲍登：《文明的帝国：帝国观念的演化》，杜富祥、季澄、王程译，社会科学文献出版社 2020 年版，第 86 页。

性、本质特征、呈现状态、深远意义的哲学反思和规范评价，旨在对西方现代社会变迁给以引导，侧重于"价值维度"，注重历史发展的断裂性（阶段性），即与历史传统断裂表现出来的特质，它所展示出来的是西方社会的文化转型和结构转型，是"哲学话语叙事"，是价值评价概念，具有规范性和反思性。[①] 既然如此，便可基于现代化发展历程，主要从现代性维度揭示文艺复兴、启蒙运动所开启的西方现代化之旅。

随着文艺复兴、地理大发现、宗教改革、商业革命、科学革命、启蒙运动等重大事件的发生，人文主义和理性主义逐渐侵蚀了宗教信仰的权威地位。如果说在传统社会人向上帝或德性权威屈服，那么现在则随着这一系列事件，人开始觉醒了。在传统农业文明逐渐解体的过程中，一个工业文明的时代缓缓拉开了序幕。西欧发生的一系列事件为工业文明开辟了道路，为现代化酝酿了因素。正是在这段历史时间里，西欧积聚了向现代社会转型的条件，虽然在发展水平上还没有走到世界前列，但在发展趋势上已经开始走到了世界其他地区的前面。

## 一、现代化的萌芽与扩展前的准备

西欧在世界历史发展趋势上的领先地位，体现在一系列历史活动上。在经济活动上，14世纪、15世纪，地中海沿岸的某些城市（如威尼斯）已经稀疏地出现了资本主义生产关系的萌芽，但是资本主义时代是从16世纪才开始的。从政治活动上看，荷兰在16世纪末，英国在17世纪中叶，法国在18世纪末，德国及其他一些国家在19世纪中叶，先后爆发资产阶级革命，变革了封建制度，从而为资本主义生产方式取代封建的

---

[①] 参见任剑涛：《现代性、历史断裂与中国社会文化转型》，载《厦门大学学报（哲学社会科学版）》2001年第1期。

生产方式扫清了道路。从文化活动来看，文艺复兴是盛行于 14 世纪到 16 世纪的一场欧洲思想文化运动。它最先在意大利各城市兴起，之后扩展到西欧各国，于 16 世纪达到顶峰，带来一段科学与艺术革命时期，揭开了近代欧洲历史的序幕，被认为是中古时代和近代的分界。16 世纪到 17 世纪的科学革命更是产生了令人瞩目的成就。

在农业文明逐渐解体、工业文明日益崛起的时代，文艺复兴、宗教改革、商业革命和科学革命、启蒙运动等重要事件，深刻影响了当时的精神文化氛围与人们的精神世界和精神生活，推动了从神学向人学的转向。特别是 16 世纪到 17 世纪的科学革命，在人类思想发展史上占有重要的地位，它日益彰显人的主体性力量，并推进了实证精神的发展。这些思想，最终使西方甚至整个世界发生了天翻地覆般的变化。

18 世纪的商业扩张是资本主义发展过程中的重要阶段，它极大地推进了人类物质财富的增长，这也是为有尊严的人类生活奠定物质基础的重要经济活动。这一时期财富的增加是依靠商业资本主义和手工业而实现的。随着民族国家的形成和巩固，经济发展上开始了从以城镇为中心的经济体系向以国家为中心的经济体系的过渡。在精神文化上，从传统社会倡导"知识即美德"转向开始提倡"知识就是力量"。随着经济社会发展和科学发展，18 世纪在历史上成为著名的"启蒙时代"。启蒙在"现代化"发展中代表一次有决定性作用的历史运动，或是一股有决定性作用的历史力量。

## 二、第一次现代化浪潮

在由英国工业革命和法国政治革命掀起的第一次现代化浪潮中，先发现代化国家凭借工商业的优势，在全球寻求资源和扩大市场，后发现代化国家往往在经济上依附于先发现代化国家，成为原材料产地与成品销售国。

18世纪后期到19世纪中叶，英国工业革命和法国政治革命掀开了人类历史新的一页，人们的生产生活方式开始发生有史以来最大的变化。美国当代著名历史学家斯塔夫里阿诺斯曾这样描述现代化前后的生活方式巨变："人类的物质文化在过去的200年中发生的变化远甚于前5000年。18世纪时，人类的生活方式与古代埃及人和美索不达米亚人的生活方式相同。人类仍在用同样的材料建造房屋，同样的牲畜驮运人和物，同样的帆和桨驱动船只，同样的纺织材料缝制衣服，同样的蜡烛和火炬照明。"① 在现代化准备阶段后，西欧进入了现代化的启动阶段。英国和法国在这一阶段走在了人类历史发展的前端。它们先借助王权的力量形成了国家的权威，然后用民族国家取代君主国家，率先开始克服专制王权，为现代化扫除障碍，然后借助工业革命迈向现代化。现代化主要是从传统农业文明向现代工业文明的文明转型。

工业革命是掀起现代化大浪潮的主要动力。就第一次工业革命本身而言，主要就是从手工工具转到动力机械的过程。工业革命是从早期的技术实践及其经验积累中逐步发展起来的。世界上受工业化深刻影响的第一个国家是英国，它在1780年以后的半个世纪内，工业革命的效果就已经明显而普遍地显示了出来。在19世纪中叶第一次工业革命基本完成之后的20多年间，整个世界在经济上的革命主要靠的是铁路和轮船，在政治上的革命靠的是统一的民族国家的形成和专制制度的消解。然而，

---

① ［美］斯塔夫里阿诺斯：《全球通史：从史前史到21世纪（第7版修订版）》（下册），吴象婴、梁赤民、董书慧等译，北京大学出版社2006年版，第479页。

从全球来看，主要由工业革命推动世界经济政治发展不平衡，当时的世界已经变成一个竞争场所，一些强大起来的国家开始寻求扩大它们的经济和政治利益。

英国率先完成了工业革命，使其在现代化启动阶段取得领先并占尽先机，成为其他国家学习和模仿的典型。英国的崛起主要依赖于保持一个世界性的自由交换的经济制度，以及一直存在的能够维护其经济利益的英国海军的制海权。随着英国在工业革命后对世界控制力和影响力的扩大，这种资本主义式的自由在全球产生了广泛的影响。在19世纪上半期，除了英国，其他任何国家都未拥有一支像英国那样举足轻重的海军。由于拿破仑的大陆封锁体系被击败、工业革命给英国的工业家带来动力机械、在海外属地方面无可匹敌和对海军力量的实际垄断，在现代化启动阶段领先的英国开始进入充当世界领导者的世纪。

## 三、第二次现代化浪潮

第二次工业革命从19世纪六七十年代开始，在19世纪末20世纪初基本完成，此后世界由"蒸汽时代"进入"电气时代"。在这一时期，发达资本主义国家的工业总产值超过了农业总产值；工业重心由轻纺工业转为重工业，出现了电气、化学、石油等新兴工业部门。从1800年到1950年，欧洲人口就由2亿左右增加到7亿。1871—1914年欧洲和欧洲人在世界上引人注目的特点，是迄今为止在物质和工业上前所未有的发展，国际和平，国内稳定，立宪的、代议制的和民主的政府的进步，以及继续对科学、理性和进步怀有的信心。科学成为整个工业化运动的基础，当世界上较文明的地区刚刚领会了铁路、轮船和电报的好处的时候，一系列的新发明问世了。在1875年之后的30年里，美国的专利数量增加了 3 倍，德国的专利数量增加了 4 倍，在所有的文明国家里，这个数据都在成倍成倍地增加着。科学和技术的发展，就像在这个世界曾看到过的任何一次运动一样完全国际化了（尽管主要限于"内部地带"）。科学发明的突飞猛进，对于建设性的工作和人类的重大问题起着根本性的作用，这是前所未有的。从这个意义上来说，对人本身的发展也产生着同样的效果。随着现代化的推进，城市生活逐渐取代农村生活，成为主流。

相对于英国和法国的先发性现代化，德国走上了一条后发的防御性现代化道路。在古典自由主义逐渐衰落的时代，德国的现代化发展模式主动选择对自由精神的超越。德国的现代化道路——德意志的"独特道路论"，是在德国现代化启动和发展阶段主要由 19 世纪中后期的"普鲁士学派"所创造的，经过之后一两代历史学家（尤其是"新兰克学派"）的进一步发展，并在"1914 年观念"或"1914 年精神"中达到顶峰。令人遗憾的是，德国的防御性独特现代化模式在第一次世界大战和 1929—1933 年世界性经济危机的刺激下，走上了法西斯主义指导下的极权式道路。

欧洲文明带有浓厚的扩张性特征，它的崛起过程也是一个不断向外扩张、显出强烈的扩张倾向的过程。现代欧洲文明的经济、政治和文化制度及其思想，约在 1870 年之后稳步扩展到世界的大部分地区。那些欧洲的大民族国家，倚仗科学和工业占压倒性优势的新力量使它们形成了跨越全球的帝国。从此，欧洲历史同亚洲、非洲和美洲历史一起，比以往更多地融合到世界历史之中。到 1900 年，在人类历史上，第一次可以提及"世界文明"。1914 年确立起了欧洲的世界性优势地位。所有国家尽管在语言、文化和社会实践等方面还保持着重要的差异，但都不由自主地被拖入一个世界经济和世界市场之中。那些政治和经济的现代性的标志，如现代科学、现代战争武器、机器工业、快速通信系统和交通系统、工业组织机构、有效率的税收和执法形式、行之有效的公共卫生体系、卫生设备和医学等，无论在何处都非常相似。帝国主义，或者说19世纪后期的殖民主义，可以简短地解释为一国人民统治着另一国人民。

值得注意的是，随着欧洲文明的扩张及其世界性影响，亚洲的自我主张与新民族主义也开始凸显出来。日本通过明治维新以及和西方的接触与交流给亚洲被压迫民族做出了榜样，亚洲人得出这样的深刻教训：必须把西方的科学和工业引进自己的国家，同时必须像日本人那样摆脱欧洲人的控制，自己掌握现代化进程并保留自身的民族特点。殖民地的知识精英将他们通过各种途径学来并不断增长的关于西方文化的知识，与他们对自己文化传统的自豪和自信结合起来，由此创造了成为现代欧洲帝国主义在世界范围的主要遗产的新的民族主义。比如，伊朗在1905年，土耳其在1908年，中国在1911年先后爆发了民族主义革命。在印度和印度尼西亚，也有许多人为日本人的成就所激励。英国人面对日益激烈的骚动，从1909年起准许一个印度人参加总督领导下的执政委员会，而荷兰人则于1916年设立了一个由印度尼西亚各阶层人士参加的人民会议。到第一次世界大战之后，亚洲人争取自治的运动愈演愈烈了。

## 四、第三次现代化浪潮

尽管历经第一次、第二次世界大战，西方主导的现代化受到广泛质疑，并且出现了以第一次世界大战后的俄国（苏联）、第二次世界大战后的中国为代表的社会主义国家阵营。而社会主义国家所采取的现代化发展路径与模式明显不同于发达资本主义国家，并且也取得了不凡的成就，启发着世界各国特别是发展中国家对西方式现代化的反思。但是，这从总体上仍未改变西方发达国家引领人类现代化的趋势。

20世纪下半叶以来，在第三次工业革命推动下的第三次现代化浪潮中，西方国家继续领跑现代化进程，有些发达国家已经开始显露出高度现代化的特征。当然，自这一阶段开始，一些发展中国家也奋起直追，尤其以中国最为典型，成效也最显著。

第三次工业革命以原子能技术、航天技术、电子计算机的应用为代表，还包括人工合成材料、分子生物学和遗传工程等高新技术。第一、第二产业的比重下降，第三产业的比重上升。1953—1973年的世界工业总产量相当于此前一个半世纪的工业总产量的总和。科技进步引起的产值在欧美国家的国民生产总值中所占比重，20世纪初为5%—10%，20世纪70年代增长至60%。欧美等西方发达国家在20世纪50—60年代先后实现了高度工业化，基本走完了现代化的发展阶段。

到了20世纪70年代，全世界都进入一个工业化的新阶段，也就是第三次工业革命，其标志是自动化、电子计算机和其他形式的先进技术的引入。这一时期的进步不再以煤钢或者轮船、纺织品来加以衡量，而是体现为核反应堆、微电子、电信、计算机、机器人和空间技术。在第三次工业革命推动的第三次现代化浪潮中，数据处理、信息存储和检索，以及越来越复杂的通信技术成为竞争力的关键。第一台个人电脑被生产出来，它面向着一个巨大的市场，在速度和容量上迅速提高。服务业部门雇用了更多的人员，其增长速度既高于农业，也高于工业。人们普遍认识到，全球经济正在侵蚀民族国家在经济和政治上的独立性。工业化世界的跨国公司利用新的技术扩展对外投资，将工厂直接设在世界各地，其触角越过了任何国界。第二次世界大战后一段时间内，美国在资金和技术援助发展中国家中起了带头作用。其他工业国从第二次世界大战中恢复后，也承诺增加其国民生产总值中用作发展援助的份额。国际机构提供额外的资金和技术。战后数十年，国际机构提供资金帮助农业、工业、医疗卫生和教育项目。在农业领域，美国的农业科学家首创"绿色革命"，包括使用化肥、新的高产杂交种、现代的种植和收割技术，提高了农业劳动生产率。许多发展中国家取得了巨大的进步，实现了年增长率5%—6%的目标，人均收入增加，婴儿死亡率下降。依靠现代科学、技术和资金援助，人们确信发展中国家可以期待现代化、经济增长和社会进步。

在第二次与第三次现代化浪潮之间，实际上存在着一个可以称为西方现代化调整的时期，也就是20世纪上半叶。20世纪上半叶的世界历史，给人们留下最深刻印象的，一个是由走在现代化前列的、最有实力的一批西方国家发动的、几乎席卷整个人类的两次世界大战，另一个是以俄国（苏联）、中国为代表的广大落后国家对于实现本国现代化道路的探索，而实际上，在历史逻辑上，这两者还存在着深刻的关联。第一次世界大战给了俄国（苏联）以落后国家赶超西方发达国家的必要性和可能性，以实现现代化的视阈观之，俄国社会主义革命和建设的伟大意义，在于它以社会主义方式超常规推进现代化，从而取得了常规状态下其他方式所不能够实现的现代化成效。当然，由于苏联共产党在推进苏联现代化事业过程中僵化、保守地对待马克思主义、社会主义制度，最终使得苏联的现代化陷入了活力不足的死胡同，最终导致苏联解体、苏共垮台、东欧剧变。其实这并不意味着科学社会主义的失败，充其量是苏联社会主义的失败，或者说，是苏联不能真正坚持科学社会主义而导致的失败。在中国，第一次世界大战之后国际国内形势的发展，特别是第二次世界大战的爆发，使得中国的发展与现代化非得由中国共产党领导中国人民经由中国革命的胜利向着社会主义的方向奋斗不可。1954 年 9 月15 日，毛泽东同志在中华人民共和国第一届全国人民代表大会第一次会议的开幕词中说："我国人民应当努力工作，努力学习苏联和各兄弟国家的先进经验，老老实实，勤勤恳恳，互勉互助，力戒任何的虚夸和骄傲，准备在几个五年计划之内，将我们现在这样一个经济上文化上落后的国家，建设成为一个工业化的具有高度现代文化程度的伟大的国家。"[1] 事实证明，社会主义没有辜负中国，中国也没有辜负社会主义。社会主义中国的现代化，或者说，中国的社会主义现代化，使得人类的现代化事业、人类的社会主义事业都获得了新的历史性力量与活力。

毋庸置疑，回顾西方现代化扩张的历程，可以发现，人类的现代化在大部分时间里是西方主导的现代化。然而要明白的是，西方主导的现代化并不是人类唯一的现代化道路，也不是人类理想的现代化类型，这是因为，对西方现代化的反思，始终伴随着西方现代化的历程，特别是马克思主义出现之后，对西方现代化的反思就具有了高度的科学性和理论性。这是思考今日中国之现代化须臾不可忘记的。

---

[1] 《毛泽东著作选读》(下册)，人民出版社 1986 年版，第 715 页。

# 第二节
# 对现代化的反思

随着现代化在西方世界的降临，对现代化的反思也开始了。西方现代性思想的演进逻辑，集中体现为从启蒙现代性到经典现代性到反思现代性再到后现代主义。

第一，启蒙现代性。启蒙现代性呈现于从文艺复兴到启蒙运动这一历史时期。理性主义是其核心形态。启蒙现代性具有两大支柱，即理性①和自由，它以理性对抗迷信愚昧，以人的自由反对宗教禁锢，实质是追求人的主体性和价值，追求"科学精神"和"人文精神"的统一。启蒙现代性诞生于资本主义工业化初期，在解放人的感性欲望、对抗神性上，在冲破旧的封建秩序、开启现代民主政治上，在摆脱"人的依赖"、培养独立人格上，发挥过巨大的历史进步作用。其最大成果就是反对"神性"、高扬"人性"，宣布"上帝死了"。然而，启蒙现代性在高扬理性主义旗帜的同时，也使理性一步步走向膨胀和任性：有限的理性无限化，经验的理性超验化，属人的理性实体化。康德为启蒙运动作出总结和评价："启蒙运动就是人类脱离自己加之于自己的不成熟状态。不成熟状态就是不经别人的引导就对运用自己的理智无能为力。究其原因，不在于缺乏理智，而在于不经别人的引导就缺乏勇气和决心去加以运用时，

---

① 理性，在形而上学中一直居于核心地位。它源于逻各斯（logos），与客观性、本质性、逻辑性、必然性、精确性、标准性、批判性、普遍性、主体性等相关。

那么这种不成熟状态就是自己所加之自己的。"[1]

第二，经典现代性。经典现代性大致形成发展于工业化时期，主要是对18世纪工业革命以来西方国家现代化进程的理论阐释和论证。它立足现代工业文明阐释现代性，主张从传统社会向现代社会转型，实质是以现代工业文明取代传统农业文明；同时也反映了18世纪法国启蒙运动的内在要求。它以理性人为逻辑起点，以合理性（即合乎理性、合情合理，注重具有语言和行为能力的主体如何才能获得知识和使用知识）为目标，使理性日益工具化和世俗化（工具理性和世俗理性）。经典现代性的内核，一是直线历史观、发展观、进步观。随着工业化的展开，它坚持以经济增长为中心、以GDP崇拜为表征的现代性理论，坚持财富至上、忽视社会全面进步的单线发展观，走向形式合理性和实质合理性对抗的道路。二是自由主义。认为追求个人自由是人的本质和权利，是最符合自然秩序的。三是以工具理性表达的人类中心主义。工具理性上升为整个社会的统治力量。

经典现代性之实质，是要把西方的"地域性"现代性说成世界"普遍性"，强调西方现代化模式的唯一性、标准性和普遍性，认为西方的工业、市场与自由、民主是世界上最进步的，西方的民族、国家是世界上最先进、最文明、最优秀的，具有"优越性"，否认后发国家实现现代化的特殊性，强调后发国家要实现现代化，必须完全遵循西方所设定的现代化模式。这实际上蕴含着"西方中心论"。为此，经典现代性精心作了细致的理论论证。一是西方中心。把整个世界划分为西方世界和非西方世界，认为西方世界是"主"，非西方世界是"客"，"主"统治"客"，

---

[1] ［德］康德：《历史理性批判文集》，何兆武译，商务印书馆1990年版，第35页。

以求确立西方在世界体系及其格局中的主导地位。二是哲学基础。为"西方中心论"提供哲学基础和意识形态辩护，确定作为最后本源、最高原则、最高本质的形而上学的最高的"一"，这就是"理性"或"绝对精神"。这可称为唯"一"哲学观。三是线性史观。认为西方现代性是一个具有强烈历史意识和时间意识的概念，内蕴历史的进步性和时间的不可逆性，亦即历史进步进程不可逆转性；西方的工业、市场与自由、民主是世界历史的最大进步，因而把"地域性"说成"普遍性"。卡林内斯库认为："只有在一种特定的时间意识，即线性、不可逆的、无法阻止地流逝的历史性时间意识的框架中，现代性这个概念才能被构想出来。"① 这实际上推崇唯"西"史观。四是单数文明。认为文明只属于欧洲国家，欧洲以外的国家还处于蒙昧、野蛮状态，欧洲以外的国家要从属于欧洲国家。五是民族优越。认为欧洲民族属于先进、优越民族，非欧洲民族属于落后民族。六是人性辩护。强调自由、民主是天赋人权，符合自然秩序，人作为主体性的个人存在，在有意识地参与历史进步和未来理想创造中能找到自我价值。七是社会论证。注重社会竞争和进化，强调现代性作为一种文化理念，已经逐渐渗透于社会现实的世俗化进程之中，即在工业化过程中经济领域中市场经济的形成；政治领域中世俗政治权力（相对于神权）的确立及其合法化，以及现代民族国家的建立；文化领域中宗教的衰微与世俗文化的兴起；社会领域中传统社会秩序的衰落与社会的分化和分工。八是普世价值。自由、民主、人权属于普世价值，具有普遍性，应向世界输出西方普世价值观。九是理性尺度。强调理性是最高的尺度和标准，一切都要到理性的审判台前加以审判。它依

---

① ［美］马泰·卡林内斯库：《现代性的五副面孔：现代主义、先锋派、颓废、媚俗艺术、后现代主义》，顾爱彬、李瑞华译，商务印书馆 2002 年版，第 18 页。

据理性制定具有最高控制世界力量（权力）的"世界标准"，如现代性标准、人权标准、文明标准、价值标准，用这些标准裁量其他民族和国家，强调唯有实行西方模式或西方标准才能实现现代化或具有现代性。十是文明开化。认为西方文明就是世界文明，是世界最先进的文明，具有普遍性，非西方世界要么蒙昧，要么野蛮，都是半开化的，西方世界需要行使"文明开化使命"，如殖民主义扩张，搞历史虚无主义与"颜色革命"，甚至必要时使用战争暴力，认为上述这些都是在行使"文明开化使命"，具有合法性和合理性。

经典现代性把人的主体性异化为资本的主体性。在社会经济领域，经典现代性强调并注重市场力量和资本力量，把人的独立性、自主性异化为资本的独立性和自主性。正如马克思在《共产党宣言》中所讲的："在资产阶级社会里，资本具有独立性和个性，而活动着的个人却没有独立性和个性。"① 资本主导逻辑，膨胀了人的理性和人的主体性，导致了人的理性和人的主体性的"任性"和"傲慢"，从而使现代化、现代性具有了意识形态性质和功能，使资本和科学技术异化为主宰社会和世界的意识形态；它使主体地位的提升以个人自我观念膨胀为代价，感性欲望的解放以精神世界贫困为代价，人类中心地位的确立以牺牲自然环境为代价，资本的增殖、掠夺、扩张以加剧劳资矛盾、民族矛盾为代价，社会发展以牺牲个人发展为代价。

经典现代性和启蒙现代性具有共同之处，它们都反对"神性"、高扬"理性"（或"人性"），反对上帝主体性，高扬人的主体性。但两者也有不同，启蒙现代性还没有导致理性和人的主体性异化，经典现代性却

---

① 《马克思恩格斯选集》（第一卷），人民出版社 2012 年版，第 415 页。

导致了；启蒙现代性还没有把理性当作工具理性，经典现代性却当作了；启蒙现代性还没有把"特殊"说成"普遍"，没有意识形态化，经典现代性却使"特殊"穿上"普遍"外衣，把现代性意识形态化了；启蒙现代性缺乏全面深刻的理论论证和阐释，经典现代性作出了系统的理论论证和阐释。

第三，反思现代性。反思现代性主要包括马克思的资本现代性批判和西方马克思主义对现代性的批判性反思，其实质不是解构现代性，而是重构现代性。

随着西方经典现代性的展开，遏制理性主义的膨胀，矫正资本逻辑及其工具理性和科技理性的僭越，将"异化的人"导回正确道路，便成为时代的呼声。通过对资本的本性和对资本主义发展规律的剖析，马克思发现经典现代性强调的理性形而上学，单线论的历史观、进步观、发展观，倡导的自由主义，注重的工具理性，都与资本逻辑和科技理性直接相关。资本主义是理解现代性的时代背景，现代性是认识资本主义的哲学话语，近代西方的现代性，核心是"资本现代性"和"科技理性"。马克思的资本现代性批判主要就是对资本逻辑和科技理性的批判，当然首要的是资本逻辑批判。资本首先是一种"物"。然而，在资本主义社会，其立足点是以个人利益、经济利润与个人自由为原则的市民社会，市民社会以资本增殖为目的的等价交换原则为前提，这使资本进一步成为一种社会关系，其中首要的是资本与劳动、资本家和工人之间的经济关系。在这种关系中，资本成为"主体"，对人和社会进行统治。为维护资本占有劳动并控制社会的地位，就需要从理论上把资本作为终极的实在、最高的本质、最后的本源，即成为社会中具有最高同一性或统一性的"一"，以确立资本这个"一"对"多"的最高统治地位，且这种

"一"具有非此即彼的本性，塑造着绝对的、永恒的、静止的形而上学思维方式。展开来说，资本具有以下逻辑：一是资本的投资本性就是为其赚钱，这自然会生长出拜金主义、功利主义与工具理性，也生成资本占有劳动的逻辑。二是资本的经营本性需要从事经济活动的人具有相对独立和自由，没有独立和自由，资本就无法决定其运作。这自然会生长出自由主义。三是资本的扩张本性必然带来竞争和掠夺，这会内在滋生以牺牲他人利益为代价换取自身发展的现象。四是资本的操纵本性往往使拥有资本的人"高高在上"，认为自己就是救世主，可以统治别人。这容易导致无限理性、无限自由、无限主体性，进而导致理性、自由与主体性的僭越。五是资本的伪装本性需要为资本"吃人"的行为披上"美丽"的外衣。资本虽然能推动经济发展和历史进步，但也具有"吃人"的"恶"，因而特别需要"美丽"的"外衣"来伪装。于是，单线论的历史进步论、发展观与普世价值就出场了，用这些"美丽"的外衣为其辩护。资本逻辑的实质，就是强调"社会地位上资本是全社会的最高原则"，"政治权力上资本是全社会的最高权力（控制力量）"，"意识形态上资本对全社会的控制具有合理性"。这种资本逻辑与近代理性形而上学强调抽象的、单一的、最高的"一"具有本质上的同一性，都蕴含着非此即彼或绝对的、永恒的、静止的思维方式。[①]《共产党宣言》就是马克思、恩格斯批判性反思资本现代性的代表作。在马克思、恩格斯看来，要摆脱资本现代性的困境，仅靠理是不够的，还必须从根基入手，改变资本主导的逻辑，其中最为关键的，就是要从经济层面消除资本占有劳动并控制社会的制度，消灭资本主义私有制，推翻资本主义制度。这就是马克

---

[①]　参见白刚：《瓦解资本的逻辑：马克思辩证法的批判本质》，中国社会科学出版社 2009 年版，第 8、9、59、94、107—111、120 页。

思所强调的实现社会主义、共产主义与人的解放，把每个人的自由发展看作一切人自由发展的条件。

西方马克思主义也注重对经典现代性的反思。西方马克思主义源于对现代化运动和现代性理念负面效应的不满，对其进行了严厉批判。西方马克思主义并不是全盘否定现代性，而是继承和运用马克思主义辩证法，强调以开放态度和发展眼光辩证地看待现代性。西方马克思主义的现代性批判理论有四大本质特征。其一，与马克思一样，它不全盘否定现代性，而是通过反思，辩证地修复或重建现代性，既为现代性设定界限，也主张充分发挥现代性的潜能。高兹在《经济理性批判》一书中提出要为现代化确定一个界限，认为现代化问题不是出在自身，而是出在越出了自己的范围。[①] 哈贝马斯认为，现代性是不能抛弃的，需要的是救助它。他向世人宣称"不放弃现代性计划"，主张要像马克思对待黑格尔那样对待现代性，"务必小心翼翼，切莫将婴儿和洗澡水一起倒掉，然后再翱翔于非理性的天空"[②]。其二，强调现代性还是一种"未竟的事业"。资本主义制度扭曲了现代性及人的理性、人的主体性，也扭曲了科学，只有通过社会主义，才能真正修复现代性。哈贝马斯指出，现代性是一项"未完成的工程"。西方马克思主义也直面现代性的负面效应，但更注重为现代资本主义运行方式所造成的现代性困境确定"治疗方案"，它把对现代化运动和现代性负面效应的批判转化为对社会主义价值目标追求的必然性的论证。西方马克思主义认为，现代性理念之所以在现实中困境重重，是因为资本主义的社会结构无法完全释放现代性的理性潜能，

---

[①] 参见 André Gorz, *Critique of Economic Reason*. London and New York: Verso, 1989。

[②] ［德］哈贝马斯:《现代性的地平线——哈贝马斯访谈录》，李安东、段怀清译，上海人民出版社 1997 年版，第 37 页。

现代性危机是资本主义形式对理性的内在价值禁锢的结果。在卢卡奇看来，现代性的逻辑就是资本的逻辑，资本主义正是通过"时间空间化"，使工人阶级浸入"物化"当中而丧失阶级意识，从而使资本主义制度和资本主义社会成为一种"终结"的存在。西方马克思主义在科学技术问题上也有其独到见解。马尔库塞一再强调，科学技术执行意识形态职能并变成统治工具，与科学技术本身没有必然联系，科学技术完全有可能在新的历史条件下成为一种解放手段。他认为，当科学技术已变成统治或控制工具时，革命的理论家应当探讨使科学技术变为解放手段的必要性和可能性问题。革命的理论必须成为一种新技术和新科学的纲领。[1] 马尔库塞并不认为科学技术的消极作用是科学技术本身固有的属性。霍克海默也强调，不能离开运用科学技术的客观条件来谈论科学技术的正负效应，科学技术之所以产生一系列"副作用"，主要在于运用科学技术的外在环境不当。这个外在环境，就是资本主义。其三，重建新的人的主体性和理性。西方马克思主义反对后现代主义在一般意义上对主体性、人类中心主义的直接消解。卢卡奇的主客体辩证法，说到底是为了从主体和客体的相互作用而展开全部历史，论证人在历史上的能动作用，从而高扬人的主体性。葛兰西更是把自己的"实践哲学"称为"历史的绝对的人道主义"。他认为，所谓"客观"，就是"从人的角度客观"，是"历史地主观"。西方马克思主义在反对以主客体分离为特征的主体性的同时，又致力于建立以主客体同一为特征的新的主体性。西方马克思主义也批判工具理性、科技理性、经济理性，揭露启蒙理性给现代人类带来许多不幸，不从根本上否定理性。同时，强调理性是人所特有的，理

---

① 参见 Herbert Marcuse, *One-Dimensional Man*, Beacon Press Boston, 1991, p. 166; pp. 204—205.

性本身并没有过错，理性也不可能被消解。无论是霍克海默的《传统理论与批判理论》等早期著作，还是马尔库塞的《理性和革命》，都是竭力推崇理性。由霍克海默和阿多诺的《启蒙辩证法：哲学断片》开始的对启蒙理性的批判，实际上主要是对启蒙理性蜕变为工具理性、科技理性的批判，同时又把价值理性、批判理性作为其对立面加以弘扬。马尔库塞在推崇爱欲时，反复申明要沟通爱欲与理性的关系，建立一种新的理性，即满足的理性。因此，法兰克福学派在批判理性滥觞带来的现代社会问题时，充分肯定了理性的价值意义。哈贝马斯更直接指出，"现代性本来就是与理性主义有着内在的联系"①。在他那里，对现代性的拯救与对理性的拯救密不可分。他提出"把研究的重点从认识的—工具的合理性转向交往的合理性"②，在交往理性和工具理性的平衡下解放理性，解救现代性危机。其四，重建新的"实践本体论"。西方马克思主义的早期代表人物虽然激烈反对传统形而上学的思维方式，但并没有从根本上取消"基础""原则"等问题的存在。卢卡奇在晚年的《社会存在本体论》一书中提出"返回到存在去"的口号，强调马克思主义必须"以本体论为先决条件"。葛兰西更是研究本体论的专家，他强调对马克思主义哲学要作"实践本体论"的理解。西方马克思主义是在否定传统本体论的基础上，重建新的本体论即"实践本体论"。在霍克海默看来，唯有哲学形而上学才能探索存在的本质，为人们找到生活和生命之谜的答案。由此，他提出一种生活实践和生活方式的唯物主义观。弗洛姆坚决反对把马克思的历史唯物主义非本体论化、心理学化，强调马克思的历史唯物主义

---

① Jürgen Habermas, *The Philosophical Discourse of Modernity*, The MIT Press, 1990, p. 1。

② Jürgen Habermas, *Theorie des Kommunikativen Handelns*, Suhrkamp Verlag, 1995, p. 525。

就是一种认为人们的生产方式决定人们的思想和欲望的哲学本体论。① 马尔库塞的本体论情结更为强烈，他千方百计地说明他的爱欲论不仅是一种激进的社会批判理论，也是一种哲学本体论。沿着法兰克福学派的哲学路向，某些生态学马克思主义坚持从本体论的基点上研究生态危机问题，把对生态社会主义的设想建立在存在论的根基上，把对意义的追寻与论证社会主义的必然性紧紧联系在一起。西方马克思主义重建本体论的实质，就是扬弃现代性，重建新的现代性，即将研究由面向脱离现实的抽象的自然界或观念世界转变为面向人的现实生活世界，面向人的感性实践活动，关注如何真正恢复人之为人的本质特性，如何使理性健康地发展和发挥作用。

第四，后现代主义。后现代主义是 20 世纪 60 年代，西方发达工业国家基本完成了工业化任务，开始进入后工业发展阶段后形成的。它与西方马克思主义有着千丝万缕的问题渊源与话语背景，二者都是现代性批判理论的杰出代表。但与西方马克思主义矫正和重建现代性不同，后现代主义则对现代性进行了最为激烈的批判，实质是要否定和颠覆现代性，走向现代性的反面。一是后现代主义者从批判现代化的各种负面效应开始，否定整个工业文明的发展观和价值观。他们把现代性引发的一系列社会问题都归罪于现代性理念本身，从而从根本上对其进行彻底否定。美国后现代主义者格里芬提出，后现代主义是"一种认为人类可以而且必须超越现代的情绪"②。二是后现代主义者致力于消解主体性、理性和科学。他们认为，主体的存在不仅意味着"主客对立"的存在，也反

---

① 参见 Erich Fromm, *Marx's Concept of Man*, New York, 1965, pp. 12−13; p. 4。
② ［美］大卫·格里芬编：《后现代科学——科学魅力的再现》，马秀方译，中央编译出版社 1995 年版，第 17 页。

观了现代性的缺陷。代表后现代主义的生态中心主义者对反主体性作了系统发挥。他们从反对工业化对自然的掠夺出发，进而反对人类中心主义，提出要用生态中心取代人类中心。后现代主义者在消解主体性的同时，也把矛头直指理性主义，将现代社会的所有弊端都归罪于理性尤其是科技理性的恶性膨胀和形而上学思维方式对人们的左右，进而主张消解理性。在后现代主义者那里，在敌视理性的同时也敌视科学。在他们看来，理性与科学结盟演变成单纯的"工具理性"，才给现代人带来如此多的灾难。三是后现代主义者极力主张反逻各斯中心主义、反基础主义、反本质还原主义。他们把本体论问题虚无化，秉持从根本上取消本体论问题的观点。后现代主义者首先视现代性为一种"元叙事"，然后以解构一切"元叙事"的方式全盘否决现代性的一切。利奥塔直言："我认为后现代就是不相信元叙事"。德里达则在为"解构哲学"的辩白中达到反逻各斯中心主义的目的。后现代主义者从反本质、反基础出发，也反对根据这种基础、本质而提出的各种社会理想。科学社会主义由于是以马克思主义的"反缚于逻各斯中心主义"的本体论为依据而形成的，理所当然地成为后现代主义的攻击对象。总而言之，后现代主义者的现代性批判理论具有虚无化、消极性、荒谬性的特点，他们从否定形而上学到否决现代性理念再到彻底摒弃现代化成果，最终竟将落脚点放在了倒退到前技术时代上。

后现代主义在理论上的一个十分重要的价值被人们不同程度地忽视了，就是它在终结理性和形而上学的同时，也导致西方中心主义基础的崩塌，因为理性和形而上学就是西方中心论的哲学基础，是为西方中心论辩护的。

# 第三节
# 西方现代化及其现代性的本质

从启蒙现代性到经典现代性到反思现代性再到后现代主义，可以揭示出西方现代化及其现代性的现实本质，这就是资本主导逻辑。

资本主导逻辑是近代西方现代化的内在驱动之所在，也是其困境的根源之所在。"资本作为投入社会再生产系统中追求自身增值的剩余劳动价值，是一种通过物化劳动来运行的追求自我扩张的'市场权力放大器'。它追求通过生产资料来支配人的劳动，从而不断把客观世界'资本化'，成为它实现价值增值（即市场权力的放大）的工具，由此形成了巨大的客观物质力量及其遵循的矛盾发展规律。这是物化了的'人的本质力量'，这种物质力量及其遵循的规律强制性地推动着社会经济的运行，我们称其为'资本逻辑'。"[1] 在马克思看来，资本的本性是通过运动实现价值增值；而资本运动是无休无止的，它不分时间、空间和领域地向外推进；资本运动的终极目标是要"按照自己的面貌为自己创造出一个世界"。资本主导的近代西方现代化，就是要按照资本逻辑"为自己创造出一个世界"。

## 一、资本主导是近代以来西方现代化的内在逻辑

资本主义兴起以来的世界近代历史，基本上是资本主义生产方式、

---

[1] 鲁品越、王珊：《论资本逻辑的基本内涵》，载《上海财经大学学报（哲学社会科学版）》2013年第5期。

生活方式与资本力量向全球扩张的历史，其背后的驱动力量乃资本主导逻辑。

资本主导逻辑是主宰资本主义现代化的集体行动逻辑。在遇到阻碍的地方，资本主义国家不惜动用武力来为资本扩张开辟道路；当发生利益碰撞的时候，资本主义国家之间不惜发动世界范围的大规模战争。甚至在某种意义上，战争也成为资本力量进行自我进化的方式。这种残酷而真实的逻辑，就是资本主导逻辑。

针对为西方早期现代化历史涂上玫瑰色的自由主义理论的描述，众多学者都有深刻反思。黄宗智指出，"即便是从主要的新自由主义的英国和美国的历史实际来回顾，新自由主义理论建构也是片面的话语／理论，绝对不该被认作历史的真实写照。资本主义国家的实际历史显然是一个双重性的历史。总体来说，资本主义经济的发展历史一直是和国家密不可分的，和新兴西方现代民族国家及其国际竞争和频繁战争密不可分，和对欠发展地区的帝国主义侵略密不可分，更和之后的资本全球逐利历史密不可分"[①]。陈周旺指出：为什么西欧早发国家会给人一种去集中化的"自由市场"错觉呢？这一方面固然是西方基于意识形态理论长期鼓吹的结果；另一方面，在具有竞争优势的条件下，那些早发国家当然有强大的动机来维持它们的"自由市场"，让人忽略其在经济起飞阶段的集中化特征。[②]梅俊杰也指出，与流行看法相反，英国在现代化过程中大举采用了非自由主义的发展战略，此即融财富聚敛、贸易保护、工业扶植、国

---

[①]　黄宗智：《国家—市场—社会：中西国力现代化路径的不同》，载《探索与争鸣》2019 年第 11 期。

[②]　参见陈周旺：《国家治理现代化之路：改革开放的政治学逻辑》，载《学海》2019 年第 1 期。

家干预、强权打造于一体的"重商主义"。①

冷战期间两大阵营对峙，暂时阻止了资本主义的肆意扩张，但也使得资本主义不断发生新的进化，逐步形成了新的"变体"，即整个西方国家的经济、政治、文化、社会制度安排、军事等在美国的主导下实现了高度一体化。自此，资本主义国家及资产阶级力量不再是以各自单一面目出现的"单一体"，而是以高度一体化、综合性面目出现的"复合体"。这深刻影响着自那时以来的世界运行逻辑，实际上也是西方国家在冷战中占得优势的重要原因。冷战结束后，一体化的西方"冷战惯性"和"发展势能"获得了前所未有的霸权主义力量，资本主导逻辑借助这种霸权主义力量大肆在全球深度扩张，从而形成了西方主导的世界政治经济体系。在这一体系中，资本主导逻辑决定了西方国家必然对外采取扩张、控制战略，以牢牢占据世界"食物链"的顶端位置，大肆收割"冷战红利"和"霸权收入"；而为了稳固国内基础，强化其内部认同与支持，又采取种种缓和与调和的政策与策略，把居于全球体系顶端位置所获"超额利润"的一部分在本国内部进行相对均等化的分配。这种体系格局，借助于互联网和信息技术的发展带来的"新经济"进而达到了顶峰状态。

但是，正如马克思主义自诞生以来始终坚持认为的那样，资本主义自身无法克服其内在的矛盾。"社会需要"增长的步伐远远赶不上资本扩张的步伐，这种差距一旦拉大到一定程度，且全球市场中的利润空间被阶段性攫取殆尽的时候，就会爆发世界范围的经济危机。2008年国际金融危机就是在这样的情况下爆发的。从马克思主义视角看，国际金融危

---

① 参见梅俊杰：《所谓英国现代化"内源""先发"性质商议》，载《社会科学》2010年第10期。

机的实质，就是以增殖为本性的西方资本阶段性耗竭其资本增殖的全球市场空间和技术创新空间而出现的必然结果。对此，习近平同志指出，"就从国际金融危机看，许多西方国家经济持续低迷、两极分化加剧、社会矛盾加深，说明资本主义固有的生产社会化和生产资料私人占有之间的矛盾依然存在，但表现形式、存在特点有所不同"[①]。

由此，国际金融危机发生以来的西方国家，全面暴露了资本主导逻辑之下的种种困境。为了摆脱这种困境，西方主要国家的统治力量采取了两个方面的措施：一是对以中国为代表的新兴市场国家施加压力，试图以非经济手段汲取经济利益，尽管达到了部分的目的，但也遭到了相当程度的抵制；二是在国内一边采取一些以"再工业化"为代表的经济措施，一边煽动并利用民粹主义情绪以缓释压力。这些措施表面上看能够取得一些效果，但实际上，非但不能使西方资本主义社会摆脱总体性困境，反而在事实上给全世界带来新的重大不和谐不稳定因素，从而将加剧西方国家自身的困境。特别是冷战以来，西方世界所捞取的"自由""和平""人权"等桂冠，开始黯淡起来了。

## 二、资本主导逻辑是西方现代化固有困境的根本原因

资本主导逻辑一方面创造出高效率的生产力，另一方面又不断在全球耗竭其赖以生存的空间，从而导致从根本上难以摆脱种种困境。

西方所标榜的"自由市场体系"实际上具有两重特性：一方面，在这样一种经济体系之下，各种生产要素能够相对自由地进行组合，从而创造出高效率的生产关系和高程度的生产力；然而，另一方面，它是一

---

[①] 习近平：《在哲学社会科学工作座谈会上的讲话》，人民出版社2016年版，第14页。

种有利于资本便利地追逐剩余价值，并且给予这种行为以最高正当性的经济体系，这是资本逻辑的必然结果。冷战时期，得益于第二次世界大战的红利、技术垄断、较高的劳动者素质和军事实力、西方内部较为广阔的市场空间、对第三世界国家的能源和原材料的掠取，以及与社会主义国家比较所带来的竞争刺激压力等因素，这一经济体系以较高的效率和水平运行，为西方国家所谓的"不战而胜"奠定了基础。冷战结束之后西方空前的霸权地位，使得资本主导逻辑在全球扩张获得了资本主义诞生以来最好最便利的条件，已经进化为"复合体"的西方国家也得以在全世界相对顺利地推广西方的"自由市场体系"。这一过程外在表现为全球经济的发展和繁荣，而实质上则是西方国家前所未有地获得了经济全球化的"超级红利"。"全球商品链使得帝国主义以单个商品为基础嵌入全球化生产。在全球商品链中，劳动密集程度最高的环节位于南方国家，因为这里的产业后备军规模较大，单位劳动力成本较低，剥削率相应较高。生产全球化的结果是跨国公司获得了相对较高的利润率，而附加值往往归功于中心国家本身的生产，整个剥削过程产生的利润为中心国家带来了大量财富。"①

冷战时期的西方经济运行体系，本来是以资本为中心配置和调节技术、市场、劳动力和原材料等生产要素的"实体性"经济体系，是一个实体经济占主导的生产生活体系。这也是主要西方国家竞争力强大的根本所在。然而，一旦把"自由市场体系"的套路放大到全世界，资本就立刻暴露了其内在空虚的一面：仅仅依靠金融控制与资本运作而生存。

---

① 因坦·苏万迪、R. J. 约恩纳、J. B. 福斯特：《全球商品链与新帝国主义》，李英东译，载《国外理论动态》2019 年第 10 期。

在这场如梦如幻、形同"博彩"的资本游戏中，只有极少数中间阶层能够升到上层，大多数中间阶层不具备持续参与游戏的能力，而越来越多的中间阶层坠入社会的下层乃至底层。更加真实的是，资本家一旦真的变成了纯粹"资本"家，其好运气也就用尽了。

2008年以来西方世界的自我调整，在某种意义上是资本主导逻辑在自身圈套中打转的表现。按照20世纪以来的常规逻辑，它们最惯于采用的手段，就是动用武力或者利用武力相威胁，针对中国等新兴市场国家采取非常规的经济手段以挽救其颓势。然而，中国等国家从冷战以及冷战以后的世界局势中，看到了军事力量的根本保障作用，加强了军事力量建设，使得西方国家难以承受动武的代价，甚至有得不偿失的可能。于是，经济上的贸易保护主义开始抬头。"当时，随着资本'空间转移'的余地越来越小，资本主义全球化已经走到尽头，走投无路之下，只能通过'逆全球化'寻找解困之道。随着资本主义全球化积累的过剩资本无处流动，金融资本驱动的资本主义全球化体系也将成为人类发展进步的'负能量'和'负资产'而走向穷途末路。"[1] 采取贸易保护主义措施，实际上恰恰暴露了资本逻辑下"自私自利"的深层实质。其所带来的收益尚未可知，而其产生的负面后果则已经显现出来了：采取贸易保护主义使得西方彻底违背了第二次世界大战以来其苦心孤诣塑造的"自由经济"道义形象，堪称"为了一磅肉而出卖自己的灵魂"的典型表现。按照国际政治逻辑，这种道义上破产的危害不亚于经济上的破产。

---

[1] 田行健、江涌：《资本积累视角中的"逆全球化"问题》，载《当代世界与社会主义》2018年第6期。

## 三、西方现代化的教训与后发国家现代化的警醒

先发现代化国家基于经济利益、政治利益和文化利益的考虑，不断进行经济扩张、政治扩张和文化扩张，导致后发现代化国家在追赶先发现代化国家的过程中留下了深刻的历史教训。

拉美国家独立以来，在两个世纪中不断失败，究其原因，是拉美国家在独立时未能及时建立统一的国家和民族，权威缺失，致使拉美国家花费太多精力来构建现代国家和民族。德意志民族素有遵纪守法、勤奋向上的传统，但他们盲目服从上级、服从权威的特质，又使这一传统存在巨大缺陷，那就是在制定社会游戏规则的过程中人民缺位。这样，如果操纵民族前进的上层集团选择了错误的方向，就会给自身和其他国家带来严重灾难。人们看到，沃勒斯坦的世界体系理论，阿根廷的劳尔·普雷维什、埃及的萨米尔·阿明、英国的 A. G. 弗兰克等的依附理论，萨义德的东方主义或后殖民理论，等等，就是在反思后发现代化国家历史经验和教训的基础上产生的。

当然，后发现代化国家中也有成功的例子，日本就是其中的典型。从激进的观点来看，日本的"成功"经验是相当保守的现代化：明治维新的领导人一方面认识到旧的传统已落伍过时，敢于抛弃一部分儒学传统包袱和社会陋习，大力推行西化；另一方面又对自己的民族传统具有信心，在西化思潮刚刚泛滥之际就恢复一部分传统道德的东西，主要是儒家伦理和皇权思想，以稳定社会秩序，有效地推动自上而下的工业化。[1] 当然，分析日本的现代化历程，不能不考虑日本对于第一次、第二

---

[1] 参见罗荣渠：《现代化新论——世界与中国的现代化进程》，北京大学出版社 1993 年版，第 218 页。

次世界大战的参与和发动，尤其在第二次世界大战中，日本是东方战场的罪魁祸首。这样的恶果出现于日本的现代化过程中，也足见日本现代化的致命缺陷之所在。

第二次世界大战后的日本在美国的扶持下，在现代化方面展现出了新的活力和潜力；而后来整个东亚的现代化也展现出了新的活力和潜力。由此引出了东亚文化与现代化的关系问题。诸多研究所提炼出的儒家传统中的进取勤奋的文化因素、忠诚勤奋的伦理因素、利他的道德因素、重视精神的价值因素，以及涉及成就动机、实践理性和浓厚的人情等文化因素，都被认为是儒家文化能够推动现代化进程的文化因素。儒家传统经历长期的积淀，不断得到改善和发展，其所坚持的学统和道统具有推动现代化的积极因素，其传统农业社会的经济底色和维护皇权至上的官僚制度的内容有消极阻碍现代化启动和发展的地方。另外，在应对现代化的文化困境方面，儒家文化还有着积极的借鉴意义。

这个问题对于中国具有特殊意义。我们必须站在时代的高度重新审视儒家传统文化与现代化的关系，辩证对待儒家文化的多面内容，积极推动儒家传统的现代转化，力争建构经过现代转化的传统文化与现代化的良性互动的主动的文化局势。儒家追求和谐与秩序的理性或价值观，容易使国家的现代化进程缺乏驱动力，这极其不利于落后国家现代化的启动。然而，值得注意的是，当那些已然高度现代化的国家和正昂首阔步于现代化征程中的发展中国家，面临文化危机和精神秩序等现代化困境之时，儒家传统的理性和价值观的意义就必须重新评估了，这也是在当代儒家传统文化和现代化的关系问题受到重视的重要原因。

我们需要回到"站在世界看中国和站在中国看世界"的基本立场，从世界现代化历程和精神文化变迁的维度审视中国式现代化道路。一般而言，学界较能认可的西欧现代化发展规律，或者说西欧现代化模式之最本质的特征可归纳为：国家的统一和独立、工业化与市场化、民主化和法治化及社会保障制度化。作为一个后发现代化国家，中国既身处全球化的时代又秉承源远流长、博大精深的文化传统，以坚定不移的战略意志推进中国式现代化，以高度的自觉意识和居安思危的问题意识关注现代化征程中人的精神世界和精神生活，构筑以马克思主义文化为主导、以中国优秀传统文化为底色、以西方文化的精华为动力的文化生态和精神文化氛围，这对于中国具有特殊的意义。这也许可以称得上是西方现代化历程及其对外扩张对中国发展最重要的启示。习近平总书记在 2017 年 9 月 29 日主持中共十八届中央政治局第 43 次集体学习时指出："尽管我们所处的时代同马克思所处的时代相比发生了巨大而深刻的变化，但从世界社会主义 500 年的大视野来看，我们依然处在马克思主义所指明的历史时代。这是我们对马克思主义保持坚定信心、对社会主义保持必胜信念的科学依据。"[1] 从马克思主义和中国特色社会主义视阈审视资本主义困境，避免误入歧途，是中国现代化的明觉智慧。

---

[1] 《习近平谈治国理政》（第二卷），外文出版社 2017 年版，第 66 页。

第 二 章

# 中国
# 从对西方现代化
# 潮流冲击的被动防御
# 到主动应对

现代化运动和潮流是自西方启蒙运动尤其是西方工业革命开启的，工业革命、市场经济、资本逻辑和政治民主等，是西方开启现代化运动的标志性符号。马克思、恩格斯的《德意志意识形态》《共产党宣言》等著作，分析、揭示、阐述了西方现代化运动和潮流开启的内在机理。《德意志意识形态》主要揭示、分析和阐述了生产力、资本、世界市场、普遍交往（世界交往）所开辟的世界历史，使地域性历史转变为世界历史，《共产党宣言》主要揭示、分析和阐述了生产工具、大工业、世界市场、世界交往"创造出一个世界"，一个具有"统一性"的世界。

西方开启的现代化运动和潮流极大地推动了生产力发展和人类文明发展，促进地方历史、民族历史转变为世界历史。马克思、恩格斯在《共产党宣言》中指出："资产阶级在它的不到一百年的阶级统治中所创造的生产力，比过去一切世代创造的全部生产力还要多，还要大。"然而，在西方现代化发展历程中，逐渐出现了无产阶级和资产阶级的对立、先发现代化国家和后发现代化国家的对立，产生了人和自然的疏离、人和社会的疏离、人和人的疏离、人的身心疏离。现代性之共同点是具有强烈的历史意识和时间意识。

# 第一节
# 近代中国对西方现代化潮流冲击的被动防御

现代化运动作为一种世界潮流，把各国卷入其中，实现现代化成为世界各国面临的共同命运，中国亦不例外。"它使未开化和半开化的国家从属于文明的国家，使农民的民族从属于资产阶级的民族，使东方从属于西方"①。西方一些现代化理论以"传统—现代"为解释框架看待先发现代化国家和后发现代化国家之间的关系，强调在实现现代化问题上，后发国家必须依附于先发国家，其中蕴含着"西方中心论"的逻辑。西方现代化潮流冲开了中国大门，对清朝末年的中国产生强烈冲击，也加速了晚清的没落。面对冲击，近代中国开始进行一次次被动防御性的回应。

第一次回应是洋务运动。主要体现在"器物"层面。清朝末年，落后的中国遭遇西方现代化潮流的冲击，主要是在工业、经济、科技、武器装备等"器物"层面作出回应。西方的洋枪洋炮打开了中国的大门，以曾国藩、李鸿章、左宗棠、张之洞为主要代表的清政府官员，强调引进西方的武器装备，学习西方的科学技术，兴办洋务，办军用企业和钢铁工业，生产洋枪洋炮和舰船。与之相应，也产生了理论主张，即张之洞强调的"西学为用"。洋务运动在性质上是晚清内部部分官僚为了挽救其封建统治，从武器装备和科学技术等"器物"层面向西方学习的自

---

① 《马克思恩格斯选集》(第一卷)，人民出版社 2012 年版，第 405 页。

救自强的改革运动。其历史进步意义在于冲破封建主义封闭保守的狭隘眼界，打破重农轻商的历史传统，在一定程度上促进了近代中国生产力的发展，也促使了国防的近代化，使中国人初步具有了现代化意识；其消极影响在于它为帝国主义、官僚资本主义、封建主义的勾结提供了条件。这也是导致国家蒙辱、人民蒙难、文明蒙尘的根本原因。洋务运动的失败表明：晚清官僚承担不了中国实现现代化的历史重任。

第二次回应是戊戌变法，主要体现在制度层面。戊戌变法所奉行的是君主立宪的改良主义，以康有为、梁启超、严复、谭嗣同为主要代表。戊戌变法在性质上是资产阶级改良的爱国救亡的政治运动，其目的是用资本主义社会的政治、经济、社会、文化、教育等制度来取代封建专制的政治体制、自给自足的自然经济，从制度层面推进了中国的现代化。其积极作用在于推动了晚清政府的自我改革，推动知识分子由维新向革命转化，使其成为革命党人，也从制度上推动了中国的现代化；其消极作用在于不敢否定封建专制，对帝国主义抱有幻想。百日维新最终以失败告终，其根本原因在于资产阶级的软弱性和封建专制守旧势力的顽固性，强大的封建守旧势力极力反对变法。这表明：在半殖民地半封建的旧中国，没有代表无产阶级和人民群众的强有力的先进政治组织，没有广大人民群众的支持，仅依靠资产阶级自上而下的改良道路来实现中国现代化是行不通的。

第三次回应是辛亥革命，同样体现在制度层面。它与戊戌变法相同的地方是，都以西方文明为借鉴对象，都是在制度层面对西方现代化潮流的回应。但两者也有区别，戊戌变法主要是从局部对封建专制政治制度进行带有资本主义性质的政治改良，而辛亥革命则依靠早期现代化的中坚力量，即具有强烈爱国主义精神又接受西方政治观念的新式知识分子，提出了系统的、契合现代化发展需要的、以实现民族独立和政治民主化为目标的政治纲领和"三民主义"。它最终推翻了封建君主专制，为中国从农耕文明向工业文明转变提供了契机，促进了经济现代化，也为中国经济发展指出了走向工业化和现代化的道路。辛亥革命的教训，就是没有认识到，仅仅依靠新式知识分子，在中国的历史条件下建立资产阶级共和国是不可能的，必须重新寻求新的救国救民的正确道路。

第四次回应是五四运动，主要体现在文化层面，代表人物有陈独秀、李大钊等。五四运动，是一场以青年学生为主，广大群众、市民、工商人士等阶层共同参与的反对帝国主义、封建主义的爱国运动。其目的就是在工人阶级领导下，向西方学习科学和民主，推翻帝国主义、封建主义统治，为推动中国现代化提供思想文化基础。其积极意义是为马克思主义在中国的传播创造了条件，为推进中国现代化提供了思想文化基础；其消极作用是隔断了中华文化传统，把中华传统文化当作糟粕加以批判。五四运动前后，中国思想文化界在如何应对西方现代化冲击问题上，争论较为激烈。归结起来，主要有五种路线和观点：完全接纳西方化、现代化；完全拒绝西方化、现代化；可以西方化但不能现代化；接受现代化但不能西方化；在现代化进程中，起飞阶段可以吸收西方文化中的许多因素，在现代化加快发展阶段，西方化的比例要下降，本土文化应获得复兴和伸张。五四运动表明：解决中国现代化问题，最为关键的，一是必须有正确的科学思想引领，二是必须有强有力的领导组织力量。

# 第二节
# 中国共产党对西方现代化潮流冲击的主动应对

1921 年 7 月，中国共产党第一次全国代表大会召开，宣告中国共产党的成立。中国共产党的诞生，对中国实现现代化具有开天辟地的历史转折意义，它一改过去中国对西方现代化潮流冲击的被动防御性回应为积极主动应对。

## 一、在对西方现代化潮流冲击的应对中掌握历史主动

中国共产党对西方现代化潮流的主动应对，一是在文化层面，积极主动推进马克思主义中国化，把马克思列宁主义基本原理同中国具体实际相结合，具有先进思想引领；二是在领导组织层面，中国共产党将马克思列宁主义与中国工人运动相结合，具有先进组织领导；三是建立起马克思主义中国化同"中国道路"的本质联系，从根本上积极探寻解决中国问题的中国道路。探索中国现代化道路的重任，历史性地落在中国共产党身上。在探索过程中，马克思主义开启了中国化时代化历史进程，马克思主义基本原理开始同中国具体实际相结合、同中华优秀传统文化相结合。最为实质的，就是中国共产党从根本上找到一条能解决中国问题的现代化道路，道路探寻是贯穿马克思主义中国化时代化的一条根本主线。以毛泽东同志为主要代表的第一代中国共产党人较早地意识到了应该把马列主义的基本原理同中国社会主义革命和建设的具体实际结合起来，探索在我们国家里建设社会主义的道路。这样，中国共产党就从指导思

想、领导力量、中国道路三个根本方面掌握了历史主动，使中国不断开辟实现社会主义现代化进而实现中华民族伟大复兴的正确道路，为实现现代化创造了根本社会条件，从根本上改变了中国人民的前途命运，并逐步展示出马克思主义的强大生命力。"道路问题是关系党的事业兴衰成败第一位的问题"[①]。这一时期我国对现代化道路的探索和实践形成的最大成果，就凝练为"走自己的路"。这表明中国共产党在中国实现现代化问题上开始掌握历史主动。

## 二、中国现代化的历史自觉

现代化是任何面向现代世界的国家都绕不开的必修课，而且是必须修好的主干课。关键在于用什么样的方式、以什么样的路径、循着什么样的逻辑推进现代化。作为现代化的后来者，20 世纪以来的中国人民在中国共产党领导下进行了艰辛探索，展现了极强的历史自觉与理论自觉，取得了巨大的成功，并由此走出了一条中国式的现代化道路。

### （一）伟大的中国革命为中国式现代化作了充分准备

成功推进现代化既以一定的政治和社会变革为内容表现，又以特定的政治和社会变革为先决条件，中国共产党领导的中国革命以及新中国的成立作为一种整体性变革，为中国的现代化作了充分铺垫。

鸦片战争以来，裹挟着西方因子的现代化要素不断冲击着中国的政治和社会面貌，使中国局部地呈现出某些现代性特征。但是，由于缺乏具有战略性全局性的政治和社会变革，现代化要素与前现代要素纠葛冲

---

[①] 习近平：《关于坚持和发展中国特色社会主义的几个问题》，载《求是》2019 年第 7 期。

撞，使得近代中国社会呈现多重矛盾交织状态。

有学者指出，在这种背景下，从政治上寻求根本解决的激进方案，以高度集权的方式重组社会秩序，便成为多数现代化精英的选择。显然，在这里，"革命"这一曾经主导中国政治研究的"反帝反封建"范式的中心话语被置入中国现代化的语境中并获得了新的意义：革命既是一个分权运动（摧毁传统的政治结构，打破专制的中央集权），也是一个集权运动（重建国家主权，为现代化提供新的权威基础）。①

因而，破解中国现代化困局的根本，在于给出一整套彻底变革旧社会的总体性解决方案并予以实现。显而易见，能够担当这样职责的历史主体，只能是中国共产党，其方式只能是革命。

有学者指出，只有先建立一个强有力的政治机构或政党，然后用它的政治力量、组织方法，深入和控制每一个阶级、每一个领域，才能改造或重建社会国家和各个领域的制度与组织，才能解决问题，克服全面危机。②

实际上，正是在一系列革命任务的完成中，中国共产党系统性地实现了对传统中国政治形态、经济形态、文化形态和社会形态等的重构与再造。历史事实证明，这种重构与再造在真正意义上推进了中国的现代化，使得中国的现代化从一开始就不同于也必然不会追随于西方式的现代化。

有学者认为，从现代化视角看，中国共产党能够领导中国人民夺取

---

① 参见陈明明：《比较现代化·市民社会·新制度主义——关于20世纪80、90年代中国政治研究的三个理论视角》，载《战略与管理》2001年第4期。

② 参见《思想家》编委会编：《思想家——跨世纪探险》，华东化工学院出版社1989年版，第19页。

全国胜利主要有三个相互联系的原因：把对社会结构的彻底改造任务与争取国家独立和领土完整的任务有机地结合起来，从而实现了"现代化领袖获得了权力的转变"；能够按照其制定的彻底改造社会结构的纲领和路线，脚踏实地地深入农村变革中，从而为进一步在整体上推动中国社会转型和现代化奠定牢固的社会基础；以毛泽东同志为代表的中国共产党人从文化层面把现代性和民族性有机地融为一体，从而为中国的现代化提供坚强的精神支柱。[1] 这实际上已经深刻触及中国革命的现代化意涵。

### （二）中国式现代化是人类实现现代化历史上的一次伟大飞跃

从革命、建设到改革，把中国式现代化作为一个连续性历史实践来看，中国对先发国家现代化经验的学习，以及中国式现代化理论和实践对于人类实现现代化经验的丰富与充实，造就了人类现代化历史上的一次飞跃。

中国式现代化属于后发国家的现代化，因而中国在推进现代化的过程中，不可避免地受到先发国家的影响；又由于中国比较注重学习他国经验，这种影响自然较其他发展中国家而言更为强烈一些。向先发国家学习，无疑是中国成功推进现代化的重要原因。就此可以说，先发国家现代化理论与经验，对中国式现代化起到了滋润和启迪作用。如果过于凸显中国式现代化之路的独特性，而忽视了中国的学习与模仿，特别是在新中国成立后对苏联、东欧国家的学习与模仿，以及在改革开放之后对欧美和东亚国家的学习与模仿，显然将模糊历史的真相，实际上也将否定中国投身于现代化的智慧与决心。但同样也要看到的是，中国的这

---

[1] 参见叶险明：《中国共产党夺取全国胜利原因的现代化思考》，载《史学月刊》2001 年第 4 期。

种"现代化学习"是一种有选择的学习，是一种以我为主的"拿来主义"的学习。中国并没有因为学习西方而变成西方的样子，正如并没有因为学习苏联而变成与苏联一样。

由此需要进一步思考的是：中国对于先发国家现代化经验的选择性吸收借鉴，是否有利于中国成功推进现代化呢？在大量的西方研究看来，答案显然是"不利"。然而，深层的研究却发现，中国的这种选择性学习借鉴恰恰是中国现代化成功推进的重要原因。进一步地，中国在选择性吸收之上所发展出的成功推进现代化的理论与实践，构成了对人类现代化经验的反哺。由此所推导出的重大理论意义就在于：人类的现代化经验，自从中国现代化经验的丰富与充实之后，才开始走出西方小天地，走向世界大舞台，也更务实、更接地气，更具有普遍意义的指导性。

有学者指出，新中国现代化建设道路及其实现的伟大社会变革，既不是西方资本主义国家现代化发展的翻版，也不是其他社会主义国家现代化道路的再版，而是中国共产党领导人民探索的适合中国国情的"创新版"。它根植于中华民族优秀传统文化，发端于中国社会主义实践，秉承马克思主义科学精神，又借鉴人类所创造的全部文明成果。①

## （三）社会主义对于中国式现代化顺利推进发挥着关键作用

对于后发国家来说，比要不要推进现代化更重要的是如何推进现代化。因此，在现代化上面的历史自觉与理论自觉就十分关键。

从中国看，现代化经验从先发国家到后发国家的传递对于后发国家具有至关重要的作用，但传递能否真正成功，关键在于后发国家是否

---

① 参见张乾元、苏俐晖：《新中国现代化建设道路的探索与道路自信》，载《新疆师范大学学报（哲学社会科学版）》2019年第6期。

具备特定的接受条件。社会主义对于中国顺利推进现代化发挥了关键作用。

后发国家对先发国家的学习与模仿，是人类实现现代化的重要方式和途径。但先进经验到底是否有用或者具有多大用处，既往的答案往往是：主要取决于后发国家的学习吸收程度。也就是说，学习吸收得越彻底越充分，这些先进经验就越能发挥作用。现代化经验自先发国家向后发国家传递得越充分，后发国家的现代化就越容易成功；而传递是否充分，主要取决于后发国家在多大程度上接受这些经验。但是，事实并非如此。

应当肯定，西方发达国家现代化经验中，必然包含着许多对中国非常有启发的内容。但是也要辩证地认识到，一方面，它所包含的技术的、管理的等体现人类现代化一般规律的内容，对于中国顺利推进现代化是有助益的，是具有启发作用的；另一方面，它所包含的那些难以体现人类现代化一般规律的内容，比如政治的、意识形态的、文化传统的等方面的内容，如果不加鉴别地吸收，可能产生十分不利的后果。因此，对中国来说，西方现代化经验具有两面性。理想的状况是，把有害的因素剔除出去，把有益的成分留下来。

正如毛泽东同志所言："我们的方针是，一切民族、一切国家的长处都要学，政治、经济、科学、技术、文学、艺术的一切真正好的东西都要学。但是，必须有分析有批判地学，不能盲目地学，不能一切照抄，机械搬用。他们的短处、缺点，当然不要学。"[1]

实际上，实现这种设想并不是一件容易的事情。现实往往是很棘手

---

[1] 中共中央文献研究室编：《毛泽东文集》（第七卷），人民出版社1999年版，第41页。

的：两种要素往往同时并存、相互纠缠在一起，吸收某一个方面往往意味着必然接受另外一方面。比如，西方式的市场经济往往导向西方式的政治法律制度，西方式的法律制度往往导向西方式的市场经济，而西方式的文化价值观必然要求以上两者兼备。

有学者对中国加入世界贸易组织后面临的情形分析指出：通过辩证考察可以发现，中国在更为直接和方便地吸收西方一切肯定的文明成果的同时，也进一步增加了在经济全球化进程中削减社会主义制度特征和价值原则的可能性。这样，就面临着以往社会主义实践所不曾经历的新的风险。孤军奋战于西方资本主义包围之中的社会主义中国若想坚持社会主义现代化道路，所面临的形势更为严峻和复杂。一方面，由于苏联、东欧各国放弃社会主义走上资本主义道路，世界社会主义运动进入低潮，中国作为为数不多的社会主义国家之一成为西方资本主义的众矢之的。另一方面，中国选择市场经济作为迅速提高生产力水平的举措，以及为更快地发展生产力而加入世界贸易组织的行动，也使资本主义进行"和平演变"变得更为直接可行，确实在客观上增加了捍卫社会主义制度特征和价值目标的复杂程度，也增大了被"西化"和"分化"的危险。如何在积极吸收资本主义文明的一切肯定的成果的同时，维护和完善社会主义的制度特征和价值目标就成为特别需要加以关注的课题。[1]

对于这些"打包"而来的西方现代化经验，发展中国家的"过滤"经验和能力严重匮乏。这正是许多发展中国家现代化过程往往等同于西方化过程的重要原因，实际上也是发展中国家的现代化难以成功的重要原因。

---

[1] 参见华林、赵秀文：《关于中国特色社会主义现代化的若干分析》，载《马克思主义研究》2003年第2期。

中国为什么能够汲取西方现代化经验的有益成分而又没有被西方化？社会主义的制度机制和价值观念作为"抗体"发挥了关键的作用。具体来说，其间的机理在于：正是因为具有强大的对于资本主义社会后果的免疫力，中国才能够得以对西方现代化建设经验形成较强的吸收力，才能够比较成功地应用和推广西方现代化经验，最终熔铸成自己独特的现代化发展之路。再进一步明确说，中国式现代化成功证明，现代化经验从先发国家到后发国家传递的关键，不在于后发国家主观上具有足够的接受诚意以及随之而来的接受行动，而在于后发国家在客观上具备建立在一定程度的免疫力之上的吸收力。此中的辩证法在于，免疫力越是强大，对西方国家现代化经验精华的吸收就越充分。

相比之下，恰恰由于缺少这种免疫力，许多发展中国家的现代化不得不停滞于某个发展阶段，陷入进退两难的境地。"没有西方的身，揣了西方的心"，"没有西方的命，却得了西方的病"，这是许多发展中国家的现代化陷入这样或那样困境的重要原因。由此可以理解，社会主义对中国来说是一笔多么宝贵的财富。社会主义非但不是中国吸收先发国家现代化经验的障碍，反而作为一整套体制机制装置，提高了中国的吸收转化效能。再进一步说，社会主义自带着规避西方现代性后果的种种基因，"社会主义现代化"这个名词中本就蕴含着中国道路的成功密码。邓小平同志深刻指出："现在我们搞四个现代化，是搞社会主义的四个现代化，不是搞别的现代化。"①

在第二次世界大战后两种社会制度的较量中，社会主义被认为是发展的障碍，而资本主义则被认为是现代化的阳关大道。特别是苏联解体、

① 《邓小平文选》(第三卷)，人民出版社1993年版，第110页。

冷战结束后，这样的看法一度十分盛行。这样一种看法，曾经深刻影响了许多发展中国家的选择，甚至也令一些社会主义国家出现了不够自信的现象，还导致显著的理论和意识形态效应，使得"历史终结论"一类言论在中国得到了广泛的反思和批评。然而，历史发展的真实逻辑表明，在维护国家独立自主、推进国家现代化发展上，经过优化完善的社会主义制度机制，比其他任何制度机制都有更为优良的表现。搞了"颜色革命"和资本主义的原社会主义国家后果普遍都不好，至今基本都在泥泞的道路上挣扎，也可以从另一方面证明这点。

现代化实质上是一个危险系数很高的历史进程。对于广大发展中国家来说，其最具挑战性之处莫过于在"积聚推进现代化的巨大发展动能""合理释放发展动能""有效治理现代化进程中的政治社会后果"之间实现动态战略平衡，并使现代化始终朝着正确方向前进。这种国家层面的现代重生，绝不是浪漫的、轻巧的、愉悦的。由此，制度资源与制度力量对于一个国家的现代化具有十分重要的作用。国家制度资源与制度力量的关键而独特的作用在于，它为推动国家的现代化、管理现代化进程以及应对现代化后果提供了一个无可比拟的具有根本性的传感与处理系统。对于任何国家来说，这套传感与处理系统越完备，现代化过程就越顺利，现代化就越容易取得成功。特别是，如果说先发国家在推进现代化的过程中，还可以一边推进现代化一边完善优化这套系统的话，那么，对后发国家来说，几乎或根本不存在这样一种调整空间。因此，后发国家的现代化更具有危险性，稍有不慎，满盘皆输，或者稍有差池，即陷于某种畸形的发展锁定状态而难以自拔。

基于长期的社会主义革命和建设以及改革开放的积淀，中国摸索建立并逐步完善出了一整套后发国家实现现代化的追赶型制度模式，并且这套制度模式并非一成不变，而是不断优化升级，保持了很高的灵活适应性。这套制度模式对于中国成功推进现代化起到了至关重要的作用。中国独有的国家制度与治理体系，自革命时代就开始孕育，新中国成立后开始形成和发展，在改革开放新时期逐步丰富和完善，在中国特色社会主义新时代又得到不断强化和推进，是当代中国发展进步的根本保障。

实践证明，中国特色社会主义制度和国家治理体系是以马克思主义为指导、植根中国大地、具有深厚中华文化根基、深得人民拥护的制度和治理体系，是具有强大生命力和巨大优越性的制度和治理体系。

从推进现代化的角度看，中国特色社会主义制度与治理体系的主要优势在于以下几点。

第一，能够集中力量办大事，有利于解放和发展社会生产力。后发国家的现代化，如果不能够聚集起全社会的资源于最需要发展和突破的领域，也就是说，如果不能够实现在具有战略意义的点上的突破，那么国家的现代化永远无法形成"追赶超越"的态势，长期持续地解放和发展生产力也就无从谈起。社会主义建设时期，中国集中力量发展重工业；改革开放初期，中国集中力量于沿海开放城市，体现的都是这种优势，并且都取得了巨大的成功。

第二，能够解决人民群众最关心的问题，有利于维护和促进社会公平正义。现代化无可避免地会带来以区域分化、收入分化为主要表征的社会成员的分化，如何应对和解决这种分化，十分考验国家的行政能力。对许多国家来说，社会成员的分化会被认为是"现代化的必然结果"或"现代化的必然代价"，从而只是象征性地解决或者干脆置之不理，就是想解决也"有心无力""有心无法"。中国制度的优势在于，不但认为这是一个亟待有序解决的问题，而且能够动用制度性的力量大规模地、长时间地解决这些问题。从而，中国既保持了快速的发展，又没有出现以贫民窟为代表的现代化创伤、大面积社会溃疡，这在全世界是罕见的。贫民窟实质上是一种持续存在的低烈度人道主义灾难状态；作为一个外在可见的监测指标，贫民窟的面积、人口等要素，可以作为验证一个国家现代化成色的重要标准，从中可以照见一个国家的现代化良心。

第三，能够进行长期持续的战略规划，有利于形成稳定长久的发展局面。既关注短期目标又关注长期目标，并且能够使二者有机协同起来，是中国共产党治国理政的一个显著特点。之所以具备这样的特点，关键是因为，在中国特色社会主义制度和治理体系之下，具体来说是在中国新型国家制度和新型政党制度的总体框架下，中国共产党执政地位的取得与存续超越了西方政治制度下的那种"选举型政党"范畴，从而实现了党的执政与国家发展的持久性一体化。

这些特点和优势，非但发展中国家不具备，而且相当多的发达国家也不具备。正如习近平同志指出的："实践证明，我们党把马克思主义基本原理同中国具体实际结合起来，在古老的东方大国建立起保证亿万人民当家作主的新型国家制度，使中国特色社会主义制度成为具有显著优越性和强大生命力的制度，保障我国创造出经济快速发展、社会长期稳定的奇迹，也为发展中国家走向现代化提供了全新选择，为人类探索建设更好社会制度贡献了中国智慧和中国方案。"①

总体来讲，在新民主主义革命时期，毛泽东同志提出了"国家工业化"的构想。在新中国成立以后的社会主义革命和建设时期，我们党确

---

① 习近平：《论坚持人民当家作主》，中央文献出版社 2021 年版，第 275 页。

立了社会主义基本制度，为现代化建设提供根本政治前提和宝贵经验、理论准备、物质基础；同时，为解决中国经济落后问题，周恩来同志明确提出实现"四个现代化"；毛泽东同志还提出以苏为鉴、独立自主地探索适合中国国情的社会主义现代化建设道路。这是中国共产党执政以后治理国家，对中国实现现代化，第一次作出的较为全面的战略性思考和主动性谋划，影响深远。作为中国共产党百年奋斗一个历史分期的"改革开放和社会主义现代化建设新时期"，其主线就是全面建设社会主义现代化，中国共产党主动继承发展、推进拓展了"四个现代化"，为追赶世界现代化潮流，建立起了社会主义与现代化的本质联系，积极主动致力于全面实现社会主义现代化，且把中国特色社会主义作为实现社会主义现代化的必由之路，鲜明地把实现社会主义现代化作为中国特色社会主义的总任务之一，为中国式现代化提供了充满活力的体制保障和快速发展的物质条件。这一时期，西方现代化理论包括狭义现代化理论（20世纪50—60年代兴盛于美国的现代化理论）和广义现代化理论（基于西方工业化和民主化进程，研究因资本主义发展而在欧洲兴起的现代化运动和潮流）对我国产生了影响，其中的"冷战意识形态""文明开化使命论""西方优越论"具有意识形态因素。对此，我们党主动提出要防止西方意识形态渗透。这一时期，对社会主义现代化道路的探索和实践形成的最大成果凝练为"中国特色社会主义道路"。中国特色社会主义进入新时代，作为具有划时代意义的全面深化改革的总目标之一，就是积极主动"推进国家治理体系和治理能力现代化"。如果说改革开放之初建设社会主义现代化主要是解放和发展社会生产力的话，那么，中国特色社会主义进入新时代所推进的全面深化改革，则主要是发展和完善中国特色社会主义制度、推进国家治理体系和治理能力现代化。其中提出的中国特色社会主义"制度"和国家"治理"，涉及的都是中国特色社会主义的"根"和"本"，是建设社会主义现代化的"根"和"本"，是全面性的、根本性的，具有"治本"性，其实践意义就是以"制度"更好地"治理"好国家，解决我国经济社会发展的动力机制和平衡机制问题。因而，这实质上是从"治本"意义上主动提出国家治理现代化。从"四个现代化"，经"社会主义现代化"，再到"国家治理能力体系和治理能力现代化"，反映和体现的是我国实现现代化的历史演进逻辑。

总结中国实现现代化的历程可以看出，中国共产党掌握了中国实现社会主义现代化的根本和主动，那就是党的坚强领导、先进思想引领、选择正确道路和以制度优势治理好国家。

## 三、中国式现代化成功创造和建构的演进逻辑

在新中国成立以来的历史演进中，中国共产党逐步成功创造了中国式现代化。"在新中国成立特别是改革开放以来长期探索和实践基础上，经过十八大以来在理论和实践上的创新突破，我们党成功推进和拓展了中国式现代化"[1]，实质上讲的就是中国式现代化的"生成逻辑"和"创造建构逻辑"。我们党究竟是如何通过创造性突破来成功推进拓展中国式现代化的？

自中国共产党成立，尤其是新中国成立以来，党的重要文献先后提出"走自己的路""中国特色社会主义道路""中国式现代化新道路""中国式现代化"四个重要概念或论断。对这四个重要概念或论断的关系，我国理论界还缺乏全面深入的探讨。从哲学上讲，这四个重要概念或论

---

[1] 习近平：《高举中国特色社会主义伟大旗帜　为全面建设社会主义现代化国家而团结奋斗——在中国共产党第二十次全国代表大会上的报告》，人民出版社 2022 年版，第 22 页。

断是沿着历史逻辑、理论逻辑、实践逻辑"出场"的，是历史逻辑上步步递进提升、理论逻辑和实践逻辑上不断推进拓展的关系。

最早提出的是"走自己的路"。"走自己的路"之关键词是"自己的"。这一论断虽简洁，但具有三大实质意义：一是从"破"上力求破除对西方现代化道路和苏联模式的路径依赖，为开启走"自己的"路提供前提。二是从"立"上确立中国实现现代化"道路"问题上的"中国自主性"，为走"自己的"路提供自主性基础。三是从"走"上达到认识自觉，即无论"破"还是"立"，都意味着脚下的路坎坷曲折，需要具备守正创新的科学态度和勇毅前行的精神状态。显然，这是一种前提性、基础性的突破，着重体现了中国实现现代化的"自主性"，没有这种"自主性"，中国式现代化便无从谈起。

之后提出了"中国特色社会主义道路"。中国特色社会主义道路，是"走自己的路"在改革开放和社会主义现代化建设新时期的具体体现，它源于又推进拓展了"走自己的路"，被推进拓展为"中国特色社会主义道路"，赋予"走自己的路"以新的具体内涵。一是把"自己的"转换为"中国特色社会主义"。既走的是"中国特色"之路，它要适合改革开放和社会主义现代化建设新时期的国情，又走的是社会主义道路。二是确定了"中国特色社会主义道路"的基本内涵，也就是"四个坚持"：坚持以经济建设为中心，坚持四项基本原则，坚持改革开放，坚持独立自主。换一种表述方式，就是坚持"一个中心、两个基本点"的党的基本路线，坚持自主自立。其中，最值得从学理上关注的就是"基本路线"和"独立自主"。这意味着既坚持党的"基本路线"一百年不动摇，又体现"自主性成长"的意义。三是从基本内涵中提炼出本质内涵，也就是坚持中国共产党领导、坚持人民至上和坚持社会主义市场经济体制这一基本经济制度。党的基本路线中有坚持四项基本原则，坚持四项基本原则中有坚持中国共产党领导，何况中国共产党领导是中国特色社会主义最本质的特质，是中国特色社会主义制度最大的优势；也有坚持走社会主义道路，社会主义道路本质上就是创造人民美好生活、为中国人民谋幸福之路，这是"坚持人民至上"理念的体现；党的基本路线中也有坚持以经济建设为中心、坚持改革开放，它们都与构建高水平社会主义市场经济体制本质相关。四是坚持中国特色社会主义道路，既要坚定不移又要守正创新。坚定不移，就是坚持道不变、志不改；守正创新，就是既不走封闭僵化的老路（创新），也不走改旗易帜的邪路（守正）。确立中国特色社会主义道路意义重大，它是党和人民在"走自己的路"问题上，历经千辛万苦、付出巨大代价取得的根本成就，在坚持自主性的同时，又赋予、拓展了中国实现现代化的内涵。由自主性到拓展内涵，就是一种创造性生成、推进和发展。

其后提出了"中国式现代化新道路"。中国式现代化新道路是从对中国特色社会主义道路的推进、拓展角度讲的，它源于并进一步推进、拓展了"中国特色社会主义道路"。"源于"，是说中国特色社会主义道路本质上就是实现社会主义现代化的道路，中国式现代化新道路就是从中国特色社会主义道路中"走"出来的，中国特色社会主义道路是来源和基础。进一步"推进拓展"则有更丰富的内涵。

首先，"中国式"是从"中国特色"创造性地转换、提升出来的。"中国特色"蕴含中华文化，体现中国国情，具有中国特点，"中国式"则把这种中华文化、中国特色、中国特点提升为一种中国范式，它是相对于西方现代化范式而言的。这是一种更为规范的表述，体现的是世界现代化的一种类型，因而具有类型学意义；它可以与西方现代化处在同一主题上进行平等对话，因而具有对话传播意义；它表明在世界现代化进程中"有我"的存在及其世界意义，能增强我们在现代化问题上的自信。

其次，"现代化"是从"社会主义"转换、凝练出来的。西方曾经质疑"中国特色社会主义"是国家资本主义、权贵资本主义等，否认"中国特色社会主义"与现代化的本质联系。针对这种质疑，我们申明并澄清，"中国特色社会主义"在本质上就是实现社会主义现代化的根本道路。既然如此，就可直接使用"中国式现代化"这一话语，并建立起"中国式现代化"与社会主义现代化的本质联系。中国式现代化首要是社会主义现代化，它区别又高于西方资本主义现代化，因为它既要克服西方资本主义现代化的历史弊端，又在注重减少改革开放之初我国社会主义现代化建设所付出的代价。显然，"现代化"，既是更为明确地把中国特色社会主义道路确定为实现社会主义现代化道路，也是为了突出现代化。

最后，"新"在一定场景和语境中有其独立存在的价值。这里的"新"是相对于三个方面而言的。一是相对于西方式现代化而言的"新"，它为人类实现现代化开辟出一种新的范式或类型，打破了那种把现代化完全等同于西方化的迷思，也努力避免西方式现代化道路的代价。二是相对于我国改革开放之初"中国式的现代化道路"而言的与时俱进意义上的"新"。"中国式现代化新道路"是在改革开放之初所讲的"中国式的现代化道路"基础上推进、拓展出来的。改革开放之初，邓小平同志明确提出："要在本世纪内实现四个现代化，把我国建成一个社会主义强国，这是一个非常艰巨的任务。过去搞民主革命，要适合中国情况，走毛泽东同志开辟的农村包围城市的道路。现在搞建设，也要适合中国情况，走出一条中国式的现代化道路。"[①] 他又指出，"叫中国式的现代化，就是把标准放低一点"[②]，目标是小康社会："我们要实现的四个现代化，是中国式的四个现代化。我们的四个现代化的概念，不是像你们那样的现代化的概念，而是'小康之家'。"[③] 这些阐述表明，邓小平同志强调的"中国式的现代化道路"有两层含义，即"适合中国情况"和"建成小康社会"。习近平同志所讲的"中国式现代化新道路"同样强调要"适合中国情况"；同时也要看到，"中国式现代化新道路"，既是积极避免改革开放之初中国在现代化前进道路上付出的代价，又是明确对接"新时代"的，其目标是指向全面建成社会主义现代化强国、全面推进中华民族伟大复兴。"我们坚持和发展中国特色社会主义，推动物质文明、政治文明、精神文明、社会文明、生态文明协调发展，创造了中国式现代化新道路，创造了人类文明新形态。"[④] 这里，"两个创造"是坚持和发展中国特色社会主义并推动"五大文明"之"果"，坚持和发展中国特色社会主义并推动"五大文明"是"两个创造"之"因"。显然，新时代注重"五大文明"协调发展是党的十八大以后提出的概念和论断，是对改革开放之初实践上那种相对注重物质财富增长和人民基本需求满足的"中国式的现代化道路"的推进和拓展。三是相对于中国现代化发展在世界现代化发展进程中的地位而言的。在世界现代化发展进程中，过去我国曾存在毛泽东所说的"被开除球籍的危险"，用学理话语表达，就是"世界

① 《邓小平文选》(第二卷)，人民出版社1994年版，第163页。

② 《邓小平文选》(第二卷)，人民出版社1994年版，第194页。

③ 《邓小平文选》(第二卷)，人民出版社1994年版，第237页。

④ 习近平：《在庆祝中国共产党成立100周年大会上的讲话》，人民出版社2021年版，第13—14页。

失我"。在总结社会主义现代化建设经验教训的基础上，我们"确立自我"，在实现现代化道路问题上具有了中国的自主性，坚定不移走"中国特色社会主义道路"，而且这条路走得通、走得快、走得稳、走得好、走得宽，使中国大踏步赶上了时代，赶上了世界现代化发展潮流，用学理话语表达，就是"世界有我"（有些学者称改革开放前后我国的现代化建设为"现代化在中国"）。中国特色社会主义进入新时代，我们进一步创造了中国式现代化新道路，拓展了发展中国家走向现代化的途径，为人类实现现代化提供了新的选择，为人类对美好社会制度的探索提供了中国方案，为世界实现现代化发展开辟了一条具有光明前景的新路，为解决人类问题贡献了中国智慧和中国方案。因此，中国式现代化新道路打破了世界现代化问题上的"话语霸权"，也在一定意义上蕴含"世界向我"的趋向（有些学者称之为"中国式现代化在世界"）。从"世界失我"到"世界有我"再到"世界向我"，表明中国式现代化新道路在世界现代化发展历程中不断彰显其步步提升的新地位，也彰显了中国实现现代化的世界性意义。就此而言，提出中国式现代化新道路，具有其独特的历史内涵和存在的特殊价值。

今天又提出"中国式现代化"。这进一步推进和拓展了中国式现代化新道路，既体现在它跳出了仅从道路来谈中国式现代化，而拓展为从更为广阔的道路、理论、制度、文化等层面和维度来理解和把握中国式现代化；又体现在它把新中国成立特别是改革开放尤其是党的十八大以来中国实现现代化的实践经验上升到理论建构，初步建构了中国式现代化新的理论体系和话语体系；也体现在我国由过去在现代化问题上的"话语依赖"走向今天的"话语自主"，掌握了中国实现现代化问题上的"中国话语权"。这有助于中国实现现代化的"理论性建构"。

在中国实现现代化的实践历程中，我们从走自己的路的"自主性"，经中国特色社会主义道路的"内涵式"，到中国式现代化新道路的"世界意义"，再到中国式现代化的初步"理论建构"，这一连串的创造性推进、拓展，就集中体现为成功创造和建构起了中国式现代化。中国式现代化，就是这样成功创造出来的。

第三章

# "西方中心论"的
# 理论体系

应当肯定，西方文化对推进人类进步和人类文明具有重要历史贡献。正是基于这种贡献，西方国家在西方文化演进中，逐渐将其转化为帝国"文明"，并建构起"西方中心论"的理论体系。在这种建构中，蕴含着使帝国"文明"异化为野蛮的基因和逻辑。

"西方中心论"，是伴随近代西方工业化、现代化、全球化与殖民扩张而提出的一个概念，是西方文艺复兴后资本主义凭借其经济、政治、文化优势而向全球扩张的产物，它建立在种族、文化、文明、宗教、环境等所谓优越性基础之上。它萌发于古希腊罗马哲学、基督教普世价值论和文艺复兴，产生于18世纪中后期，发展于19世纪，黑格尔、兰克、孔德、韦伯等是"西方中心论"的倡导者。"西方中心论"的理论基础主要是现代化理论、种族主义、地理环境决定论、文明一元论、线性历史进步观、整体世界史观和形而上学一元本体论。其主要有四种表现形式，即普世价值论、文明冲突论、殖民主义、霸权主义强权政治，实质是为西方资产阶级主宰世界制造历史合法性的意识形态论证。

从意识形态的角度讲，近代以来，西方众多理论都是在"西方中心论"的总体框架中加以定义和理解的，"西方中心论"也是近代以来西方自主知识体系的核心。西方现代化运动是从文艺复兴和启蒙运动开始的。工业革命和政治民主是西方开启现代化运动的标志性符号。在由英国工业革命和法国政治革命掀起的第一次现代化浪潮中，先发现代化国家凭借工商业的优势在全球寻求资源和扩大市场，后发国家往往在经济上依附于先发国家，成为原材料产地与成品销售国。先发国家先借助王权的力量造就国家的权威，然后用民族国家取代君主国家，率先克服专制王权，为现代化扫除障碍，然后借助于工业革命迈向现代化，实现了从传统农业文明向现代工业文明的转型。开始于19世纪六七十年代，基本完成于19世纪末20世纪初的第二次工业革命掀起了第二次现代化浪潮，此后世界由"蒸汽时代"进入"电气时代"。20世纪下半叶以来，在第三次工业革命推动下的第三次现代化浪潮中，西方国家继续领跑现代化进程，有些发达国家已经开始显露出高度现代化的特征。当然，自这一阶段开始，一些发展中国家也开始了奋起直追，尤其以中国成效最显著。欧美等西方发达国家在20世纪50—60年代先后实现了高度工业化，基本走完了现代化的发展阶段。

回顾现代化的历程，可以发现，人类的现代化在大部分时间里由西方主导。西方凭借其在世界历史与人类实现现代化进程中的优势地位，大力鼓吹和贩卖"中心—边缘""传统—现代"等现代化理论，错误地认为西方国家和民族处在世界现代化的中心，非西方国家和民族依然处在现代化的边缘，乃至还处在传统社会，没有真正迈进现代化社会，非西方国家和民族要迈入现代化社会，就必须全面向西方国家学习和靠拢，完全走西方现代化道路。

"西方中心论"理论体系的逻辑起点，是西方现代化道路，其建构逻辑包括环环相扣、步步递进的十大要素或十个环节。

# 第一节
# 线性道路

这是"西方中心论"建构的逻辑起点。

"西方中心论"强调，西方现代化道路及其现代性具有强烈的历史意识和时间意识，内蕴历史的连续性、进步性与时间的不可逆性，以及历史发展道路的单线性。

西方通过宗教批判以削弱教会的权威来获得解放，通过政治批判以削弱贵族和君主的权威来获得解放，通过经济学批判以确立平民在市民社会中的地位。一些平民通过从事工商业且拥有土地等私有财产后成为资本家，资本家经营需要"市场""自由"，资本家之间需要平等相处且维护私有财产，由此要求"民主"。基佐描述了"自由"在近代欧洲出现的历史必然性，指出："在近代欧洲，构成社会诸阶层的有各色各样的因素，同时他们又处于不能互相排斥的状态，这就产生了今天盛行的自由。既然谁也不能消灭谁，那就必须让各色各样的原则一起存在——他们应该在他们之间订立某种协定。大家都同意各自去进行可以属于自己的那部分发展。在别处，当某一个原则占优势产生了暴政时，在欧洲，自由已成为文明因素多样性的结果，已成为它们经常所处的斗争状态的结果。"[1]基佐又进一步简要分析了"自由"产生的内在机理："16世纪间，英国的商业高速发展繁荣，同时土地的财富、地产在大量地转手。随着

---

[1] ［法］基佐：《欧洲文明史》，程洪逵、沅芷译，商务印书馆2005年版，第27页。

封建贵族的败落和其他一些不及细说的原因所引起的 16 世纪英国土地所有权的重新分配是一个没有引起足够重视的事实。所有文献资料都说明拥有地产的人数大大增加，大部分土地转到了乡绅或小贵族和市民手中。到 17 世纪初，上议院，即高级贵族的家产比下议院的要差一大截。在商业财富大大增加、土地易主频繁的同时，又出现了第三个影响——人们的头脑里有了新活动"，"在求知的冲动带来强烈乐趣的地方，自由很快就成为一种需要，并从公众的头脑传播到政府中去"。[①] 日本学者福泽谕吉在分析西方文明形成时揭示了"自由民主"的形成过程："从十五世纪末叶起，欧洲各国的国家权力渐渐集中于政府。最初人民只是仰慕王室，还不懂自己有参与政治的权利，而国王想排斥贵族，又不得不依人民的力量。为了一时权宜之计，国王与人民俨然结成同盟，互相利用，有时政府还特地授给人民以若干权力，这就提高了人民的地位。随着这种情况的发展，到十六七世纪，封建贵族已经销声绝迹，宗教纠纷虽尚未平息，但大局已定，国家的内部，只剩下人民和政府的关系了。但是，热衷于专权乃是有权者的通病，各国君王也不例外。这时，人民与王室之间便开始发生了争端，这种斗争最先是在英国发生的。在这个时期，王室的权威虽然不算小，但人民由于从事工商业，积蓄了财产，还有不少人购买了贵族的土地而成为地主。这些人既有了土地和财产，又善于经营，终于垄断了全国的商业，成为国家财富的主人，因此对于王室的专制，就不能置之不理了。过去曾以罗马为敌进行了宗教改革，而今天已经形成了以王室为敌实行政治改革的趋势。从事情的性质来看，这两者虽有宗教和世俗之分，但在发挥独立自由的风气而成为文明的征象这一

① ［法］基佐：《欧洲文明史》，程洪逵、沅芷译，商务印书馆 2005 年版，第 231—232 页。

点上，则是完全相同的。这可能是，以往自由城市的精神，这时又逐渐复兴起来了。"① 于是，福泽谕吉得出结论：由于长期形成对峙局面，即使彼此不服，也不得不同时存在。既然同时存在，即便是互相敌对的，也不得不在互相了解对方的情况下，允许对方活动。由于自己不能垄断一切，又不得不允许对方的活动，于是便各持其说，各行其是，为文明进步尽一分力量。最后将融为一体。这就是产生"民主自由"的原因。②

"西方中心论"认为，西方现代化道路所蕴含的理性和解放、自由和民主、工业和市场、市民社会和个人利益等，是现代化历史和文明历史上最大的进步，西方现代化道路及其蕴含的文明具有唯一性、标准性和普遍性，因而把"西方现代化道路"解释成"世界现代化的唯一道路"，把"地域文明"解释成"普遍文明"，否认后发国家之道路和文明的独特性，强调后发国家须完全遵循西方设定的"现代化道路"和"文明模式"。卡林内斯库说："只有在一种特定的时间意识，即线性、不可逆的、无法阻止地流逝的历史性时间意识的框架中，现代性这个概念才能被构想出来。"③

这实质上是推崇线性历史进步观和唯"西"世界史观，是"西方中心论"的"道路存在"。

---

① ［日］福泽谕吉：《文明论概略》，北京编译社译，商务印书馆 1959 年版，第 128—129 页。

② 参见［日］福泽谕吉：《文明论概略》，北京编译社译，商务印书馆 1959 年版，第 121 页。

③ ［美］马泰·卡林内斯库：《现代性的五副面孔：现代主义、先锋派、颓废、媚俗艺术、后现代主义》，顾爱彬、李瑞华译，商务印书馆 2002 年版，第 18 页。

# 第二节
# 单数文明

尽管西方对文明概念未给出明确界定、确切解释，但其基本含义还是清晰的，即文明是整个人类追求发展进步从而走向"真善美"的过程及其积累起来的积极成果。由于对发展进步与"真善美"的解释不同，便存在两种不同的文明观。

一种侧重于把文明解释为"事实判断"的描述性概念，认为文明即客观事实，描述的是整个人类发展进步的真实事实；发展进步是各个国家、民族为改变其现状而向前迈进的自我调节、自我超越、自我完善、自我发展、自我进步的过程；它具有多样性、包容性、互鉴性、平等性和普惠性，是一种"复数"多元文明；对文明的"价值判断"应建立在"文明事实"基础上；其哲学基础是"多样统一""主主平等"的哲学观。

另一种侧重于把文明解释为"价值判断"的规范性概念，认为文明即价值，强调任何国家、民族都应沿着所确定的"同一道路"，朝着确定的具有"同一性的至善至美的理想目标"迈进；具有文明优越感的"高尚民族"站在了人类文明发展的制高点上，不仅具有解释世界如何运转、历史如何进步的话语权，而且应当开化所谓"野蛮、愚昧的非文明民族"，这是"他我"民族、国家裁定、改变"非文明国家、民族"的"教化"过程。这样的文明具有一元性、评判性、改变性和统治性，是具有同一性标准的普遍文明，是单数文明。这种对文明的解释具有意识形态性质，哲学基础是"主统治客"的哲学范式和线性史观。依据这种文明观，就会认为文明只属于欧洲民族，欧洲之外都处于"蒙昧、野蛮状态"。

"西方中心论"的文明观，是第二种文明观，是文明一元论。

西方文明的源头是希腊文明，后发展到罗马文明和欧洲文明。欧洲文明在法国得到集中体现，我们常说的西方文明主要指欧洲文明。亨廷顿认为文明的概念是由 18 世纪法国思想家相对于"野蛮状态"提出的。[①]纵向来看，古希腊文明孕育了古罗马文明，古罗马文明孕育了基督教文明，基督教文明孕育了文艺复兴、启蒙运动，文艺复兴、启蒙运动孕育了工业文明以及欧洲文明。[②]依据基佐的看法，欧洲文明的历史发展可概括为三大时期：一是初创或形成阶段，社会的各种因素从混乱中解脱、诞生，且以原始形式出现；二是试验、探索阶段，社会各因素互相靠拢、混合，但还没有形成任何普遍的、正规的、持续的东西；三是发展阶段，其间欧洲社会具有了一定的形式，遵循一个既定的方向，快速而普遍地向一个明确目标前进。这一进程开始于 16 世纪。[③]这里所说的"社会的各种因素"，主要指横向上的教会、封建贵族、君主和平民四大结构性社会要素，所说的"初创或形成阶段""探索阶段""发展阶段"，主要指纵向上的从基督教文明经农业文明到工业文明再到后工业文明。

先从结构逻辑上分析西方文明形成的内在机理。十五六世纪的欧洲存在四大结构性社会要素，即教会、封建贵族、君主和平民。教会、封

---

[①] 参见［澳］布雷特·鲍登：《文明的帝国：帝国观念的演化》，杜富祥、季澄、王程译，社会科学文献出版社 2020 年版，第 30 页。

[②] 参见［澳］布雷特·鲍登：《文明的帝国：帝国观念的演化》，杜富祥、季澄、王程译，社会科学文献出版社 2020 年版，第 280—281 页。

[③] 参见［法］基佐：《欧洲文明史》，程洪逵、沅芷译，商务印书馆 2005 年版，第 152—153 页。

建贵族压制平民自由，而平民的需求增长，便导致工商业的兴起和城市的兴起（城市即市民或平民组成的独立单位），且提升了民智，这便导致了教会和封建贵族的弱化，从而在十六七世纪使封建贵族销声匿迹，宗教教会的影响也逐渐式微。君主为了进一步削弱封建贵族的权力，平民为了争取自由，二者便结为同盟，从而在15世纪末形成了政府（平民和政府的关系），形成了君民同治政体。君主也热衷于专权，于是平民与王室之间便开始发生争端。平民由于从事工商业，一些人便有了土地，积蓄了私有财产，成为国家财富的主人，这就为争取他们的独立自由奠定了经济基础，也逐渐形成了市民社会和资产阶级。这就把国家和市民社会的关系突显出来。平民为了维护私有财产，要求以法治形式确立财产权和自由民主权，于是便有了以罗马宗教为对象的宗教改革与以王室为敌的政治改革。在此基础上，《人权宣言》在18世纪法国大革命时期颁布。这样，在欧洲历史演进的进程中，不同的人、不同的要素相互独立，同时又需要并存且平等相处，便产生了以自由、平等理念为核心的西方文明。其中，宗教、资本、自由、民主、法治、社会多元主义和个人主义，构成西方文明的七大核心要素。

再从历史逻辑上揭示西方文明的演进。在西方文明初创阶段，社会的各结构性因素即教会、封建贵族、君主和平民逐渐从封建制度的混乱中解脱、诞生，且以原始形式出现。在10世纪的欧洲，封建制度是必要的、唯一可能的社会状态，它被普遍地建立起来，封建专制、封建贵族占主导。封建制度一向反对建立一般秩序，也反对扩大一般自由，其本质特征是跟秩序和合法性相敌对的混乱，使一切统一性消失。人们也被封建的以血缘关系为基础和纽带的人身依附关系所统治，社会管理也从城市转到农村乡间。不过，这一阶段，教会、封建贵族、君主和平民逐渐从封建制度的混乱中解脱、产生出来，且都要与它相适应，都被纳入封建系统。在西方文明探索阶段，教会、封建贵族、君主和平民四大结构性社会要素互相靠拢、混合，但还没有形成任何普遍的、正规的、持续的东西。其中，宗教教会力量相对突出，对欧洲文明产生了很大影响，基督教文明占主导。十字军东征是其典型样本。十字军东征始于 11 世纪，持续到 13 世纪。它具有广泛性，这是第一次全欧洲事件，整个欧洲都参加了，而且国王、贵族、教士、市民、农民都加入了十字军。十字军东征的实质，是基督教与伊斯兰教的斗争，是希腊文明和穆斯林文明的斗争。十字军东征取得的重大成果，既使人们在思想上注重自由，也使人们在社会活动上有了更大的施展空间，还逐步使政治上形成更大程度的统一。要言之，它有助于人的独立和社会的集中，并开启了一个把社会各要素转变成具有现代文明且具有统一性的过程。[①] 在开始于 16 世纪的西方文明发展阶段，欧洲社会注重宗教批判和政治批判，且相对遵循一个既定的方向发展，普遍地向一个明确目标前进。其较为成熟的时期，当属 18 世纪所形成的工业文明。工业文明发展的既定方向和明确目标，就是经济上通过市场、资本和科技大力发展社会生产力，积累社会物质财富，政治上奉行民主法治，文化上崇尚自由平等。工业文明的本质特征，就是马克思所讲的"以物的依赖性为基础的人的独立性"。就是说，它虽然崇尚个人独立，却是建立在"物的依赖"基础之上，并以此逻辑为主导。马克思的资本现代性批判，实际上就是对欧洲工业文明的辩证性批判。兴起于 20 世纪 70—80 年代的后工业时代，西方文明发展的特点，就是批判性反思工业文明对理性和人的主体性的过度张扬，以

---

① 参见［法］基佐：《欧洲文明史》，程洪逵、沅芷译，商务印书馆 2005 年版，第 164 页。

及对物或资本的过度崇拜，由对资本的经济学批判转向对个人的日常生活世界批判或生存论批判，强调并注重改变个人的生存境遇和处境，张扬自由个性。这种批判走向对人本身内在精神世界的关切，向人本文明迈出了重要一步。

接着从理论逻辑上提炼概括出西方文明的核心要义。就其一般含义而言，文明是针对野蛮而言的开化、进步和发展。宗教、资本、自由、民主、法治、多元和个人，构成西方文明的七大核心要素。西方文明的产生，源于建构秩序的必要。西方文明有其本质特征：一是历史性，西方文明是基于欧洲历史自然而然地形成发展起来的，它扎根于欧洲历史之中；二是结构性，它是由欧洲社会四大结构性要素的历史博弈和演进而形成发展起来的，教会、封建贵族、君主、平民四大结构性要素在西方文明形成发展中起着十分重要的作用；三是根本性，君主、资本和公民之间的关系构成西方文明的内核；四是平等性，多样性独立而又平等并存相处，是理解和把握欧洲文明的关键。文明的意义，在于促进人的完善发展、社会历史进步和国家治理能力的提升。

显然，西方文明是建立在以理性和解放、自由和民主、工业和市场、市民社会和个人利益为核心理念的线性历史进步观和唯"西"世界史观基础上的，后者是西方文明的立足点。文明既可用来"描述"，也可用于"评价"，它既是基于"事实判断"的描述性概念，也可解释为"价值判断"的规范性概念。正确思维是基于客观事实的评判。问题是：西方往往坚持"单数"一元文明观，常常罔顾事实，由他们作为单一主体来解释文明，把他们所解释的文明当作最高的、绝对的"唯一"。

这在实质上就是"西方中心论"的帝国"文明"观，具有把"文明"异化为野蛮的逻辑和基因，是"西方中心论"的"文明存在"。

# 第三节
# 民族优越

既然认为西方的理性和解放、自由和民主、工业和市场是世界文明史上的最大进步，"西方中心论"就会进一步认为，作为西方文明主体承担者的西方民族就是世界上最文明、最先进、最优秀的民族，再加上西方的地理环境优越，因而就具有充分的文明"优越感"，是"文明的旗手"，高于非西方民族。由此把世界划分为西方世界和非西方世界，认为西方世界的民族是"主"，非西方世界的民族是"客"，属于蒙昧、野蛮、未开化的民族，"主"必须统治"客"。借此，以求确立西方在整个世界体系中的主宰地位。

我们看看一些专家学者是怎么说的吧！

鲍登指出："西方普遍认为资本主义国家的西方人所生活的世界即为现代性，而世界上其他地方——原苏东国家和所谓的'第三世界'——则处于某种程度上的落后状态或处于前现代化时期。"[1] 鲍登又指出："检验一国是不是'文明的'，一般以社会政治组织水平和合乎公认的欧洲标准的自治能力为中心。"[2]

伊格尔斯认为，"在历史上，欧洲'尤其是法国和使用英语的地

---

[1] ［澳］布雷特·鲍登：《文明的帝国：帝国观念的演化》，杜富祥、季澄、王程译，社会科学文献出版社2020年版，第88页。

[2] ［澳］布雷特·鲍登：《文明的帝国：帝国观念的演化》，杜富祥、季澄、王程译，社会科学文献出版社2020年版，第19页。

区……代表了文明的急先锋'。因此人类史被'等同于西方文明史'"①。

黑格尔把非西方国家、非欧洲世界看作是落后的甚至是"无国籍民族",在他看来,一个民族或国家缺乏历史,不是因为它不会写,而是因为缺失国家地位,没有什么可写。黑格尔主张:只有那些"洞悉自身以独立个体存在,即拥有自我意识"的人,才是"真正理解历史"之人,实现这一目标的手段是国家,或者更为准确地说,是独立的国家地位。黑格尔将印度作为非欧洲世界的例子,指出:"大体上说来,印度文化的传播只是一种悄声无息的扩张,也就是说,没有政治的行动","印度人民不曾成功地征服过别人,自身却常常为他人所征服"。黑格尔得出结论:尽管印度在艺术和其他领域取得了举世公认的成就,但"正是因为印度人没有编年史,它们才没有交易史,即经济增长不会扩展到真正的政治环境"②。

有的学者认为,"没有历史的民族……获得历史"的最有效和最高效的手段就是通过欧洲殖民。换句话说,未开化之人变成开化之人的方法是欧洲殖民统治者的监护。③

朱塞佩·马志尼简明扼要地指出了世界主义思想和实践中存在的主要缺陷:"所有这些自称世界主义者的人,否认不同种族的特殊使命,假装蔑视各民族的观念与喜好。一旦出现任何行动或组织问题,总是试图让自己的国家或城市成为运动的中心。他们确实不会毁灭民族,而只是为了自身利益掠夺其他民族。一个神选的民族,一个拿破仑民族,就

① ［澳］布雷特·鲍登:《文明的帝国:帝国观念的演化》,杜富祥、季澄、王程译,社会科学文献出版社2020年版,第93页。

② 参见［澳］布雷特·鲍登:《文明的帝国:帝国观念的演化》,杜富祥、季澄、王程译,社会科学文献出版社2020年版,第97页。

③ 参见［澳］布雷特·鲍登:《文明的帝国:帝国观念的演化》,杜富祥、季澄、王程译,社会科学文献出版社2020年版,第98页。

是他们所有制度的定论。他们对民族的否定本身就包含了取代民族主义的胚芽；取代——如果不是通过武力（如今也无法轻而易举地动用武力）——通过设想一种永久性、排他性的道德和知识层面的积极行动，而这对那些因软弱只能承认它的民族而言，与任何其他形式的取代一样是危险的。"①

日本的福泽谕吉也认为，现代世界的文明情况，要以欧洲各国和美国为最文明的国家。②

威廉斯最后总结道："中世纪以来，西方世界一直努力将自我理解的事实强加给非西方民族。在征服土地的过程中，那些西方的欧洲殖民国家和殖民扩张的衍生国家背后都有一个中心思想作为支撑，即西方世界的宗教、文明和知识比非西方民族优越。这一优越感让西方世界产生救赎的使命感，一厢情愿地将自我理解的事实强加给非西方民族。"③ 正如安吉所言："非欧洲民族一直被描述为野蛮人。"④ "与西方那些'文明'的自由民主国家相比，这些失败国家或'无赖国家'被贴上'野蛮'的标签。此外，从某些方面来看，后者实现现代性的唯一希望就是'跟随一位合适的老师，那就是西方'。"⑤ 这就是鲍登所描述的，"如果说整个世界朝着拥有一种通用语言的方向发展，那这种语言会是英语；如果说整个

① 转引自［澳］布雷特·鲍登：《文明的帝国：帝国观念的演化》，杜富祥、季澄、王程译，社会科学文献出版社 2020 年版，第 117 页。

② 参见［日］福泽谕吉：《文明论概略》，北京编译社译，商务印书馆 1959 年版，第 9 页。

③ 转引自［澳］布雷特·鲍登：《文明的帝国：帝国观念的演化》，杜富祥、季澄、王程译，社会科学文献出版社 2020 年版，第 130 页。

④ 转引自［澳］布雷特·鲍登：《文明的帝国：帝国观念的演化》，杜富祥、季澄、王程译，社会科学文献出版社 2020 年版，第 144—145 页。

⑤ ［澳］布雷特·鲍登：《文明的帝国：帝国观念的演化》，杜富祥、季澄、王程译，社会科学文献出版社 2020 年版，第 234 页。

世界朝着拥有统一通信、安全、质量标准的方向发展，人们无疑会遵循美国的标准；如果说整个世界正在被电视机、收音机和音乐紧密联系在一起，那么播放的肯定是美国的节目；如果说一种共同的价值观正在世界范围内形成，那么这种价值观一定会让美国民众感到舒适安逸。因为只有如此才符合美国的经济与政治利益"①。

这实质上是唯"西"民族优越观和地理环境决定论，是种族主义，是"西方中心论"的"民族存在"。

# 第四节
# 天赋人权

这实际上是为"西方中心论"作人性辩护。

"西方中心论"为了把理性和解放、自由和民主、工业和市场解释为世界文明史上的最大进步，就进一步为此提供人性论证，强调人之实体就是具有自然属性的个人；作为实体个人的本性，就是追求个人为我的物质利益与自由、民主，这是天赋人权，符合自然秩序，也最符合人性，私有财产是神圣不可侵犯的；个人作为实体性、主体性的为我存在，在追求物质财富中，在私有财产占有中，能找到自我价值，因而应确立为我的物质利益与个人自由、民主的至高无上性。于是，关于人的本性是"自私""自保"等理论纷纷出场了。西方人权观注重追求个人为我的物质利

① ［澳］布雷特·鲍登：《文明的帝国：帝国观念的演化》，杜富祥、季澄、王程译，社会科学文献出版社 2020 年版，第 258 页。

益与自由、民主的"人权",不太注重"生存权""发展权""和平权""安全权"等。

西方进步的政治思想家,如霍布斯、洛克、格劳修斯和卢梭等,所提出的"天赋人权说",是沿着两条思路进行的。一是从人类的本性出发,把人权看作人作为人应当拥有的权利,强调人权的人类性,认为每一个人,都应当享有不可剥夺和不可让渡的人权。关于这一点,摩狄曼·J.阿德勒在其《六大观念:真、善、美、自由、平等、正义》一书中做了说明:人的种种权利的"最终基础在于人类的本性……作为人,我们都是平等的——平等的人并且具有平等的人性",平等地拥有平等的人权。二是从现实出发,把人权看作调节国家和个人(公民)在利益上的关系的一种手段,期望凭借人民主权原则,通过人权使公民个人行使和维护自己的自由、民主与利益,并限制国家权力过度集中而形成的独裁和专制。沿着这一思路,一些思想家把"自然法""社会契约"作为人权的理论根据,把人权作为推进资产阶级政治民主的核心和手段。

文艺复兴时期的人道主义是以自然主义为本质特征,它注重人的自然性,把人主要理解为"自然人",把人的本质理解为人的自然本性,主张人应按照自然生活,追求物质利益和肉体快乐,强调人的物质欲求的合理性和人对世俗生活的享受,人应大胆地满足自己的自然欲望需求和世俗享受。

18世纪西方的人道主义以理性主义为本质特质。它是从对人性的理解开始的。18世纪法国启蒙运动时期的一些思想家,如培尔、卢梭、伏尔泰等,从人和动物的区别上理解人,再从所理解的人出发谈论人道主义。他们认为,只有理性才是人和动物的根本区别,才是人的根本特性。不仅如此,他们把理性独立出来,把理性看作衡量和主宰宇宙万物的尺度。他们用理性反对封建专制，认为封建主义压制人的理性；他们用理性反对宗教蒙昧主义，指出宗教神学不去开发人的理智，反而倡导人的愚昧；他们用理性论证人的自由、平等（正义）和博爱，认为人的理性就是自由、平等、正义和爱；他们还用理性为资产阶级利益和行为辩护，强调资产阶级的行为是合乎理性的。换言之，他们用理性裁判一切。理性主义的人道主义之主义内容，就是强调人的理性至高无上性。正如恩格斯所说，在18世纪，"一切都必须在理性的法庭面前为自己的存在作辩护或者放弃存在的权利。思维着的知性成了衡量一切的唯一尺度。那时，如黑格尔所说的，是世界用头立地的时代"[①]。由此，必须建立一个永恒的理性国家和理性社会。

资产阶级的"天赋人权说"与西方人道主义符合了资本主义商品经济发展的需要，迎合了产业革命开始后自由主义、个人主义的文化思潮，推动了资本主义经济、政治、文化的发展，冲击了压迫、特权、偏私和迷信以及权威，因而其积极作用是值得肯定的。然而，它也具有明显的历史局限性：它没有正确解决人作为类应拥有的类权利、人作为社会成员的特殊权利、人作为有个性的个人的具体权利这三者之间的关系问题，看到了人的类权利和个人权利；没有着重分析人权的社会经济根源和基础，而较多地从人权的人类学基础出发来谈人权；否认人权的阶级性质及其阶级本质；没有分析无产阶级的人权状况。尤其需要指出的是：西方关于人的学说之实质，是认为人的本性及其本质是人的自然性和理性，这种自然性就是追求个人物质利益和肉体快乐，强调人物质欲求的合理性和人对世俗生活的享受，这种理性就是追求人自由、平等、正义和博

---

① 《马克思恩格斯选集》（第二卷），人民出版社2012年版，第775页。

爱，认为这是人的本性、本质中最根本的，而西方最强调人的自然性和理性，把人的自然性至高无上化，把人的理性当作最高尺度，因而西方达到了对人的本性、人的本质及其人权的最高理解，达到了对人的本性、人的本质及其人权理解的最高水平。

这称为"天赋人权观"，是"西方中心论"的"人性存在"。

# 第五节
# 社会进化

"西方中心论"认为，自由民主是普遍适用的治理原则，西方强调并注重的"市场竞争"的现代性模式作为文明理念，需全面贯彻于社会一切领域和现实的世俗化进程中。在工业化过程中，经济领域是自由市场经济（或资本）的存在并占主导，它奉行"市场竞争""优胜劣汰"原则；政治领域是世俗政治权力的确立及其合法化，以及民主的存在，它奉行"直接民主""竞选民主"原则；文化领域是宗教衰微与自由文化兴起，它奉行"竞争文化"与"自由竞争"理念；社会领域是传统社会秩序衰落与社会领域从政治领域分离出来，它奉行"社会竞争""适者生存"。

上述所讲的"市场竞争""优胜劣汰"，"直接民主""竞选民主"，"竞争文化""自由竞争"，"社会竞争""适者生存"，核心是"优胜劣汰""适者生存"。而"西方中心论"所谓的"优胜劣汰""适者生存"，其深层实质，就是作为"强者"的资本家、资本利益集团、资产阶级之胜、之生存，生存在社会底层且作为"弱者"的普通大众或平民大众是很难在"竞争"中脱颖而出的，他们大多是"西方中心论"所谓的"劣者"，处在艰难的生存处境之中。显然，社会进化论心目中的"强者""胜者""适者"，就是资本家，就是资本利益集团，就是资产阶级，就是西方国家和西方社会，工人、普通平民大众、非西方国家和非西方社会大多属于"弱者""劣者"，在"竞争"中是要被淘汰的。这是自然界的"丛林法则"在社会领域之地地道道、彻彻底底的表现或体现，也暴露出西方资本家、资本利益集团、资产阶级的丑陋本质和野蛮本性。

社会进化论可以称为"现代性社会进化观"，是"西方中心论"的"社会性存在"。

<br>

# 第六节
## 理性尺度

"西方中心论"强调的个人主体性与自由、民主、人权的普世价值都要聚焦到理性上，认为理性是统一社会模式和秩序的维护者，缺乏理性，其他都无法实现。正如恩格斯所讲的，它强调理性是最高尺度，一切都要到理性的审判台前加以评判。[1] 在"西方中心论"的框架中，理性具有本质性、逻辑性、同一性、唯一性、普遍性、至上性、永恒性、绝对性、主体性、否定性，西方国家可依据理性制定具有控制世界最高权力的"世界标准"，如现代性标准、人权标准、价值标准、自由民主标准，尤其是普世价值标准等，西方国家、民族应当用这些世界标准裁量其他

---

[1] 参见《马克思恩格斯选集》（第三卷），人民出版社2012年版，第775页。

国家和民族，非西方国家、民族唯有实行西方文明模式，唯有奉行理性，才能实现现代化。

"西方中心论"把西方国家、西方民族、西方社会看作理性的最高最集中的体现，因而应具有制定世界一切标准的权力，非西方国家、非西方民族、非西方社会都应服从理性的安排，服从西方所制定的各种各样的标准。如果不服从，西方国家、西方民族、西方社会就用西方的"标准"对其实行围堵打压或实施各种制裁。显然，"西方中心论"心目中的"理性"，已经不是相对于感性、知性的理性，不是相对于冲动的理性，不是相对于能理解和把握事物的本质的认知方式的理性，而是把自由、民主看作是本质性、普遍性、同一性、唯一性、至上性、绝对性、主体性、永恒性的理性，是具有排他性、否定性的理性，其实质就是把现代化、文明化等同于西方化。显然，这是为"西方中心论"作辩护的理性。

这里的理性尺度可以称为"理性尺度观"，是"西方中心论"的"理性存在"。

# 第七节
# 普世价值

把理性尺度理念化，就会形成并提出普世价值。

普世价值不仅是一种哲学价值观念，而且在实际上成为西方推行"西方中心论"主张的一种资产阶级意识形态。

普世价值是一种二元对立、"主客二分"式的思维方式，即它在本质上是以"我"为"主",将"他者"当作纯粹的"客",而且是与"我"不平等的"客",甚至是与"我"根本对立的"客"。因而,普世价值时常在一种以"我"(西方)为"主"、以"我"(西方)为"中心"的"自我优越感"中,不加掩饰甚至毫无遮掩地利用强制手段推行自己的价值理念。更为鲜明的是,这种二元对立、以我为尊的思维方式奉行的是"单边主义"和"双重标准",正如有的学者所指出的,"它们总以'救世主''人权恩赐者'自居,动辄以'人权状况'制裁甚至侵略他国,而对自己不光彩的人权记录却讳莫如深,毫不改悔,甚至极霸道地让别人闭嘴"①。

普世价值的底层逻辑是,西方是普世价值及其内涵的确定者;普世价值的具体内容是依据资本家、资产阶级的根本利益来设置的;它凭借抽象普遍性的外表,向全世界输出和推广普世价值;在输出和推广普世价值的过程中,掌握着定义和解释普世价值的话语权、裁定权;如果西方认为其他国家违背了普世价值,就凭借"美丽的神话"或"抽象的道义"对其进行围堵打压,甚至发动战争;其意图,就是凭借抽象的"普遍性"来获取其特殊利益。

普世价值在实质上是资产阶级意识形态,其本质的理论主张有两点:一是要反对和否定甚至消解马克思主义、共产主义,以形成资本主义一统天下的局面,因而是资本"同一性"逻辑支配世界的观念工具;二是为"西方中心论"、历史终结论服务,认为西方文明是人类文明发展的制高点,从而"唯我独尊"、排斥多元,认为其他"落后"国家或地区都应该走西方的发展道路。

① 侯惠勤:《"普世价值"的理论误区和实践危害》,载《马克思主义研究》2008年第9期。

普世价值具有很强的意识形态性，它本来是西方近代文明的产物，是近代西方资产阶级反对封建统治的武器，虽然在历史上起过一定的积极作用，但后来被宣扬成甚至自诩为适合全人类的、具有普世性的"永恒"理论。甚至，它还企图垄断国际话语权，强迫其他国家或民族接受其价值观，并否定其他文明之价值存在的正当权利。这实质是打着"普遍性"的旗号贩卖其"特殊性"，是一种典型的意识形态欺骗，而且是"强制性"欺骗，这其实是用"普世"价值掩盖其价值"观"的本质，且在实际的交往中往往"以牺牲他国利益来获取自身利益"。普世价值的这种本质特点，在当今世界应当是有目共睹的了。

普世价值在实践上导致了西方的霸权主义和强权政治，导致了西方某些强国的殖民主义，导致了西方一些国家的掠夺性扩张行为，给世界许多国家和地区的人民带来了灾难性后果。

普世价值，是"西方中心论"的"价值存在"。

# 第八节
# 开化使命

"西方中心论"否定非西方国家、民族及其文化、文明，认为西方文化、西方文明就是世界最先进的文化、最先进的文明，具有普遍性，非西方国家、民族要么蒙昧，要么野蛮，要么半开化，西方世界需要行使"上帝旨意"的"文明开化使命"，如实行霸权主义强权政治，强调文明冲突，输出普世价值，实行殖民扩张，甚至诉诸暴力或战争，认为这些具有合法性即"正当性"。以"文明开化"为名，"一直是欧洲国家体系扩张的首选武器"①，数个世纪至今，西方一直用文明和野蛮等强制性话语来为自身帝国式的"文明开化"辩护。就整个世界来讲，一部世界历史，在一定意义上或很大程度上，就是一部西方国家和民族在世界实行资本掠夺和殖民主义扩张的历史。

鲍登指出："世界上'文明的'民族或国家以'文明'之名不时并将继续对'不文明的'民族或国家采取极端措施。正如斯塔罗宾斯基所说，一个较为极端的例子是，文明需求的后果表现为'殖民的正当性'。"②他还指出，他将引用威尔·杜兰特的观点来为全书（《文明的帝国》——笔者注）定调："杜兰特将文明比作一条蜿蜒流淌的溪流，他不时因杀戮、盗窃、喧嚣及其他夺人眼球的行为而变得血红；而在岸边，人们正在悄无声息地搭建房舍、繁衍后代、抚养孩童、颂歌赋诗，甚至从事雕刻艺术。正如杜兰特对文明叙事的诠释，在人类历史的长河中，那些发生在河畔上的事情更加符合文明间关系的走向，持续的压迫与杀戮只会使溪流变得更加污浊。人类究竟该何去何从，这本不该成为一个艰难的选择。"③

马克思、恩格斯在《共产党宣言》中，对西方所谓的文明开化也作过描述："资产阶级，由于一切生产工具的迅速改进，由于交通的极其便利，把一切民族甚至最野蛮的民族都卷到文明中来了。它的商品的低廉价格，是它用来摧毁一切万里长城、征服野蛮人最顽强的仇外心理的重

---

① ［澳］布雷特·鲍登：《文明的帝国：帝国观念的演化》，杜富祥、季澄、王程译，社会科学文献出版社 2020 年版，第 100 页。

② ［澳］布雷特·鲍登：《文明的帝国：帝国观念的演化》，杜富祥、季澄、王程译，社会科学文献出版社 2020 年版，第 57 页。

③ ［澳］布雷特·鲍登：《文明的帝国：帝国观念的演化》，杜富祥、季澄、王程译，社会科学文献出版社 2020 年版，第 294—295 页。

炮。它迫使一切民族——如果它们不想灭亡的话——采用资产阶级的生产方式；它迫使它们在自己那里推行所谓的文明，即变成资产者。一句话，它按照自己的面貌为自己创造出一个世界。"①

这可以称为"开化使命观"，是"西方中心论"所谓的"合法存在"。

# 第九节
## 美丽神话

西方的"线性道路""单数文明""民族优越""天赋人权""社会进化""理性尺度""普世价值""开化使命"，以及"自由民主""西方中心""唯西独尊""资本主导""世界主宰"等，都蕴含着利己、对立、扩张、冲突的基因，由此西方的帝国"文明"已异化为"野蛮"，也会作出令人发指的行径。

第一次世界大战的发源地在哪里？第二次世界大战的发源地又在哪里？西亚、北非、中东地区冲突、局部战争的根源在哪里？俄乌军事冲突的根源在哪里？巴以冲突的根源在哪里？整个世界不断出现冲突、动荡且不稳定的发源地又在哪里？

若归根结底地去深入挖掘和追踪，一定会追溯到美西方，或者对这些问题的回答都会指向美西方国家和民族。也就是说，处处打着"文明"旗号、穿着"文明"外衣的美西方国家、民族，却处处作出"野蛮"行径。

---

① 《马克思恩格斯选集》(第一卷)，人民出版社 2012 年版，第 404 页。

为遮蔽这种"野蛮",就制造出诸多"美丽神话",诸如说它们是最讲民主、自由的,是最为文明的国家和民族,是世界最为优越的民族等,来为"西方中心论"提供意识形态辩护,认为西方所做的一切都是世界上最文明的,其所作所为都是在行使"文明开化使命"。关于这一点,恩格斯也作过深入的揭露,指出西方国家、西方资产阶级一边高喊自由、民主、人权,一边却在使用飞机和大炮。①

这可以称为"意识形态神话观",是"西方中心论"的"意识形态存在"。

# 第十节
## 唯一哲学

西方进一步为"西方中心论"提供哲学基础。

从古希腊哲学到德国古典哲学,一直用思维法则为现实物质世界建构"同质性"的秩序,确定作为最后本源、最高权威、最高目的的形而上学的最高的"一",用"一"解释"多",这就是近代西方哲学所强调的"万能理性"或"绝对精神",认为它具有最高的"普遍性",是同化"多"的最高"同一性"、主宰"多"的最权威的"主宰者",是统治现实世界的绝对的"终极存在",具有操控一切并使一切发生变化的魔力,决定着社会生活的基本面貌,主导着现实物质世界。其实质,就是证明"同一性"的"目的"和"意义"。"同一性思维"的特质,就是强

---

① 参见《马克思恩格斯全集》(第二十九卷),人民出版社 2020 年版,第 238 页。

调"一"高于"多"、独断高于宽容、独白高于对话、强力高于平等、控制高于自由、专制高于民主。[①] 因而，西方传统的理性形而上学大多是为"西方中心论"作哲学论证的。

从亚里士多德的形而上学，到近代的形而上学，再到德国古典哲学的形而上学，等等，其共同的本质特征，就是都为万事万物确定一个作为最后本源、最高权威、最高目的的形而上学的最高的"一"（一元本体），用这个"一"元本体（本源）来解释万事万物这个所谓的"多"，这个"一"，要么是亚里士多德的"理念"（其任务是描述实在的最普遍、最抽象的特征，以及最普遍有效的原则），要么就是中世纪的"上帝"（认为上帝是创造万物的造物主），要么就是近代形而上学唯物主义的"原子"（认为原子是世界的本原），要么就是德国古典哲学所强调的"万能理性"或"绝对精神"。形而上学所谓的"一"之具体化身，要么是西方国家和民族如德国，要么是西方的自由、民主，要么是西方的现代化道路，要么是西方的一元文明，要么是西方所谓的人权，要么是西方的理性，等等。

这可以称为唯"一"哲学观或理性形而上学世界观，或哲学形而上学一元本体论，是"西方中心论"的哲学存在。

以上十个环节的总逻辑是：其手法是"把进步化为中心—把特殊说成普遍—把西方当成世界—把文化等同文明—把现代化等同于西方化"，这就是西方所谓的"基于规则的秩序"；其实质就是"把世界唯'西'化—把西方唯'一'化—把唯一'统一'化—把统一'统治'化—用

① 参见白刚：《瓦解资本的逻辑：马克思辩证法的批判本质》，中国社会科学出版社2009年版，第76页。

哲学形而上学一元本体论来作论证",或"提供哲学支撑—若不服从统治就对其进行打压"。

如果用老百姓的话来讲,"西方中心论"的逻辑就是:"我好"—"我最好"—"你不好"—"必须听我的"—"不听,就打"。

# 第 四 章

# 中国式现代化
# 理论体系的建构

从意识形态与思想理论建设角度讲，中国式现代化实质上就是针对"西方中心论"而出场的。

在探索和实践基础上创造突破和成功推进的中国式现代化，需要进一步给以理论上的阐释和论证，从总体上建构起中国式现代化的理论体系或理论形态。在一定意义上，中国式现代化的理论体系，也是针对"西方中心论"的理论体系来建构的。"西方中心论"是近代以来西方哲学社会科学知识体系的根基与内核。针对西方先行开启和推动现代化的理论谱系，中国式现代化的理论形态，从学理上正是在"西方中心论"占据中心和经验地位的背景下，在与"西方中心论"的较量和比较中，所作出的历史自觉和自主选择，它既区别于又超越"西方中心论"的理论体系，是解构"西方中心论"的一把利剑，是构建当代中国自主知识体系的基础和内核。

中国式现代化理论体系集"道路存在""文明存在""民族存在""人性存在""社会存在""人民性存在""价值存在""普惠存在""世界存在""哲学存在"于一体，呈现出这一理论形态的道路多样、文明互鉴、民族特质、为他人性、现代治理、人民至上、普惠价值、人类命运、世界贡献、普惠哲学等十大核心要素。这十大要素作为标识性范畴，具有严密的内在逻辑，为在哲学社会科学建构新时代中国自主知识体系提供了基石、支柱和内核。新时代中国哲学社会科学自主知识体系，应基于或围绕这十大核心要素或标识性范畴建构起来。

中华民族现代文明既具有民族性，也具有人类性、世界性。民族性指它是中华民族的文明；人类性、世界性指这种文明立足人类社会，直面现代人类、现代世界所面临的共同问题，能为发展中国家实现现代化提供新的路径，为世界上那些既希望加快发展又希望保持自身独立性的国家和民族提供新的选择，为人类实现现代化提供新的道路，为解决人类问题、世界问题贡献中国智慧、中国方案。由此看来，中华民族现代文明蕴含着人类文明，能内生出人类文明，是人类文明的一种新形态。

中华文明绵延传承至今从未中断，离开中华民族代代相承的5000多年文明史，就不可能真正理解中国和中国道路。中华文明作为一种连续性文明，意味着中华民族是一个具有强大稳定性、统一性、独立性、自主性和应变性的民族，这从根本上决定了中华民族在继承中发展、在发展中继承，必然独立自主走中国自己的路。

# 第一节
## 道路多样：中国式现代化新道路

中国式现代化新道路，是建构中国式现代化理论体系的逻辑起点。

中国式现代化坚持现代化发展的一般规律，这是前提；同时更加注重"中国特色"，凸显其本质特征，这是关键。

从静态的一般要素来讲，在从农业社会向工业社会转变的社会结构变迁进程中，必然注重工业化、城市化、全球化，注重市场经济、科学技术，注重民主法治、公平正义、自由平等。[①] 自改革开放以来，我国社会主义现代化建设从总体上也注重这些一般性要素。

从动态的发展规律来讲，世界各国搞现代化都要遵循现代化发展的一般规律。究竟如何揭示世界现代化发展的一般规律？这是学术界需要进一步探究的重大理论问题。世界现代化发展的一般规律，从动态和纵向上，遵循的是"现代化起飞阶段相对注重发展动力，持续运行阶段相对注重发展的平衡和谐，当动能不足、发展失衡时要注重治理"的一般规律。中国式现代化也遵循这种一般规律。改革开放之初，我国首先注重的是激活经济社会发展的动力，注重解放思想、解放人、解放生产力，强调敢闯敢干、敢为人先，让一切创造财富的源泉充分涌流，让一切创新能力迸发。在我国社会主义现代化进一步发展进程中，一定程度上出现了发展不全面、不兼顾、不协调、不平衡、不和谐的新情况新问题，

---

① 20世纪初，中国许多学者都把现代化看作工业化（industrialization）。

我们党提出的科学发展观特别强调构建社会主义和谐社会，就是直奔解决这种新情况新问题而去的。党的十八大以来，中国特色社会主义进入新时代，我国发展步入新的历史方位。具有划时代意义的党的十八届三中全会的主题是全面深化改革，其总目标就是完善和发展中国特色社会主义制度、推进国家治理体系和治理能力现代化，这就把国家治理体系和治理能力现代化推到了我国历史发展的前台，其实质讲的就是"国家治理"。西方现代化发展也遵循这种一般规律。在西方现代化初期，通过打破封建专制和宗教的禁锢，解放思想、解放个人，大大地促进了资本主义生产力的发展；在西方现代化发展过程中，出现了两极分化现象，经济社会发展出现了不平衡、不和谐、不稳定情境，马克思、恩格斯在《共产党宣言》中对此作出过详尽的描述和分析；在西方现代化进一步发展进程中，资本主义社会开始注重治理，注重善治，西方马克思主义者、后现代主义者等对此进行了研究。

中国式现代化新道路，强调现代化发展道路具有强烈的历史发展规律意识和历史主体自主意识，内蕴历史发展的普遍性和特殊性统一、连续性和阶段性统一、进步性和曲折性统一，以及历史发展道路的非线性。中国通过把马克思主义基本原理同中国具体实际相结合、同中华优秀传统文化相结合，在理论上创立了中国化时代化的马克思主义，在实践上找到了解决中国问题的正确道路。中国共产党通过"两个结合"和改革开放以及理论和实践上的创新突破，成功推进和拓展了中国式现代化。中国式现代化道路蕴含现代化发展道路的多样性、独特性、自主性和创新性，因而，中国式现代化道路是"人类现代化道路"的一种新的范式、类型，一种新的实现方式。中国式现代化深深植根于中华优秀传统文化和现实基础，体现科学社会主义的先进本质，借鉴吸收人类文明一切有益成果，代表人类文明进步的发展方向，展现了不同于西方现代化模式的新图景，打破了"现代化＝西方化"的迷思，创新性地走出了一条不同于西方现代化道路的新型现代化道路。

中国式现代化更加注重社会主义现代化建设的中国特色。在理论上，它坚持历史发展道路的多样性和走向社会主义道路的多样性，认为任何国家都可以根据本国的国情、历史、文化、传统和实际，选择适合本国国情、解决本国问题的自主发展道路，绝不能"用西方的鞋套中国的脚"，"用西方的公式剪裁中国的现实"，"耕了西方地，荒了中国田"，否则就会适得其反。在实践上，它坚持走自己的路，坚定不移走中国特色社会主义道路，走中国共产党领导的社会主义现代化道路，创造了中国式现代化新道路。中国式现代化新道路，既区别于西方现代化道路，也区别于我国改革开放之初邓小平同志所讲的那种"中国式的现代化道路"。

中国式现代化有其鲜明的本质特征。这是中国式现代化的"多样性"逻辑或"中国逻辑"，主要回答中国式现代化就中国式而言"是什么"的问题。"一般只能在个别中存在，只能通过个别而存在"[1]，"任何个别都不能完全地包括在一般之中"[2]，中国要走向的现代化，必须符合中国实际，具有中国特色。中国式现代化具有五个方面的本质特征，即人口规模巨大的现代化，全体人民共同富裕的现代化，物质文明和精神文明相协调的现代化，人与自然和谐共生的现代化，走和平发展道路的现代化。这就深刻揭示了中国式现代化的科学内涵，揭示了中国式现代化的中国特色，揭示了中国式现代化的本和源、根和魂。在学理上，可从政治基

---

[1][2] 《列宁全集》(第五十五卷)，人民出版社 2017 年版，第 307 页。

础、现实基础、理论基础、时代基础、哲学基础五个层面来深化对中国式现代化本质特征的理解。

这实质上是倡导世界史观和非线性的现代化道路观，既区别于又超越西方线性道路，是中国式现代化的"道路性存在"。

# 第二节
# 文明互鉴：从中华民族现代文明到人类文明新形态

"道路"是一种"走法"，不同的"走法"对推动社会历史进步和人本身的发展进步所起的作用是不一样的，对"化人""使人成其为人"产生的作用也是不一样的。所以，"道路"创造并蕴含"文明"。

中华文化、中华优秀传统文化，是中国历史传统、文化传统的文化表达方式或形式，体现着中国历史发展的共同性、一般性和规律性。这种共同性、一般性、规律性，自然会贯穿、贯彻到中国式现代化新道路、中华民族现代文明之中。中华优秀传统文化是中国式现代化及其文化形态的文化根基，中国式现代化的文化形态是造就中华民族现代文明的基础。马克思主义基本原理同中华优秀传统文化相结合，必然会造就一个新的文化生命体，即中华民族现代文明。中华民族现代文明，是中华文明的生命更替和现代转型，既"不忘本来"，坚持和发展马克思主义，传承发展中华文明，也"吸收外来"，合理吸收人类文明的一切有益成果，又立足新时代强国建设、民族复兴之中国具体实际，还"面向未来"，指向强国建设民族复兴、和平发展合作共赢、丰富人民精神世界、增强人民精神力量之用。换言之，坚持和发展马克思主义，基于中华文明的突出特性，立足于新时代中国特色社会主义伟大实践，通过创造性转化和创新性发展，吸收人类文明的一切有益成果，反映时代和世界发展趋势，可以造就一个新的具有强大生命力的文明形态——中华民族现代文明。中华民族现代文明传承发展中华文明的连续性、统一性、包容性、创新性、和平性，坚持和发展马克思主义的文明观，吸收西方文明中自由平等与民主法治的合理因素，是一种有机统一的新的文明生命体。

中华民族现代文明既具有民族性，也具有人类性、世界性。民族性指它是中华民族的文明；人类性、世界性指这种文明立足人类社会，直面现代人类、现代世界所面临的共同问题，能为发展中国家实现现代化提供新的路径，为世界上那些既希望加快发展又希望保持自身独立性的国家和民族提供新的选择，为人类实现现代化提供新的道路，为解决人类问题、世界问题贡献中国智慧、中国方案。由此看来，中华民族现代文明蕴含着人类文明，能内生出人类文明，是人类文明的一种新形态。

中华民族现代文明、人类文明新形态所倡导的文明是复数文明。由于对发展进步与"真善美"的解释不同，便存在两种不同的文明观。如前所述，一种侧重于把文明解释为"事实判断"的描述性概念，认为文明即客观事实，它描述的是整个人类发展进步的真实事实，它是一种"复数"多元文明；另一种侧重于把文明解释为"价值判断"的规范性概念，认为文明即价值，强调任何国家、民族都应朝着确定的具有"同一性的至善至美的理想目标"迈进，具有文明优越感的"高尚民族"不仅具有解释世界如何运转、历史如何进步的话语权，而且应当去开化"野蛮、愚昧的非文明民族"，这实质上是单数文明。

中华民族现代文明、人类文明新形态倡导的复数文明，自然倡导

"文明互学互鉴",而不是"文明冲突"。

中国式现代化立足人类社会,创造出了中华民族现代文明,这是一种人类文明新形态。这种人类文明新形态既区别于又超越西方单数文明,为人类文明发展开辟了具有光明前景的新的方向和道路。

这实质上是推崇复数文明观,是中国式现代化的"文明存在"。

# 第三节
# 民族特质:中华文明的突出特性

中华优秀传统文化有很多重要元素,共同塑造出中华文明的突出特性。习近平同志在文化传承发展座谈会上的重要讲话,指出中华文明具有五个突出特性。这五个突出特性,讲的既是中华文明之鲜明特质,也是中华民族的显著优势。深刻认识中华文明的突出特性,有助于我们更好认识和认同中华民族,更有效地承担起中华民族在新时代的文化使命。

## 一、中华文明具有突出的连续性

在人类发展的历史长河中,许多原生或次生文明都已经中断或消逝,唯有中华文明绵延至今,从未中断。同世界其他文明相比,中华文明具有突出的连续性特质。

中华文明之所以绵延不断,得益于以下几个方面。一是封闭性的地理环境形成了天然性屏障,使中华文明自成体系并长期免遭大规模外敌入侵造成的文明覆灭。二是自然经济、"大一统"政治、宗法社会和礼教文化形成的超稳定结构,使中华文明具有极强的稳定性和自我调适性,即便多灾多难，依然绵延不断。三是生生不息的规模化人口为中华文明的绵延传承、接续发展提供了源源不断的实践主体、承载主体。中华民族动辄千万级规模人口的持续性存在，是中华文明连续性发展的关键。四是汉语言文字的不断延续维护了中华文明的绵延赓续。两河流域的楔形文字、古埃及的象形文字等世界上公认的代表古老文明的文字体系，伴随其文明一同消亡了，汉字是世界上唯一传承和使用至今的自源古典文字体系。汉字书写和承载着中华文明，汉字的长盛不衰串起了中华民族和中华文明的过去、现在和未来。五是由汉字书写的文化典籍代代相传，使中华文明不因王朝政权更迭而中断。中华民族具有浓厚的"史学"传统，形成了浩如烟海的文化典籍。文化典籍跨越历史时空、传承文化传统，涵养了中华民族一贯的价值理念、思维方式和精神风貌。任凭王朝政权更迭，中华文明的"道统"代代传承。六是咬定目标、与时俱进、久久为功的中华民族特质，也是一个重要原因。这使中华文明绵延不断。七是化人为善的文明本质不可小觑。文明是在人和人关系框架中针对"野蛮"而讲的，它注重"化人""化人为善""德行天下""秩序建构"。这样的文明范式具有道义性，有助于中华文明绵延不断。

中华文明绵延传承至今从未中断，离开中华民族代代相承的5000多年文明史，就不可能真正理解中国和中国道路。中华文明作为一种连续性文明，意味着中华民族是一个具有强大稳定性、统一性、独立性、自主性和应变性的民族，这从根本上决定了中华民族在继承中发展、在发展中继承，必然独立自主走中国自己的路。

## 二、中华文明具有突出的创新性

中华文明之所以能够绵延不绝，从根本上讲是因为中华文明具有突出的创新性。因为中华文明具有突出的创新性，所以中华民族能够识变应变求变，战胜一切艰难险阻，屹立于世界民族之林。

中华文明具有突出的创新性，源于中华优秀传统文化中的变易思维、革新意识、进取精神和大无畏气概等民族性元素，这些都聚焦于与时俱进。"人更三圣，世历三古"的《周易》一书被誉为"群经之首、大道之源"，在中国传统文化中长期居于主流地位。"易"是上日下月，讲的是日月轮回、万物流变。变易思维深刻影响中国人的世界观和方法论。万物流变必然产生新老交替问题，如何对待新事物和旧事物？中华文化守正而不守旧、尊古而不复古。革故鼎新、勇于创新是中华民族、中华文明历经沧桑而依然葆有生机的根本所在。大化流行、以新代旧，"天行健，君子以自强不息"。刚健有为、自强不息是中华民族积极进取的民族精神。革新、创新、积极进取不仅会触碰外部势力，还要突破自我局限，这需要极大的创新勇气。荀子讲，"义之所在，不倾于权，不顾其利，举国而与之不为改视，重死持义而不桡"。中华民族自古以来就不乏不惧艰辛、迎难而上、杀身成仁、舍生取义的人，他们挺起中华民族的脊梁，彰显中华民族坚持守正创新的大无畏气概。中华文化中的神话传说、寓言故事、成语典故等，大多反映了中华民族的优秀品质，如女娲补天、愚公移山、火正祝融、金睛无支祁、燧人取火、大禹治水、神农尝百草、精卫填海、鹿女降龙、神笔马良等，便是如此。

中华文明在自我传承中吐故纳新，在守正创新中不断发展，在应时处变中不断升华。中华文明突出的创新性，从根本上决定了中华民族守正不守旧、尊古不复古的进取精神，决定了中华民族不惧新挑战、勇于接受新事物的无畏品格和与时俱进的创新精神。

### 三、中华文明具有突出的统一性

对比世界诸文明，中华文明是世界上统一时间最长的文明。同时，这种统一不是小国寡民式的统一，而是以广袤地域、超大规模人口、多元民族和多样性文化为基础的"大一统"。

一是中华文化多样一体。中华民族栖息地环境和气候的多样性，催生了许多地域性文化，比如东临沧海的齐鲁文化、四塞之地的三秦文化、天地之中的中原文化，以及长江流域的巴蜀文化、荆楚文化、吴越文化，黄河流域的仰韶文化等。尽管风土人情不同，但这些文化在价值取向、思维方式和社会心理等方面具有高度一致性。以汉字为纽带，以中原文化为中心，多样性地域文化向中心靠拢，中华文明的形成和发展呈现出"重瓣花朵"式向心结构。二是中华民族多元一体。在漫长的历史发展中，我国各民族交往交流交融，形成了多元一体的中华民族大家庭。各民族水乳交融、休戚与共，像石榴籽一样紧紧抱在一起，共同抵御外侮、捍卫领土完整与国家利益。三是国家政权长期"大一统"。秦朝一统天下后，郡县制在全国推广，绵延 2000 余年。与西方领主自治不同，郡县制把国家利益、地方利益和个人利益捆绑在一起。再加上车同轨、书同文、行同伦，疆土完整、国家强盛、民族团结、文明传承就成为中华儿女的共同信念。

长期"大一统"的疆域、政治、文化和民族历史赋予了中华文明"大一统"的情怀和理念。中华文明具有突出的统一性，这从根本上决定了中华各民族文化融为一体，即使遭遇重大挫折也始终牢固凝聚，决定了国土不可分、国家不可乱、民族不可散、文明不可断的共同信念，决定了国家统一永远是中国核心利益的核心，决定了一个坚强统一的国家是各族人民的命运所系。

### 四、中华文明具有突出的包容性

中华文明是在相对封闭的地理环境中自成体系地生成的，具有突出的统一性，但这并不意味着中华文明是一元排他、自我封闭的孤立体系。相反，同世界诸多文明相比，中华文明具有突出的包容性。

得惠于中华民族生息的广袤地理空间，多样性地域文化的五方杂糅赋予中华文明无所不包、无所不容的包容性基因。漫长的民族大融合历史丰富了民族交往交流交融的经验，深化了对民族交往交流交融历史取向的认识，强化了民族交往交流交融的感情，培养了民族交往交流交融的能力，涵养了中华民族、中华文明的包容性力量。

西汉之时儒家思想已成为正统和主流，东汉时本土道教兴起，然而印度佛教却能够在两汉之际进入中国社会，到南北朝时期已经是"梁世合寺二千八百四十六，而都下乃有七百余寺"。从伊斯兰教进入中国，到基督教进入中国，再到而今文庙、道观、佛寺、清真寺、基督堂比肩而立，对比其他文明，中国没有宗教裁判所，也没有出现十字军式的"圣战"。本土文化与外来文化、本土宗教与外来宗教和谐并存体现出中华文明兼收并蓄的开放胸怀。今天，我们强调"不忘本来""吸收外来""面向未来"，强调"中国化""普惠包容"等，都表明中华民族、中华文明的包容性。

中华文明海纳百川、博采众长，不仅对本民族文化元素具有包容性，而且能够包容异质文明。中华文明突出的包容性，从根本上决定了中华民族交往交流交融的历史取向，决定了中国各宗教信仰多元并存的和谐格局，决定了中华民族、中华文化对世界文明兼收并蓄的开放胸怀。

## 五、中华文明具有突出的和平性

中华文明具有强大的连续性、统一性和包容性，因而必然会体现出不偏激、不极端的平和性，体现出"为而不争""利而不害"的和平性。

中华文明尚和合，"和"是中国社会一种普遍化的社会心理。哲学思想主张"和实生物""和合共生"，生意场上喜欢"和气生财"，日常生活中强调"家和万事兴"，人际关系上推崇"和为贵"，中医学上讲"调和阴阳"，天人关系上主张"天人合一"，同世界关系上强调"协和万邦、兼济天下""美美与共"等。这体现了中国人不偏激、不极端，平和做人、平和处世之道。中华民族爱好和平，尧舜禹时代权力的和平禅让被后世尊为理想政治的典范。邦国交往中尚礼乐"以和邦国"，主张"故远人不服，则修文德以来之"，反对恃强凌弱和暴力胁迫。"为而不争""利而不害"的爱好和平思想始终占据着主流位置。

和平发展思想是中华文明的内在基因，决定了中国始终是世界和平的建设者、全球发展的贡献者、国际秩序的维护者。中国不断追求文明交流互鉴而不搞文化霸权，不会把自己的价值观念与政治体制强加于人。中国坚持合作、不搞对抗，决不搞"党同伐异"的小圈子。世界正处于百年未有之大变局，人类文明处在新的十字路口，中华文明作为人类唯一古老而又连续的文明，具有显著优势，能为建设美好世界提供更多更好的中国智慧和中国方案。

总之，创造了中国式现代化新道路、中华民族现代文明和人类文明新形态的中华民族，是世界上文明的、先进的、优秀的民族。这集中体现在中华民族具有鲜明的民族特质、民族根性，即咬定目标、久久为功、勤劳勇敢、迎难而上、勇毅前行、奋发有为、坚韧不拔、越挫越勇的品质和胸怀天下的情怀。中华民族是有目标追求的民族，而且具有久久为功的恒心定力；中华民族是勤劳勇敢的民族，其物质财富和精神财富都是靠勤劳勇敢创造出来的；中华民族也多灾多难，但这种多灾多难，培育铸就了中华儿女迎难而上、勇毅前行、奋发有为、坚韧不拔、越挫越勇的刚毅品质。中华民族自古就具有天下胸襟和情怀，倡导协和万邦、兼济天下、美美与共、世界大同。

中华民族具有鲜明的突出特性，这种突出特性使中华民族具有显著的民族优势。这是中国式现代化的"民族性存在"。

## 第四节
## 为他人性：群己关系

为什么中国式现代化新道路既能解决中国问题，也能为人类实现现代化提供新的选择？为什么中华文明、中华民族现代文明具有强大的生命力？为什么中华民族是世界上文明的、先进的、优秀的民族，具有优秀的民族特质？其中一个深层的哲学原因，就在于中国哲学对人性、人的本质的科学理解。

中国哲学对人的理解区别于又高于西方哲学对人的理解。西方哲学相对注重从自然本性理解人，把人理解为单个个体，强调人之实体就是个人，且强调个体的自然属性，所以就较为注重人作为自然人的自然属性（或生物本能）和精神属性。

中国哲学相对注重从人的社会性，从人在群体中的人和人的社会关系理解人性及人的本质，注重以道德秩序构造一个群己合一的世界，在人己关系中以他人为重，认为人虽然具有自然本性或自然属性，但人要成其为人，在本质上首先要具有社会性，是社会的人，是一定社会关系中的人，认为人只有在一定的社会关系中才能成其为人，离开社会或社会关系，仅仅从自然本性上理解人，人就会沦为动物。人只有在一定的社会关系中才能成其为人，就意味着人的社会关系也是一种实体，要从人的社会关系中去理解和把握人的社会性，从人的社会关系（社会性）和整体性关系中理解和把握人性及其本质。由此，中国哲学就往往从"伦理关系""群体关系""群己关系"或为他之"仁"来理解和把握人性及其本质，强调人是"大写的人"，是在社会性的群体性关系中成其为人的，是在创造社会价值中实现自我价值的。由此，人首先应注重其集体性，注重为他性，是注重集体主义和为他的人。这样来理解和把握人，显然要比西方对人性的理解文明得多。

由此出发，中国哲学往往注重或强调从整体性关系来理解和把握中国式现代化。中国式现代化的本质特征就是在各种社会关系中来定义和理解的：人口规模巨大的现代化，主要讲的是中国人口规模与发达国家总人口迈进现代化社会的关系；全体人民共同富裕的现代化，主要讲的是所有中国人民在分配财富上的关系；物质文明和精神文明相协调的现代化，主要讲的是物质文明和精神文明的关系；人与自然和谐共生的现代化，主要讲的是人与自然的关系；走和平发展道路的现代化，主要讲的是世界各国之间的关系。

这可以称为"人的社会本质观"，是中国式现代化的"人学存在"。

# 第五节
# 现代治理：现代化的本质要求和重大原则

推进中国式现代化是一个有规律可循的社会历史发展过程。从横向静态来看，这一规律基于现代化发展道路的多样性，注重对现代化系统各要素的战略性思考、全局性谋划、整体性推进，亦即注重全面协调、统筹兼顾、平等普惠，其中主要的就是必须体现中国式现代化的九条本质要求和五个重大原则。从纵向动态来讲，这一规律坚持现代化发展的动力、平衡和治理相统一。也就是说，它把中国式现代化的本质要求和重大原则所蕴含的注重战略性思考、全局性谋划、整体性推进，注重全面协调、统筹兼顾、平等普惠，尤其是注重动力、平衡和治理相统一，作为现代治理原则，全面贯彻到中国式现代化建设一切领域和中国式现代化发展进程中。作为现代治理原则的坚持动力、平衡和治理相统一，区别于又高于"西方中心论"的"社会进化论"，它坚持效率和公平有机统一、动力和平衡有机统一，体现了中国式现代化的本质要求和重大原则。

社会发展的动力机制、平衡机制和治理机制具有其内涵与功能。一是看动力机制。它是指由社会发展的基本要素所构成的动力系统及其作用机理。动力机制的基本体现是活力。在经济领域具体表现为生产效率，在政治领域具体表现为政府效能，在文化领域具体表现为创新精神，在社会领域具体表现为社会发展。动力机制的基本要素是：人的需要及利益；人的能力尤其是创新能力；人的积极性、主动性和创造性；科学技术；市场机制；发展活力。社会发展的动力机制，以人的需要及利益为动力源，以人的能力尤其是创新能力为动力能，以人的积极性、主动性和创造性为动力流，以科学技术和市场机制为动力手段，以充满发展活力为动力目的。动力机制的功能是解决社会赖以发展的动力问题，既让一切创造财富和创新能力的源泉涌流，又使每个人各显其能。衡量动力机制的标准主要是速度、效率和活力。考察一个社会的动力机制状况，就要考察它能否最大限度地激发全体社会成员的创新能力，能否调动全体社会成员的积极性、主动性和创造性，能否使社会各要素、各领域和各方面充满发展动力和创新活力。二是看平衡机制。它指社会各基本要素和部分之间保持协调、和谐，且稳定有序运行的机理。平衡机制的最高体现是和谐。在经济领域主要表现为公平分配利益，在政治领域主要表现为公平正义，在文化领域主要表现为和谐思维，在社会领域主要表现为人们之间的平等和谐关系。平衡机制的基本要素是：全面协调、统筹兼顾、公正和谐、稳定有序。它既注重经济、政治、文化、社会之间的全面协调，又注重人和自然、人和社会、人和人、人的身心之间的和谐。平衡机制的功能是通过平衡利益分配和整合价值取向，使速度与稳定、效率与公平达到均衡，形成一种稳定有序、各得其所、和谐相处的社会发展状态。衡量平衡机制的标准主要是和谐。考察一个社会的平衡机制状况，就要考察它能否使全体社会成员各得其所、和谐相处，能否使社会各要素、各领域、各方面的关系处于协调状态。三是看治理机制。它以一定理想目标为尺度，矫正社会在动力和平衡方面存在的弊端，使动力机制与平衡机制达到优化、协调、配合，促进生产关系与生产力、上层建筑与经济基础之间相适配，推动经济、政治、文化、社会、生态等诸种体制不断完善。治理机制的理念是促进公平正义。治理的目的是实现动力机制与平衡机制之间的优化、协调、配合。治理的内容是调

整生产关系与生产力、上层建筑与经济基础不适配的部分。治理的方式
主要是革命和改革：完全不适合需要革命，部分不适合需要改革。衡量
治理机制的标准，主要看社会发展的动力机制与平衡机制是否得到优化、
协调和配合。

动力、平衡和治理三种机制都通过一定的制度规范、运作体制和政
策措施体现出来，一切制度规范、运作体制和政策措施的背后，都有这
三种机制在发挥作用。设计和制定一个社会的制度规范、运作体制和政
策措施，从根本上应围绕这三种机制进行。检验一个社会的成熟程度，
关键看这三种机制的优化、协调、配合程度。

"三种机制"是一种重要的分析框架，可以用来分析、理解和把握
中国式现代化的精髓。中国式现代化理论体系博大精深，其精髓主要体
现在三方面。一是动力机制上，强调首要根本任务是解放和发展社会生
产力，发展是硬道理，发展是党执政兴国的第一要务；二是平衡机制上，
把促进公平正义、增进人民福祉、全体人民共同富裕、物质文明和精神
文明相协调、人与自然和谐共生，作为中国式现代化建设的出发点和落
脚点，认为中国式现代化的基本要求是全面协调，思想和工作方法是坚
持系统观念，使现代化成果更多更公平惠及全体人民，最终达到共同富
裕；三是治理机制上，注重通过全面深化改革破除体制机制弊端和利益
固化藩篱，既为发展注入动力和创新活力，又促进社会和谐稳定。

显然，注重动力、平衡、治理有机统一的现代治理，既区别于又高
于西方的"社会进化论"，可以称为"现代治理观"，是中国式现代化的
"治理式存在"。

# 第六节
# 人民至上：真理性和人民性统一

中国式现代化强调的世界史观和非线性现代化道路观、复数文明观、中华民族突出特性观、为他人性观、现代治理观，都聚焦于基于真理性和人民性相统一的人民至上，认为基于真理性（真理标准）和人民性（人民标准）相统一的人民至上，是检验中国式现代化成败得失的根本标准，离开真理性和人民性相统一的人民尺度，其他都无从实现。

现代化的成败得失，主要看对人类和世界，对国家和民族，对社会和人民的真实成效，即看人民尺度。这种人民尺度的哲学根基，一是体现人类社会历史发展的规律，具有科学性和真理性；二是体现最广大人民群众的根本利益，具有人民性和道义性。

中国式现代化具有科学性、真理性和人民性、道义性。其科学性和真理性，在于它是在新中国成立特别是改革开放以来长期探索和实践的基础上，经过党的十八大以来在理论和实践上的创新突破，成功推进和拓展出来的，既有各国现代化的共同特征，更有基于自己国情的中国特色；其人民性和道义性，在于它使我国 14 亿多人口整体迈进现代化社会，追求全体人民共同富裕，物质文明和精神文明协调发展，人与自然和谐共生，走和平发展、合作共赢道路，坚持把实现人民对美好生活的向往作为现代化建设的出发点和落脚点。要言之，这里的科学性、真理性和人民性、道义性在中国式现代化中得到充分检验。

这意味着，基于真理性和人民性相统一的人民尺度是中国式现代化建设的最高尺度，中国式现代化的一切都要拿到这一尺度的审判台前加以评判。这样的人民尺度，具有本质性、逻辑性、普遍性、判别性、主体性，可以引领中国式现代化，检验中国式现代化的推进和拓展之实效。

显然，基于真理性和人民性相统一的人民尺度的尺度观既区别于又高于理性尺度观。这可以称为"人民尺度观"，是中国式现代化的"人民性存在"。

# 第七节
## 普惠价值：全人类共同价值

和平、发展、公平、正义、民主、自由，是全人类的共同价值。[①]

全人类共同价值，既传承发展了中华优秀传统文化，凸显了中国特色、中国风格、中国气派，又承接了人类文明一切有益成果，凸显了世界潮流、国际视野、全球共识，为人类描绘了多样统一、平等互鉴的新图景，打通了不同形态的社会制度和价值理念之间的隔膜，为人类文明发展指明了航向。

全人类共同价值的提出，有其深厚的现实背景和根据。就世界而言，全球化深入发展。如果说封建时代国家与国家之间的联系、交往还带有一定的偶然性，那么近代以来资本主义开创的世界历史则将世界各国紧密联系在了一起，使民族国家的孤立与封闭反倒成为一种偶然。尤其是在全球化、信息化高度发展的今天，各个国家间形成了"你中有我、

---

① 参见《习近平外交演讲集》（第一卷），中央文献出版社 2022 年版，第 286 页。

我中有你"的不可分割的生存与发展格局，加上各种全球性矛盾和问题层出不穷，可以说，人类命运已经不可抗拒地交织在一起。虽然各个国家在道路、制度与意识形态、文化习俗等方面存在着差异，但是合作、共赢、互利、互惠已经成为大多数国家对外交往的目标与追求。就国内来说，中国特色社会主义进入新时代，中国站在了实现强起来的新的历史起点上。党的十八大以来，以习近平同志为核心的党中央勇立时代潮头，清醒认识党情、世情、国情，深刻把握世界发展趋势，明确提出"中国共产党是为中国人民谋幸福的政党，也是为人类进步事业而奋斗的政党"①，积极倡导构建人类命运共同体。

全人类共同价值的哲学基础，是人类社会而不是市民社会。市民社会强调的是个体、个人，人类社会强调的则是类。全人类共同价值，是人类社会处理人与自然、人与社会、人与人、人与自我等关系的共同价值准则，也是人类共同努力的方向。

全人类共同价值是关系概念，是在当今全球化不断深入发展的时代，各国在处理国内外尤其是国家与国家之间关系时所应遵循的根本价值观念。全人类共同价值的提出，表明中国共产党不仅是为中国人民谋幸福的政党，也是为人类进步事业而奋斗的政党。其实，这也是中国共产党作为马克思主义政党必然具有的精神品质。为人类谋进步，是中国共产党及其领导下的中华民族的伟大志向；为世界和平与发展、为人类进步事业提供中国经验和中国方案、贡献中国智慧与中国力量，不但是中国共产党伟大使命与责任担当的彰显，同时也是全人类共同价值的重要体现。

---

① 习近平：《决胜全面建成小康社会　夺取新时代中国特色社会主义伟大胜利——在中国共产党第十九次全国代表大会上的报告》，人民出版社 2017 年版，第 57 页。

展开来说，全人类共同价值体现为中国在对外关系、国家与国家之间关系上强调若干原则。一是注重平等。主张在处理国际关系时，各国不分大小、强弱、贫富等，在主权上、机会上、规则上一律平等，且具有主权、领土和民族尊严不受侵犯，内政不受任何外来干涉的权利，强调要"尊重各国人民自主选择发展道路的权利"。同时，在国际社会上，各国都作为平等的一员参与国际事务的协商与管理，其意见或建议有受到尊重的权利。当然，各国也要承担相应的国际责任，履行应尽的国际义务。二是独立自主。主张奉行独立自主的和平外交政策，反对霸权主义和强权政治，反对将本国的意志强加于人，反对以强凌弱。同时，主张高举和平、发展、合作、共赢的旗帜，在坚持和平共处五项原则的基础上发展同世界各国的友好关系。三是对外开放。坚持对外开放的基本国策。这是在深刻把握和平与发展这一时代主题、全球化这一历史趋势的基础上作出的选择。四是大国外交。这是指中国作为一个大国所奉行的外交战略。从形式上看，世界上的大国相对来说毕竟是少数，但是就中国之大国外交的内容而言，它带有普惠性，主要体现在中国在"维护世界和平，促进共同发展"方面的积极作为，如中国作为一个负责任的大国，在处理地区热点问题、应对全球危机方面积极参与；中国在实现中华民族伟大复兴中国梦的过程中追求和平、发展，即依靠正当的市场竞争而不是依靠武力或非正当竞争为自己的发展开辟道路；中国主张发展不仅要促进本国现代化进程，而且要力求对世界有所贡献；中国主张发展成果不仅要惠及本国人民，而且要力所能及地帮助世界人民。五是文明互鉴。不同的文明往往存在价值观念、思维方式、道路选择与制度设计等方面的差异。偏执于差异、分歧还是追求和而不同、共赢发展，会直接影响一个国家的对外政策以及国与国之间的交往状况。中国共产党历来重视不同文明之间的互学互鉴，在全球化深入发展的今天，更是强调"文明因交流而多彩，文明因互鉴而丰富"，主张应本着平等和包容的精神，加强不同文明之间的对话交流，共同促进并实现人类文明的进步。正如习近平同志所说："文明差异不应该成为世界冲突的根源，而应该成为人类文明进步的动力。"[①] 不同文明之间取长补短，相互借鉴，才能形成推动历史发展和人类文明进步的合力，才会使人类文明更加多彩绚烂。

全人类共同价值作为一种价值理念，当然不同于西方的普世价值，它是高于西方的普世价值的。鉴于普世价值不仅是一种哲学价值观念，而且在实际上成为西方推行其政治主张的一种资产阶级意识形态，我们有必要弄清全人类共同价值与西方普世价值的区别。一是哲学根基不同。普世价值的哲学根基是"主客对立""你输我赢"，全人类共同价值的哲学根基则是"主主平等""普惠共赢"。二是思维方式不同。普世价值是一种二元对立、"主客对立"式的思维方式，即它在本质上是以"我"为"主"，将"他者"当作纯粹的"客"，而且是与"我"不平等的"客"，甚至是与"我"根本对立的"客"。因而，普世价值时常在一种以"我"为"主"、以"我"为"中心"的自我优越感中，不加掩饰地利用强制手段推行自己的价值理念。更为鲜明的是，这种二元对立的思维方式奉行的是"单边主义""双重标准"。全人类共同价值则是一种主体际的思维方式，强调"主主平等"。这种思维方式在把自己当作"主体"的同时，也把对方与他者当作"主体"，强调"主体"间是平等的，双方在坚持自己主体性的同时，应当彼此尊重，寻求共同的合作基

---

① 《习近平著作选读》（第一卷），人民出版社 2023 年版，第 568 页。

础。因而，全人类共同价值是一种真正平等、强调对话、尊重"人"权的价值理念，是一种真正的"主体间性"思维方式。三是理论实质不同。普世价值在实质上是资产阶级意识形态，其本质的理论主张是反对和否定甚至消解马克思主义、共产主义，以形成资本主义一统天下的局面，因而是资本"同一性"逻辑支配世界的观念工具。全人类共同价值则是无产阶级和人民大众的理论武器，以马克思主义和共产主义为奋斗目标，但它不否认文明差异和道路多样，故而，它是中国人民甚至世界各国人民追求进步、走向互利共赢与和谐共生的精神支柱。四是理论基础不同。普世价值的理论基础是"西方中心论"、历史终结论，认为西方文明是人类文明发展的制高点，从而"唯我独尊"、排斥多元，强调其他"落后"国家或民族都应该走西方现代化的发展道路。全人类共同价值的理论基础则是文明互鉴论、历史进步论，认为每个国家或民族都有自己的发展历史，都有自己的独特文明，都有选择适合自己发展的道路或制度的权利与自由，各国之间应该求同存异、优势互补，在相互借鉴中求得共同进步。五是理论特点不同。普世价值具有很强的意识形态性，它本来是西方近代文明的产物，是近代西方资产阶级反对封建统治的武器，虽然在历史上起过一定的积极作用，但后来被宣扬成甚至自诩为适合全人类的、具有普世性的"永恒"理论。它甚至还企图垄断国际话语权，强迫其他国家或民族接受其价值观，并否定其他文明之价值存在的正当权利。这实质上是打着"普遍性"的旗号贩卖其"特殊性"，是一种典型的意识形态欺骗，而且是"强制性"欺骗，是用"普世"价值掩盖其价值"观"的本质，且在实际交往中往往以牺牲他国利益来获取自身利益。显然，普世价值带有强烈的独断论和话语霸权倾向。全人类共同价值则以其多样、统一、平等、共同、包容、互鉴等主张来彰显这样的道理：没有离开特殊的普遍，并不存在抽象的、适合全人类的永恒价值，一切价值观念都是具体的、历史的，都必有其现实的文化载体，因而，应当在充分尊重特殊性和差异性的基础上寻求"共同"或"普遍"，应当客观认识并充分尊重每一种文明样态和价值观念存在的现实与必然。一句话，全人类共同价值更强调价值在实质内容、实现方式和实际效果上的普惠性。六是认识路线不同。普世价值注重的是用一般规约特殊，把一般作为前提，然后规范特殊；全人类共同价值则注重从特殊到一般，将特殊概括成一般，以特殊为前提。全人类共同价值讲普遍，然而讲的是"具体的普遍"；普世价值所讲的普遍则是"抽象的普遍"，是外在的普遍，只强调共性而否定个性。七是实践导向不同。普世价值在实践上导致了西方的霸权主义和强权政治，导致了西方某些强国的殖民主义，导致了西方一些国家的掠夺性扩张行为，给世界许多国家的人民带来了灾难性后果。全人类共同价值在实践上形成的是和平共处五项原则，是负责任大国外交，是互利共赢的开放战略，是构建人类命运共同体的伟大构想与实践行动，是共赢普惠。这在当今世界得到了越来越多的国家和地区的信任与支持，显示了其先进性与生命力。

这可以称为"普惠价值观"，是中国式现代化的"价值存在"。

# 第八节
# 人类命运：携手构建人类命运共同体的中国方案

"西方中心论"难以破解当今世界困局。在人类历史发展长河中，就文明对世界的影响力而言，从欧洲发轫的西方文明尤为耀眼。从启蒙时代到现代的 300 多年，世界在西方文明主导下，社会生产力发展远远超过了以往人类历史发展的总和。然而，进入 21 世纪，西方文明开始备受挑战，2008 年国际金融危机爆发，更是把世界推入乱象丛生的境地。当今世界，人类面临诸如经济长期低迷、贫富差距拉大、经济危机和金融危机加深、军备竞赛和核竞赛升级、地区冲突和战争危险加剧、恐怖事件频发、资源枯竭、环境恶化等困扰人类生存与发展的一系列全球性难题。习近平同志指出，当前，世界经济领域三大突出矛盾没有得到有效解决。一是全球增长动能不足，难以支撑世界经济持续稳定增长；二是全球经济治理滞后，难以适应世界经济新变化；三是全球发展失衡，难以满足人们对美好生活的期待。① 这意味着影响世界发展的动力、平衡、治理三大根本机制出了问题，其深层根源是西方文明的逻辑出了问题。

"西方中心论"是西方文明的逻辑起点，这是导致世界困局的理论根源。"西方中心论"奉行"一元论""主客二分"的哲学思维，即西方世界是"主"、非西方世界是"客"，西方世界是"我族"、非西方世界是"异类"，西方世界是"先生"、非西方世界是"学生"。它标榜西方价值的普世性和西方道路的唯一性，认为西方文明是人类真正的文明，西方标准就是世界标准，非西方世界应向西方世界看齐。在这种逻辑中，"客随主便""我族歧视异类""先生教训学生"，自然是西方认为情理之中的事。西方列强主宰和分割世界的威斯特伐利亚体系，就是这种逻辑的产物。按照这种逻辑，某些国家强推"普世价值"、借助武力输出"颜色革命"、出兵干涉主权国家内政这些闹剧，都是所谓

① 参见《习近平谈治国理政》（第二卷），外文出版社 2017 年版，第 479—480 页。

名正言顺的"正义之举"。而事实上，西方文明蕴含着"对立""对抗"的基因，世界因此被切割成相互冲突的对立体。如此，国际秩序很难维持下去。

自由主义是西方文明的精神支柱，这是导致世界困局的人性根源。自由主义主张个人利益和自由最大化，鼓吹私有制，倡导"市场万能"和"民主神话"，纵容物欲横流的消费主义，注重弱肉强食的丛林法则。世界著名物理学家霍金指出，整个世界，尤其是西方世界，长期处于机械唯物主义观念掌控之中，只相信世界是物质的，只看得见有形的物质，只追求物质和物质享受。在西方文明牵引下，人类几乎走上了一条追求物质享受的不归路。值得警醒的是，西方鼓吹的"民主神话"在世界各地正在破灭，"市场万能"的梦想屡被"市场失灵"的现实所击破，流行多时的新自由主义正在夕阳西下，它有添乱之嫌而无治乱之力。国际金融危机的后遗症、局部战乱的升级、世界贫困人口的急剧增加，都标志着西方文明已深陷危机。

资本扩张是西方文明的行动旨趣，这是导致世界困局的制度根源。进入近代以来，资本就像脱缰的野马横行于世，推动资本主义从商业资本主义升级到垄断帝国主义再到金融垄断帝国主义，直接或间接地影响着世界的每一个角落，推动着人类历史的发展，同时也把世界带入险境。资本逐利、扩张和增殖的本性，使资本主义、帝国主义形成了以牺牲资源、环境、生态、人的发展以及发展中国家利益为代价的生产方式，形成了以金融霸权、科技霸权、文化霸权和军事霸权控制世界的统治方式，加剧了地区发展的不公平性、非均衡性和不可持续性，引发了资本主义制度体系下的结构性、累积性、依附性发展问题。特别是资本主义制度自身难以克服的矛盾，直接导致了以转移经济危机为目的的两次世界大战的爆发，冷战之后又相继爆发海湾战争、波黑内战、科索沃战争、阿富汗战争、伊拉克战争、叙利亚战争，以及俄乌冲突、巴以冲突等。这些战争和冲突给人类社会带来了沉重灾难。

如此来看，作为世界困局之始作俑者，西方文明难解当今世界困局，"西方中心论"、历史终结论终要破产，人类呼唤新理论和新文明。习近平同志提出的构建人类命运共同体理念，就是在我国发展起来但还不发达的历史方位中，提出的一种具有原创性和标识性且能为世界作出贡献的中国理论。

构建人类命运共同体理念具有强烈的问题意识。它主要是针对国际单边主义、霸权主义横行而导致的全球创新动力不足、贫富差距扩大、全球治理滞后以及出现的"四大赤字"（发展赤字、和平赤字、治理赤字、信任赤字）提出的。单边主义、霸权主义横行导致整个世界创新动力不足、贫富差距扩大、全球治理滞后。不解决这些问题，不仅会阻碍实现社会主义现代化、实现中华民族伟大复兴的历史进程，而且会使整个世界陷入困境。习近平同志以大国担当的勇气和信心，提出了构建人类命运共同体这一具有战略意义和世界意义的理念。

构建人类命运共同体理念强调世界既具有多样性，又具有统一性，超越了西方的"一元论"，具有解决中国和世界难题的立论基础。人类社会、世界各国在历史、传统、文化、国情、制度等方面都具有差异性和多样性。同时，世界各国之间也具有统一性，即具有共同性，都要遵循社会历史发展规律，都共同追求美好愿景。统一，是在承认和尊重世界多样性前提下的统一；多样，是统一性中的多样。强调统一不要忽视多样，强调多样也不要忽视统一。世界是多样性的统一，也是统一性的多样。这样来认识和把握世界，既有利于世界充满活力，又有助于世界达至和谐。如果只强调统一而不注重多样，就易走向霸权主义；只强调多样而不注重统一，就会导致世界的对立和分裂。习近平同志从多样中寻求共同，所提出的构建人类命运共同体理念，既尊重世界差异性，又注重世界统一性。这就克服了"西方中心论"、历史终结论只强调"一"而排斥"多"的方法论弊端。

构建人类命运共同体理念强调平等包容，超越了西方"主体"统治"客体"的哲学思维。中华文明和中华民族现代文明具有极大的包容性，能够将各种文明的优秀因子加以黏合，这是中华文明和中华民族现代文明的独特优势。同时，中华文明富含讲仁爱、重民本、守诚信、崇正义、尚和合、求大同等优质基因，在修身、齐家、治国、平天下方面积累了丰富经验。这些基因、优势和经验不仅可以成为强国建设、民族复兴与促进世界和平发展、合作共赢的文化资源，而且可以成为当今全球治理的独特资源，以救西方文明之弊。提出构建人类命运共同体理念，重在强调主权平等、平等包容，而不是"主体"统治"客体"；主张和而不同、仇必和解，而不是居高临下强加于人，甚至不惜诉诸武力；主张各国不分大小、强弱、贫富，都是国际社会平等的成员，提倡以和平合作、包容普惠的发展模式代替你输我赢、赢者通吃的发展模式。这些都可以纠正以"一元论"和"主体"统治"客体"为哲学基础的霸权主义。构建人类命运共同体理念强调个人对他人、社群、自然的责任和义务，而不是个人高于一切；既尊重个人权利、自由、平等和全面发展，又注重社会和谐，还强调国家富强。这些既可以应对自我中心主义泛滥，也有利于克服资本主义私有制的先天缺陷，从而更好地服务于人类。

构建人类命运共同体理念的内容具有严密完整的逻辑。

坚持共利共享，超越零和博弈，建设利益合作共同体。人类命运共同体首先是一个利益合作共同体。合作共赢、维护全人类共同利益，是其首要内容。国家之间交往首要看的是国家利益，只有具有共同利益，才会展开合作。因为各国之间具有共同利益，所以要实现利益上的共享共惠。经济全球化已把世界紧紧联系在一起，大家都在一条船上，你中有我、我中有你，一荣俱荣、一损俱损，没有哪个国家和民族可以独善其身。党的十八大以来，中国积极参与全球治理，着力改变近现代以来世界秩序中的"社会达尔文主义"法则，变革现行国际秩序的不公正不合理部分，高度重视联合国的作用，提高国际法在全球治理中的地位和作用，为维护全人类共同利益贡献了中国智慧。

坚持共识共商，在国际交流中合理管控意识形态分歧，建设价值共同体。价值关乎共识，没有共识，只有分歧，就难以共同协商并形成共同体。共同价值关乎价值共识，是构建人类命运共同体的必要前提。构建人类命运共同体须在价值上达至共识。习近平同志指出："和平、发展、公平、正义、民主、自由，是全人类的共同价值，也是联合国的崇高目标。"[①] 这一重要论述，阐明了全人类共同价值是人类社会处理人与自然、人与社会、人与人、人与自我等关系的共同价值准则，也是人类共同努力的方向。

坚持共建共进，超越唯我独尊、你输我赢，建设发展共同体。维护全人类共同利益，彰显全人类共同价值，实现共同发展，需要各国参与共建、付诸行动，在实现自身发展的同时更多惠及其他国家和人民。中国的发展，关键在于中国走出了一条在开放中谋求共同发展的道路。

坚持共治共处，超越"修昔底德陷阱"，建设安全共同体。要发展，

---

① 《习近平外交演讲集》（第一卷），中央文献出版社 2022 年版，第 286—287 页。

也要安全，二者相辅相成，可谓和平发展。习近平同志指出："世上没有绝对安全的世外桃源，一国的安全不能建立在别国的动荡之上，他国的威胁也可能成为本国的挑战。"[①] 国家和，则世界安；国家斗，则世界乱。我们要完善机制和手段，更好化解纷争和矛盾、消弭战乱和冲突。国家之间要构建对话不对抗、结伴不结盟的伙伴关系。大国要管控好分歧，努力构建不冲突不对抗、相互尊重、合作共赢的新型关系。只要坚持协商沟通、真诚相处，就可以避免"修昔底德陷阱"。

坚持共有共赢，超越结盟思维，建设合作共同体。各国相互联系、相互依存的程度空前加深，人类生活在同一个地球村里，生活在历史和现实交会的同一个时空里，利益交融、安危与共，日益成为一个合作共同体。因此，各国要树立命运共同体意识，真正在竞争中合作，在合作中共赢。

构建人类命运共同体理念的实质是追求包容普惠。习近平同志围绕构建人类命运共同体这一主题，多次在国际重要场合发表主旨演讲，提出"秉持和平、主权、普惠、共治原则""建设一个开放、包容、普惠、平衡、共赢的经济全球化""打造平衡普惠的发展模式"等重要论述。习近平同志提出普惠概念，把普惠作为建设持久和平世界的根本原则，作为推动建设经济全球化的核心理念，作为打造人类发展的一种模式，这值得关注和研究。这种普惠价值是全人类共同价值的实质和核心，是对共同价值的解释、展开、说明。

近代西方为世界输出的是"西方中心论"，在新时代实现中华民族伟大复兴的历史进程中，中国为世界贡献了超越"西方中心论"且能为世

---

① 《习近平外交演讲集》（第二卷），中央文献出版社 2022 年版，第 20 页。

界带来福祉的人类命运共同体理念。构建人类命运共同体理念，实质上是在寻求一种不同于"西方中心论"的世界发展的再生之路，是为解决人类共同面临的"发展赤字、和平赤字、治理赤字、信任赤字"四大难题提供"中国方案"、贡献"中国智慧"。这实际上蕴含了一种不同于西方文明而注重多样性、平等性、包容性、普惠性的中华民族现代文明。

在世界文明谱系中，能与西方文明相提并论的，无疑是以中国为代表的东方文明，一般称为中华文明。中华文明是一种典型的农业文明和内陆文明，起源于夏、商、周三代之前，成型于秦汉，兴盛于隋唐，宋明时达到顶峰，其博大精深的文明成果为人类发展作出了卓越贡献。然而，由于清朝后期统治者的封闭僵化，中华文明在西方工业文明和海洋文明的冲击下迅疾走向衰落。在近代历史上，中国盛极而衰，中华文明也因此背负骂名，曾经成为中国的沉重包袱。全盘西化论因此泛滥，至今仍有一定市场。党的十八大以来，以习近平同志为核心的党中央在国内提出实现中华民族伟大复兴的中国梦，在国际上提出构建人类命运共同体理念，中华文明正发生着凤凰涅槃式的生命更替和现代转换，造就了中华民族现代文明。

无论是古代历史上的"华夏中心论"，还是近代以来的"西方中心论"，都不符合时代发展趋势，都无益于人类永续发展和世界持续繁荣。构建人类命运共同体理念的世界意义，在于它辩证扬弃中华文明，超越西方文明，为人类和世界发展贡献一种中华民族现代文明。这种文明既以中华优秀传统文化、中国人民的革命文化、社会主义先进文化为母体，又合理吸纳西方文明等一切外来文明中的有益成分，还面向未来。中华民族现代文明具有不忘本来、吸收外来、面向未来的文化气度，坚持吐故纳新、博采众长。党的十八大以来，党中央提出的构建人类命运共同体理念，以世界多样统一性、博弈性、不确定性和挑战性为现实依据，以辩证思维、共同体理念、平等包容为思想方法，以国家富强、民族振兴、人民幸福为根本立场，以和平发展、合作共赢为核心理念，以建设利益共同体、价值共同体、发展共同体、安全共同体、合作共同体为核心内容，着力建设物质文明、精神文明、政治文明、社会文明、生态文明的全面文明，着力建设人民共创共享共治的全要素文明，着力建设以构建人类命运共同体为核心的全球文明。它站在人类真理和道义的制高点上，是化解世界冲突、管控国家分歧的"定海神针"，是引导经济全球化走向、构建人类命运共同体的中国方案。

这是中国式现代化的"中国方案存在"。

# 第九节
# 世界贡献：为人类实现现代化提供新的选择

"中国能为世界贡献什么？"这是中国哲学家梁漱溟、英国历史学家汤因比之问，也是毛泽东同志关切的一个重大问题。毛泽东同志说，"中国应当对于人类有较大的贡献"①。《中共中央关于党的百年奋斗重大成就和历史经验的决议》强调，中国特色社会主义新时代是我国不断为人类作出更大贡献的时代。今天我们可以自信地说：新时代中国从实践上为世界贡献了中国式现代化，进而为发展21世纪马克思主义贡献了典型的"中国样本"。

---

① 中共中央文献研究室编：《毛泽东文集》（第七卷），人民出版社1999年版，第157页。

中国式现代化对世界的贡献主要有以下几个方面。

中国式现代化，为人类实现现代化提供了新的选择。过去认为，只要搞现代化，就必须走西方现代化这条唯一的道路。中国式现代化在世界上的成功，破除了"自古华山一条路"的迷思，使人们看到通向现代化的道路是多条的。

创造了人类文明新形态。近代西方文明曾在世界历史上发挥过积极推动作用。然而，自从西方把西方文明演变为一元"帝国文明"，其就蕴含了异化为"野蛮"的基因，这种"帝国文明"因"主客对立"而把整个人类带入了歧途乃至深渊。中国式现代化创造的人类文明新形态，是一种以"主主平等普惠"为根基的"人本文明""民本文明""和合普惠文明""全要素文明""复数文明"，这样的文明为人类实现现代化指明了光明前景。

这可以称为"世界贡献论"，是中国式现代化的"世界性存在"。


# 第十节
# 普惠哲学：主主平等


哲学是时代精神的精华。当今时代的核心进程是人类实现现代化，现代化话语是时代精神的重要内容。在全球范围内，现代化运动和潮流始于西方，在美欧成为"经典"，之后逐渐向东方扩展，并对中国产生强烈冲击。在一定意义上，在 20 世纪现代化话语体系中，"西方"与"现代化"成为紧密相连而又难以分割的关键词。进入 21 世纪以来，中国式现代化逐渐成为全球现代化格局中的一个新方向和新话语。

如何看待上述现代化话语演变及其意义？从纵向看，两种现代化话语体系具有历史时间上的先后之分，体现出先发性和后发性两种异质性。从横向看，两者共生于商品经济阶段，在演进中形成"资本至上"和"人民至上"两种不同的逻辑进路。何以如此？透过表象看本质便发现，归根结底是因为各自现代化背后所依据的哲学根基具有根本区别。总的来说，西方现代化的哲学根基是"主客对立"，底层架构是"主统治客"，中国式现代化的哲学根基是"主主平等普惠"，底层结构是"主体际"分析框架。哲学根基或哲学范式不同，决定了两种现代化实践及其历史命运不同。这是我们研究中国式现代化的宏观历史语境。在此前提下，需要重点分析基于中国式现代化并反过来指导它的当代中国马克思主义哲学的一个重大问题——哲学范式是什么？

一般来说，当代中国马克思主义哲学，是指改革开放以来尤其是基于中国式现代化而形成发展起来的马克思主义哲学，是在对改革开放以来我国理论界哲学研究成果进行清理总结的基础上，在对党的创新理论进行哲学提升概括的基础上，形成发展起来的，是马克思主义哲学中国化时代化的理论创新成果。谈论基于中国式现代化的当代中国马克思主义哲学，首先应搞清楚这是一个"建构性"问题，即当代中国马克思主义哲学是建构起来的。要建构当代中国马克思主义哲学，需要明确其研究对象、基本方法、哲学范式、核心概念、主体理论、总体框架、理论地位等。其中，哲学范式是最为核心的。当代中国马克思主义哲学的新范式，是系统为基的"主主平等普惠"。

西方现代化对推进人类进步和人类文明具有历史性贡献，它极大地推动了生产力的发展，极大地促进地方历史和民族历史转变为世界历史，极大地推进了人类文明的发展。正是基于这种贡献，西方国家在现代化历史演进中，沿着"传统—现代""中心—边缘"的思维路径，逐渐把现代化等于西方化，把西方文明转化为"帝国文明"，并进一步建构起"西方中心论"的理论体系和话语体系。在这种建构中，蕴含着使帝国"文明"异化为野蛮的基因和逻辑。显然，"西方中心论"理论体系和话语体系的哲学根基，是"主统治客"的"主客对立"。西方传统的理性形而上学大多是为"西方中心论"作哲学论证的。威廉斯说，欧洲殖民国家和殖民扩张的衍生国家背后都有一个中心思想作支撑，即西方世界的文明、知识比非西方民族优越。这种优越感让西方世界产生救赎的使命感，一厢情愿地将自我理解的事实强加给非西方民族。

## 一、马克思主义理论体系的哲学基础是"主主平等发展"

马克思主义哲学在对西方现代化"主客对立"哲学根基进行批判的同时，也进行了革命性创造，构建起了新的哲学范式——"主主平等发展"。这主要体现在马克思关于人的发展三形态和社会发展三阶段理论上。在该理论中，马克思对"真正的共同体"或"自由人联合体"的构建和关于"资本批判和理性批判"的内容，对于我们深入理解其哲学范式具有启示意义。

第一，对"真正的共同体"或"自由人联合体"的构建。马克思的历史使命和毕生精力，就是力求超越资本占有劳动并控制整个社会的"资本至上"逻辑，致力于建构一个人类解放、无产阶级解放和每个人自由平等全面发展的理想社会，构建"真正的共同体"或"自由人联合体"，其深层哲学基础就是"主主平等发展"，即人人都作为"主体"且具有"平等性"，人人都能得到自由发展、平等发展、和谐发展、全面发展。这里，"主主平等"与"发展"构成马克思主义理论体系之哲学基础的两个基点。这两个基点，可从文本和逻辑两个方面进行理解和把握。

从文本上看，马克思通过对人的发展三形态和社会发展三阶段的考察，揭示出人类社会发展内含"主主平等发展"之深层逻辑进路。从交换的演进视角出发，马克思将人类社会发展界定为三大阶段：基于人与自然交换的自然经济历史时期，基于人与人进行商品交换的商品经济历史时期，基于人与社会直接交换的未来产品经济历史时期。在此前提下，马克思指出："人的依赖关系（起初完全是自然发生的），是最初的社会形式，在这种形式下，人的生产能力只是在狭小的范围内和孤立的地点上发展着。以物的依赖性为基础的人的独立性，是第二大形式，在这种形式下，才形成普遍的社会物质变换、全面的关系、多方面的需要以及全面的能力的体系。建立在个人全面发展和他们共同的、社会的生产能力成为从属于他们的社会财富这一基础上的自由个性，是第三个阶段。"[①] 人的发展被概括为三种历史形态：基于自然经济历史阶段的"人的依赖"、基于商品经济历史阶段的"物的依赖"的"人的独立性"、基于未来产品经济历史阶段的"自由个性"，体现出"人的依赖—人的独立性—自由个性"发展链条。

人的依赖，根源于生产力低下，即在大自然面前，单个人是渺小的，只能通过群体力量增大生存空间。该阶段，人靠天吃饭，地域性局限是人的发展的基本特征，体现为人主要靠种地（农业）活着，农业生产是主导生产方式，农村是主要生活区域，农民是主体人群。因为地是死的，所以人的流动性有限，由此形成基于地缘和血缘的传统熟人社会和崇拜

---

① 《马克思恩格斯文集》（第八卷），人民出版社 2009 年版，第 52 页。

权力、共同体特别是血缘共同体的社会结构。

人的独立性的形成建立在商品生产的基础上，即人通过社会性生产，在一定程度上摆脱了对自然的依赖，人的自主活动空间加大，人的独立性凸显。在该阶段，人因受制于生产资料的社会部分占有（即私有制），事实上分化成两类群体：拥有生产资料的和没有生产资料的。前者演化为资产阶级，后者演化为无产阶级。从个体角度看，资产者，在交换中除了有劳动力（体力和脑力）资源，还有因占有生产资料而产生的对商品分配的主导权和支配权，即优先拥有一般商品资源。而无产者，因为不占有生产资料，在社会生产中只拥有劳动力这唯一的资源。从性质上看，一般意义的商品是"身外之物"，劳动力商品是"身内之物"。在这种历史背景下，基于"物的依赖"的人的独立性之基本内容就逐渐演化为如下现实情形：在交换中，资产者自然地优先用"身外之物"进行交换，无产者只能用"身内之物"进行交换（即通过出卖劳动力完成交换）。由此商品交换内生出两种交换逻辑，即资本至上逻辑和劳动至上逻辑。在这里，基于"物的依赖"的人的独立性内含三层意蕴。一是人对物的依赖性，即劳动者对商品的依赖，所有的人对商品交换的依赖，体现为劳动是谋生的手段，劳动力成为商品，所有人必须通过商品交换才能生存和生活。从哲学层面看，人创造出商品，但同时又受制于商品及其交换，人的发展呈现出对物的依赖。二是人的全面发展的可能性。对个体来说，随着交换需求的扩大和物质交换的普遍化，世界交往及全球化成为现实，人的能力的全面发展也随之成为可能。三是一定意义的自由性，即人因为商品交换具有了一定的可选择性，人可以自由选择与谁进行交换、不与谁进行交换（当然，因生产力的限制，人们无法选择不交换），人的发展的自由之向度开始在现实中呈现并逐渐凸显。

在自由个性阶段，因为生产力的高度发达，社会物质财富极大丰富，在一定意义上，就物质需求来说，人们想要什么就有什么，社会将实现按需分配。届时，商品交换的需求将消失，商品经济将消失，劳动作为谋生手段的根源也将消失，劳动成为第一需要，人的活动只受客观必然性支配。基于合规律性的自由将成为现实，基于自由个性的人的全面发展也将成为现实。在这个意义上，自由个性内含三个基本点：劳动成为第一需要，人的活动只受客观必然性限制，人的自由而全面发展将成为现实常态。

综合上述人的发展的三种历史形态及其基本内涵可以看到，马克思对人类社会发展的分析，始终围绕的是"历史主体"这一要素，始终坚持的是基于主客统一的"主体际"这一分析框架（或者说是从不同历史时期的主体地位及其主体之间的关系角度展开对历史发展的分析），始终指向人类社会生产力的发展这一向度。质言之，从马克思的文本中，我们看到了其对"主体际""平等""发展"等核心理念的注重和偏好。那么，进一步看，这种方法论意义上的注重和偏好又意味着什么呢？可以进一步深入分析这些核心理念的整体逻辑。

从整体逻辑看，上述核心理念最终指向"发展"与"主体"之间的关系。具体来说，自然经济历史时期，人的发展主要受制于自然条件，生产力水平低下，社会主体主要分化为奴隶与贵族、农民与地主两大对立阶级，阶级斗争是推动社会发展的直接动力；商品经济历史时期，人的发展主要受制于社会生产力水平，生产力水平相对不高，社会主体主要分化为资产者和无产者两大阵营，资产阶级革命、无产阶级专政、科技革命是推动社会发展的重要力量；未来产品经济历史时期，人的发展只受制于客观必然性，生产力水平极大提高，社会主体演化为基于自由个性的"自由人联合体"——这是"真正的共同体",社会发展的力量集中指向人类改造必然王国的科学和技术。不难发现,马克思对人类社会发展的哲学分析具有这样的特征:对人类发展的观察立足于"主体"这一维度,运用的是"主体际"这一分析框架,强调的是"主体性"这一方面,在分析中一以贯之的是"生产力发展"这一主线。换言之,上述特征呈现出这样的逻辑关联:"着眼'主主之间'—强调主主之间的'历史的平等性'(即历史地、具体地分析社会主体)——以贯之'发展'之主线"。例如,在马克思的理论阐释中,我们经常看到这样的情形:无论是分析哪一个历史阶段,总是历史地、具体地分析该阶段社会主体的价值,既强调其推动历史发展的进步性,也批判其阻碍历史进步的反动性,体现的是一种对"主主之间"分析范式的注重,呈现出的是对科学尺度和价值尺度的有机结合,遵循的是一种辩证思维原则。可以说,这种分析完全超越了西方传统的"主客对立"及其"主统治客"简单化、抽象式的形而上学思维模式。从比较意义上看,这种对"主主之间"的范式的高度自觉和对"主客对立"的扬弃,以及对"主统治客"的批判,实质上蕴含了对"主主之间"不是"对立"、不是"统治"之关系的理论伸张。从逻辑角度去分析,假设在 AB 关系模态中,如果不是 AB 二分,不是 A 统治 B 或者 B 统治 A,那就是"A=B",即 A 和 B 是平等的。要言之,马克思对人类社会的哲学观察体现以下逻辑架构:"着眼主主之间—秉持'A=B'模式—聚焦生产力发展"。从一定意义上可以说,马克思主义理论体系的哲学范式可以概括为"主主平等发展"。

第二,"资本批判和理性批判"。马克思不满意西方那种理性形而上学或唯"一"哲学观,认为它有三大根本缺陷:一是抽象性,脱离现实、历史和实践;二是唯一性,强调抽象的"一"统治着现实世界的"多";

三是非革命性，强调"多"服从"一"的统治。于是，马克思就展开了对理性形而上学或唯"一"哲学观的批判，把哲学从天国降到人间。这种批判是从资本批判和理性批判两个维度展开"资本现代性批判"开始的。马克思对物化的批判集中体现为对资本的批判，对资本的批判主要是对资本占有劳动并具有控制社会权力的资本逻辑的批判，批判资本的独立性、主体性；理性批判服从于资本批判，它主要是遏制理性主义或理性形而上学对那个抽象的"一"的无限膨胀，矫正工具理性和科技理性。在马克思看来，他所处的资本主义社会及其现代性基础，是资本逻辑及其运作；资本是处在特定社会关系中的物，具有独立性、个性和主体性，是统治社会的主体力量。用哲学的话来讲，就是资本已经成为资本主义现实社会的"最后本体""终极实在""最高主宰"，具有万物归一的最高主体性、统一性和终极解释性，把整个社会和人都卷入资本主导的逻辑之中，受资本"同一性""总体性"控制。

实际上，资本具有投资、经营、扩张、统治、寄生和伪装的本性，进而具有增殖、自由、掠夺、操纵、功利和恶的基因，这种本性和基因内生出的单向度发展观、理性主义和自由主义，是为资本主导逻辑辩护的，同时也作为资本形而上学，与注重"同一性"的理性形而上学"共谋"，是理性形而上学的"一"在资本主义现实社会的集中体现。显然，资本逻辑的底层逻辑就是"主统治客"的"主客二分"的哲学逻辑。

马克思毕生的历史使命，就是从根本上瓦解资本逻辑、颠覆理性形而上学，实现社会主义和人在思想、现实中的双重解放。其实质就是由资本逻辑走向人本逻辑，追求人类解放、无产阶级解放和每个人自由全面发展的理想社会。显然，马克思瓦解资本逻辑、走向人本逻辑的哲学基础，也同样是"主主平等发展"。

## 二、基于中国式现代化的当代中国马克思主义哲学应确立的新范式是系统为基的"主主平等普惠"

与时俱进是马克思主义哲学的理论品格。在新时代，中国马克思主义哲学应确立什么样的新范式，是一个新的学理性问题。

从源头意义上说，当代中国马克思主义哲学新范式归属于马克思主义哲学的"主主平等发展"范畴序列，这是马克思主义哲学与时俱进的题中应有之义。从当下实践看，中国式现代化实践除了具有人类历史发展的一般性内涵，更具有中国发展的特殊指称和独特历时意义。这意味着，研究中国式现代化需要在发展的一般性中界定出中国发展特质，即要回应"当代中国发展是处于什么阶段的发展，是具有什么特质的发展"这一重大问题，这就需要从历时性角度分析中国发展的历史逻辑，从共时性角度分析中国发展的现实逻辑。从未来发展趋势看，中国式现代化将在人类历史长河中产生什么样的历史影响，将如何改变人类历史进程，也需要在这一新范式中予以揭示。也就是说，新哲学范式要进一步阐释中国式现代化实践的未来走向及其必然性。基于此，关于当代中国马克思主义哲学要确立什么样的新范式，至少应把握三个基本点：一是系统性，以系统思维为基点；二是主体际性，既突出主主之间的"A＝B"之逻辑样态，又强调主主之间的"和而不同"，扬弃"主客二分"之思维；三是普惠性，在遵循发展合规律性的基础上，更要注重发展的合目的性，指向并凸显共享发展、共同富裕发展、和谐共生发展、合作共赢发展等几个向度。一言以蔽之，系统为基的"主主平等普惠"有多方面的内涵。一是它摒弃"主统治客"的"主客二分"哲学范式；二是立足基点是"多种"（多样）要素构成的有机系统，反对基于"一元"的对立；三是把系统各要素都看作主体，而非有的是主体，有的却是客体；四是强调各要素作为主体都是平等的，主体之间是平等关系，具有"平等性"；五是基于中国式现代化，注重主体际所具有的普惠性，即共享发展、共同富裕、和谐共生、合作共赢；六是"主主平等普惠"蕴含"利他为善""化人为善""自我完善""善治普惠"的时代精神。

系统为基"主主平等普惠"的哲学范式，牢牢地植根于中国特色社会主义发展、中国式现代化的"历史逻辑""现实逻辑""理论逻辑""时代逻辑"之中。

第一，系统为基"主主平等普惠"的哲学范式反映了中国特色社会主义发展的历史逻辑。

中国特色社会主义发展的历史逻辑，就是"重点突破—全面发展—系统要素主主平等普惠"。改革开放之初，由于相对注重解决"物"的问题的历史必然性（解放和发展社会生产力，积累社会物质财富），中国特色社会主义建设在实践上的鲜明特征，就是相对"重点突破"。随后，中国特色社会主义实践的发展，走向相对注重"全面发展"，提出的科学发展观便是如此。以党的十八大为历史起点和逻辑起点，中国特色社会主义进入新时代，中国特色社会主义实践的发展就进一步走向了系统要素的"主主平等普惠"。因为新时代，无论是国内还是国外，所要破解的问题大多是系统性问题，而方法取决于问题的本性，破解系统性问题就需要运用系统观念。系统问题首要的是系统的要素及其合理结构和整体功能。新时代新征程，为全面建成社会主义现代化强国、实现中华民族伟大复兴，为弘扬全人类共同价值、创造人类文明新形态、构建人类命运共同体，为解决"人"本身的问题（全体人民共同富裕问题与人本身的全面自由发展、平等发展、和谐发展、全面发展问题），就必然要求注重系统内部各要素都能作为主体且具有平等性和普惠性，只有这样，才能既充分发挥各要素的积极因素及其能量，又激发各要素之合力所发挥出的最佳整体功能（效能）。如今我们所强调的"充分发挥亿万人民的创造伟力""实现全体人民共同富裕""五大文明协调发展""人与自然和谐共生""促进人的全面发展""建立以合作共赢为核心的新型国际关系"等，便是如此。其实质，就是注重共进中的共生、共享、普惠。

第二，系统为基"主主平等普惠"的哲学范式体现了中国式现代化的现实逻辑。

中国式现代化是新时代伟大变革所取得的最大实践创新成果。中国式现代化的本质特征的哲学根基，就是系统为基的"主主平等普惠"。

全体人民共同富裕的现代化，意味着 14 亿多中国人民都是平等共享中国式现代化成果的主体，在享受中国式现代化成果与富裕上具有平等性和普惠性，即"平等富裕"；物质文明和精神文明相协调的现代化，意味着物质文明和精神文明齐头并进、平等发展，在发展理念、安排和机会上具有平等性，即"发展平等"；人与自然和谐共生的现代化，意味着人与自然二者是平等相处、平等交换能量的主体，是平等关系、和谐关系、共生关系，而不是人类掠夺、征服、战胜自然的关系，即"共生平等"；走和平发展道路的现代化，意味着世界各国不论大小、强弱，在主权、规则和机会上，都应当是平等的，都是平等享有国家主权的"主体"，是和平发展、合作共赢关系，而不应实施霸凌主义、霸权主义，即"国家平等"。

第三，系统为基"主主平等普惠"的哲学范式彰显了习近平新时代中国特色社会主义思想的理论逻辑。

时代是思想之母，实践是理论之源。基于中国特色社会主义发展的历史逻辑和中国式现代化的现实逻辑，我们党在继承马克思主义关于人类解放、无产阶级解放和每个人自由平等全面发展的基础上，创立和形成了习近平新时代中国特色社会主义思想。这一思想的理论逻辑之哲学根基，就是系统为基"主主平等普惠"的哲学范式。

习近平新时代中国特色社会主义思想内涵丰富、博大精深，其主要内容包括中心任务、人民至上、新发展理念、"两个布局"、总体国家安全观、创造人类文明新形态、构建人类命运共同体、加强和改进党的建设等。这些主要内容是一个有机的系统整体。

中心任务。中心任务就是"团结带领全国各族人民全面建成社会主义现代化强国、实现第二个百年奋斗目标、以中国式现代化全面推进中华民族伟大复兴"。这"两个全面"是一个有机的系统整体，系统各要素之间都具有平等地位，目标都是实现人民对美好生活的向往，人人过上幸福美好生活，实现共享发展。

人民至上。把人民当作主体，紧紧依靠亿万人民；把人民当作目的，全方位满足人民日益增长的美好生活需要；把人民当作尺度，把发展好维护好实现好最广大人民的根本利益作为衡量我们一切工作的出发点和落脚点；把人民当作根基，牢牢扎根于人民。显然，"依靠人民、为了人民、人民至上、扎根人民"是一个有机的系统整体，且人民都是平等的主体，最终目的是人民共享发展成果即"普惠"。

新发展理念。它是一个系统的理论体系，这一系统或体系中的创新发展、协调发展、绿色发展、开放发展、共享发展具有平等的地位，也具有彼此理解、相辅相成、相得益彰的关系。

"两个布局"。"两个布局"就是"五位一体"总体布局和"四个全面"战略布局。"五位一体"总体布局是一个有机的系统整体，"五位"

之间具有平等地位，是相辅相成、相得益彰的关系。"四个全面"战略布局也是一个有机的系统整体。在坚持全面从严治党根本地位的前提下，全面建成社会主义现代化强国、全面深化改革、全面依法治国具有平等地位，是相辅相成、相得益彰的关系。此外，每一个"全面"也是一个有机的系统整体，每一个"全面"内部各要素之间具有平等地位，是相辅相成、相得益彰的关系。比如，全面深化改革的总目标是发展和完善中国特色社会主义制度，推进国家治理体系和治理能力现代化，这里，制度和治理都是一个系统，即制度系统和治理系统，制度各要素、治理各要素之间相辅相成、相得益彰，制度和治理相辅相成、相得益彰。

总体国家安全观。总体国家安全观包括政治安全、国土安全、军事安全、经济安全、文化安全、社会安全、科技安全、网络安全、生态安全、资源安全、核安全、海外利益安全、生物安全等，这些安全构成一个有机的系统整体，各个安全之间具有协同关系，是相辅相成、相得益彰的关系。

创造人类文明新形态。从学理上讲，中国式现代化能创造出具有人类意义的"人本文明"，包含"主主平等"的多元共赢文明、社会主义民本普惠文明和类本文明，它从本质上区别于并高于资本文明。从哲学维度讲，创造的是以"多样统一""主主平等"为哲学范式的多元共赢文明，区别于西方那种"主客二分"的一元文明。中国式现代化在哲学上坚持"多样统一""主主平等"，强调世界现代化和人类文明的多样性、独特性，注重世界各国要遵循现代化发展和人类文明发展的一般规律，注重世界各国在现代化道路选择和人类文明发展问题上的平等性和互鉴性。这是人类文明新形态在哲学范式上的体现，关乎人类存在和交往方式，属于本源性的人类文明新形态。从关系维度讲，创造的是坚持人民至上，发展全过程人民民主，丰富人民精神世界，实现全体人民共同富裕，不断促进人的全面发展的民本文明。它区别于资本主义社会资本至上、两极分化的资本文明，是共享发展、平等发展、共同富裕基础上的普惠文明。从空间维度讲，创造的是坚持走和平发展道路，强调世界大同、和平发展、合作共赢的类本文明（人类和合文明）。它区别于"西方中心论"、狭隘民族主义、殖民扩张的地域性文明，是基于"主主平等普惠"的类本文明。

构建人类命运共同体。其哲学基础是"主主平等普惠"。中国式现代化要为解决"两个大局"交织互动、"两制并存"相互博弈背景下的"世界向何处去"问题提供新理念新智慧新方案，这就需要弘扬全人类共同价值，尤其是构建人类命运共同体。当今世界正面临百年未有之大变局，也遭遇前所未有的世界困境。习近平同志为寻求人类发展的再生之路，胸怀天下，坚持走和平发展道路，秉持构建人类命运共同体理念。这一理念以人类为主体，以世界多样性统一为现实依据，以国家富强、民族振兴、人民幸福为根本立场，以系统观念、辩证思维、平等包容为世界观方法论，以和平发展、合作共赢、命运与共为核心理念，以建设利益共同体、价值共同体、发展共同体、安全共同体、合作共同体为核心内容。其实质，就是"共存"中的博弈、超越、重构，进而走向"包容普惠"；其深层背后的哲学基础，就是致力于达至"主主平等普惠"。

加强和改进党的建设。其核心内容就是坚持党的全面领导和全面从严治党有机统一。这"两个全面"不仅是一个有机的系统整体，包括一系列系统要素，而且两者之间也是相辅相成、相得益彰的关系。

此外，上述所讲的创造人类文明新形态、构建人类命运共同体，也是依据21世纪世界发展大势和走向的时代逻辑而提出来的。它力求超越

"主统治客"的"主客对立"哲学范式，进而走向注重"主主平等普惠"的哲学新范式。

基于中国式现代化的当代中国马克思主义哲学理应反映和体现中国特色社会主义发展的历史逻辑、中国式现代化的现实逻辑、习近平新时代中国特色社会主义思想的理论逻辑、21 世纪世界发展的时代逻辑，并以此为基础，建构起"主主平等普惠"的哲学范式。换言之，基于中国式现代化的当代中国马克思主义哲学需要确立的哲学新范式，应是"主主平等普惠"。

"主主平等普惠"本质上是一种普惠哲学。"普惠哲学"这一概念，是在推进中国式现代化与推进当代中国马克思主义哲学创新的语境与框架中提出来的。广义的"普惠哲学"是一个包含哲学理念、价值观念、思维方式和行为选择的总体性概念。它在本质上是一种国家哲学，其"思想芯片"就是"主主平等普惠"，因为"主主平等普惠"具有主体性、平等性、普惠性，其出发点是"主主平等"，落脚点是"普惠"。

这实际上是"普惠哲学论"，是中国式现代化的"哲学存在"。

# 第五章

# 中国式现代化的
# 深层逻辑和
# 基本原理

如果说中国式现代化的理论体系是对中国式现代化实践经验的总结概括和理论提升，那么，中国式现代化的深层逻辑和基本原理，则是基于中国式现代化的理论体系进一步揭示其更为深层的理论精髓和灵魂。所以，揭示并阐述中国式现代化的深层逻辑和基本原理，是对中国式现代化理论体系研究的进一步深化。

从中国式现代化理论体系中，可以进一步深刻揭示其深层逻辑和基本原理。由于这些深层逻辑和基本原理是从中国式现代化理论体系中提炼概括出来的对中国式现代化理论体系的某种论述，所以其一定程度上会以不同形式出现在对深层逻辑和基本原理的阐述中。

世界各国的现代化都是现代化，具有共同特征，这是抽象、一般、共性；同时，世界各国都要走向现代化，但"走法"是不一样的，即现代化是非线性的，现代化道路是多样的，各国现代化也具有本国特色或不同特征。"现代化在中国"，主要指的是西方现代化的运动和潮流对中国产生着强烈的冲击及中国的回应。在这一次次回应中，尤其是自中国共产党诞生以后，中国逐渐由被动防御性的回应转为积极主动的应对，掌握了在现代化问题上的历史主动性和主体性，这就形成了"中国式现代化"。中国搞现代化，其初心是用"现代化""化"中国。在进一步推进和拓展中国式现代化的历史进程中，中国的现代化也越来越具有自己的独立性、自主性、主体性、创造性，因而便出现了"中国式"现代化的问题。中国式现代化进一步推进和拓展，逐渐呈现出世界意义，为人类实现现代化提供了新的选择，这就是"中国式现代化"又进一步"化"世界，使世界呈现"向我"的存在。

# 第一节
## 动力、平衡和治理统一论

这主要讲的是现代化的"一般逻辑",它主要回答中国式现代化如何遵循现代化发展一般规律的问题。

从静态、横向即从现代化的一般要素来讲,在从农业社会向工业社会转变的过程中,现代化必然注重工业化、城市化、全球化,注重市场经济、科学技术,注重民主法治、公平正义、自由平等,等等。自改革开放以来,我国社会主义现代化建设总体上也注重这些一般性要素。

从动态、纵向即从现代化发展的一般规律来讲,世界各国的现代化建设和发展都要遵循现代化发展的一般规律,即在现代化起飞阶段相对注重发展动力;在现代化持续运行阶段相对注重发展的平衡、和谐、稳定;当现代化发展动能不足、现代化发展失衡时,要注重治理,推进国家治理现代化。简要来说,就是要遵循现代化建设和发展中的动力、平衡和治理相统一的一般规律。

马克思对西方资本主义社会发展一般规律的揭示,同样适用于西方现代化的发展。这在《共产党宣言》中得到了充分展示和体现。在西方现代化建设初期,首要是解决"物"的问题,即物质财富的积累和经济发展问题。为解决这一问题,就必须首先激发人们从事经济活动的动力和活力。马克思指出,"它第一个证明了,人的活动能够取得什么样的成就。它创造了完全不同于埃及金字塔、罗马水道和哥特式教堂的奇迹;它完成了完全不同于民族大迁徙和十字军征讨的远征。资产阶级除非对生产工具，从而对生产关系，从而对全部社会关系不断地进行革命，否则就不能生存下去"，"生产的不断变革，一切社会状况不停的动荡，永远的不安定和变动，这就是资产阶级时代不同于过去一切时代的地方。一切固定的僵化的关系以及与之相适应的素被尊崇的观念和见解都被消除了，一切新形成的关系等不到固定下来就陈旧了。一切等级的和固定的东西都烟消云散了，一切神圣的东西都被亵渎了"，"不断扩大产品销路的需要，驱使资产阶级奔走于全球各地。它必须到处落户，到处开发，到处建立联系"。① 他又指出，"过去那种地方的和民族的自给自足和闭关自守状态，被各民族的各方面的互相往来和各方面的互相依赖所代替了"，"资产阶级，由于一切生产工具的迅速改进，由于交通的极其便利，把一切民族甚至最野蛮的民族都卷到文明中来了"。② 他还指出，资产阶级"按照自己的面貌为自己创造出一个世界"③，"资产阶级在它的不到一百年的阶级统治中所创造的生产力，比过去一切世代创造的全部生产力还要多，还要大"④。接着，马克思进一步揭露资本主义社会所导致的经济社会发展的不平衡不和谐不稳定：资产阶级"花在工人身上的费用，几乎只限于维持工人生活和延续工人后代所必需的生活资料"⑤，工人群众"不仅仅是资产阶级的、资产阶级国家的奴隶，他们每日每时都受机器、受监工、首先是受各个经营工厂的资产者本人的奴役"⑥，资本主义社会、资产阶级使"工人变成赤贫者，贫困比人口和财富增长得还

① 《马克思恩格斯选集》（第一卷），人民出版社 2012 年版，第 403—404 页。

②③ 《马克思恩格斯选集》（第一卷），人民出版社 2012 年版，第 404 页。

④ 《马克思恩格斯选集》（第一卷），人民出版社 2012 年版，第 405 页。

⑤⑥ 《马克思恩格斯选集》（第一卷），人民出版社 2012 年版，第 407 页。

要快"①。这意味着资本主义社会在其发展的历程中，也要注重解决经济社会发展的不平衡不和谐不稳定问题。如何进一步解决这些问题呢？在马克思看来，最主要的途径和方式，就是全世界无产者联合起来，通过无产阶级的社会主义革命，消灭私有制、消灭剥削、消灭阶级，解放全人类、解放无产阶级，实现每个人自由而全面发展。这实质上就是进行社会革命，而社会革命就是最深刻的治理。其实，在西方现代化建设之初，确实是相对注重"动力、活力"问题，文艺复兴、启蒙运动、工业革命等，都注重激发人的动力、活力。在西方现代化发展进程中，出现了贫富悬殊乃至两极分化情境，由此，西方一些思想家、理论家提出"公平正义""风险社会"理论，强调在实践上应注重解决现代化发展进程中出现的不平衡不和谐不稳定问题；为解决现代化发展进程中动力不足、发展失衡问题，西方一些思想家、理论家又提出"治理""善治"等思想。

现代化发展的这种一般规律，在我国改革开放和社会主义现代化建设新时期也得到更为充分的呈现。改革开放之初，首先注重的是激活我国现代化建设的动力和活力，强调解放思想、解放人、解放生产力，强调敢闯敢干、敢为人先。在我国社会主义现代化进一步发展进程中，在一定程度上出现了发展不全面、不兼顾、不协调、不平衡、不和谐的新情况新问题，于是，我们党提出科学发展观，强调构建社会主义和谐社会。科学发展观依然注重发展，但注重的是科学发展。所谓科学发展，其核心是以人为本，进步要求是全面协调可持续，根本方法是统筹兼顾，实践要求是构建社会主义和谐社会。显然，这是直奔解决发展不全

---

① 《马克思恩格斯选集》(第一卷)，人民出版社 2012 年版，第 412 页。

面、不兼顾、不协调、不平衡、不和谐的新情况新问题而去的，其实质就是注重现代化建设和发展的平衡和谐稳定。党的十八大以后，中国特色社会主义进入新时代，我国发展步入新的历史方位。具有划时代意义的党的十八届三中全会的主题是全面深化改革，全面深化改革的总目标是完善和发展中国特色社会主义制度、推进国家治理体系和治理能力现代化。这就把国家治理体系和治理能力现代化推到了我国历史发展的前台，其实质就是以显著的制度优势更好治理国家，推进国家治理体系和治理能力现代化。

# 第二节
## 统一和多样辩证法

这主要讲的是现代化的"中国逻辑"，它主要回答中国式现代化之"中国式"的问题。

唯物主义辩证法的一个基本原理，就是坚持一般和特殊、共性和个性相统一。

世界上从来没有完全相同的两片树叶，虽然都是树叶；世界上也没有完全相同的两种事物，虽然都是事物；世界上更从来没有完全相同的两个人，虽然都是人；同理，世界上从来没有完全相同的现代化道路，虽然都是现代化。树叶、事物、人、现代化都是具有抽象性的一般概念，是对具体事物和对象的一般性所指，包含具体和抽象、特殊和一般。比如，他是中国人，中国人是他，"他"指具体、特殊，"中国人"讲的就是抽象、一般。中国式现代化同样如此，其本质就是统一和多样相统一、一般和特殊相统一。

世界各国的现代化都是现代化，具有共同特征，这是抽象、一般、共性；同时，世界各国都要走向现代化，但"走法"是不一样的，即现代化是非线性的，现代化道路是多样的，各国现代化也具有本国特色或不同特征。"现代化在中国"，主要指的是西方现代化的运动和潮流对中国产生着强烈的冲击及中国的回应。在这一次次回应中，尤其是自中国共产党诞生以后，中国逐渐由被动防御性的回应转为积极主动的应对，掌握了在现代化问题上的历史主动性和主体性，这就形成了"中国式现代化"。中国搞现代化，其初心是用"现代化""化"中国。在进一步推进和拓展中国式现代化的历史进程中，中国的现代化也越来越具有自己的独立性、自主性、主体性、创造性，因而便出现了"中国式"现代化的问题。中国式现代化进一步推进和拓展，逐渐呈现出世界意义，为人类实现现代化提供了新的选择，这就是"中国式现代化"又进一步"化"世界，使世界呈现"向我"的存在。

中国式现代化既在静态上有各国现代化的共同特征，具有各国现代化的共同要素，又在动态上遵循世界各国现代化发展的一般规律。这是中国式现代化所具有的"共性"，是"统一性"。

中国式现代化之"中国式"，也具有特殊性、个性。它具有三层含义。一是中国式现代化体现着"中国元素"；二是中国式现代化属于中国创造，是在中国共产党领导下创造出的社会主义现代化；三是中国式现代化彰显的是中国范式、中国样本、中国类型，具有类型学和典型样本的意义。

第一，中国式现代化体现着"中国元素"。这里的"中国元素"，主要指中国的历史传统、中华传统文化、中华文明与中国国情、中国具体条件。中国历史是一部奋斗史，一个个历史传说、一个个寓言故事、一个个历史事件，传递的都是奋斗的精神，大禹治水、愚公移山、夸父逐日、后羿射日、精卫填海等，体现的都是中华民族精神与中国人勇于抗争、不怕输、不屈服的气概。更别说中国共产党的历史，更是一部百年奋斗的历史。体现在中国式现代化上，就是积极推动14亿多人口整体迈进现代化社会，充分发挥亿万人民的创造伟力。中华文明注重天下为公、民为邦本、为政以德、革故鼎新、任人唯贤、天人合一、自强不息、厚德载物、讲信修睦、亲仁善邻，强调和而不同、协和万邦、兼济天下，中华文明具有连续性、创新性、统一性、包容性、和平性。这就必然使中国式现代化注重的是全体人民共同富裕的现代化，是人与自然和谐共生的现代化，是走和平发展道路的现代化。中国特色社会主义进入新时代，中国国情、中国具体条件主要体现在社会主要矛盾转变为人民日益增长的美好生活需要和不平衡不充分的发展之间的矛盾，这意味着它要解决我国发展起来以后成为强国即实现强起来的问题，解决大而不强、富而不强、即强未强的问题，解决人民生活美好不美好、国家或民族强不强的问题。这就必然使中国式现代化注重实现全体人民共同富裕，注重物质文明和精神文明协调发展，注重人与自然和谐共生。中国国情、中国具体条件还体现在强国建设民族复兴、和平发展合作共赢、丰富人民精神世界增强人民精神力量，这就必然使中国式现代化注重全体人民共同富裕，注重物质文明和精神文明相协调，注重走和平发展道路。

第二，中国式现代化属于中国创造，它是在中国共产党领导下创造出的社会主义现代化。中国式现代化是在实践中创造出来的，是在中国共产党领导下"走"出来的。这种创造是通过以下几个环节逐步实现的。

首先，以创新性突破且成功推进和拓展中国式现代化"主体本身"

的历史起点，使中国特色社会主义进入新时代。"在新中国成立特别是改革开放以来长期探索和实践基础上，经过十八大以来在理论和实践上的创新突破，我们党成功推进和拓展了中国式现代化。"① 这段话表明：新中国成立特别是改革开放以来的长期探索和实践，是党成功推进和拓展中国式现代化的"基础"，这就保持了中国式现代化同"长期探索和实践"的历史连续性，但它还不是中国式现代化"主体本身"；党的十八大以来党在理论和实践上的"创新突破"，就聚焦和提升为"成功"推进和拓展了中国式现代化，这就突出了中国式现代化"主体本身"同"长期探索和实践"关系的历史阶段性，或"质的创新突破"，亦即飞跃。这意味着，"中国式现代化"主体本身在质上的创新突破并成功推进和拓展的历史起点，是党的十八大。新中国成立后，我们党确立的社会主义基本制度，为实现社会主义现代化提供了制度基础，提出的实现"四个现代化"、独立自主地探索适合中国情况的社会主义建设道路，为实现社会主义现代化提供了物质基础和经验基础。改革开放以来，为追赶世界现代化潮流，我们党积极主动致力于全面实现社会主义现代化，把实现社会主义现代化作为中国特色社会主义的一个总任务，把中国特色社会主义作为实现社会主义现代化的必由之路，看作我们党所取得的根本成就。它为实现社会主义现代化提供了坚实的历史基础、实践基础和理论基础，以及体制保证和物质条件。其实，党的二十大报告对中国式现代化的系列重要论述，都是对接"新时代"即强国建设时代这一历史方位，就是说，"新时代"创造性且质上的突破性成果，就是成功推进拓展了中国式现代化"主体本身"，其目标是"全面建成社会主义现代化强国""实现

---

① 习近平：《高举中国特色社会主义伟大旗帜　为全面建设社会主义现代化国家而团结奋斗——在中国共产党第二十次全国代表大会上的报告》，人民出版社 2022 年版，第 22 页。

中华民族伟大复兴"。

其次,这种创造历经下述基本环节。一是强调"走自己的路",摆脱对西方现代化道路的依赖,确立独立性、自主性和主体性,这是中国式现代化的"自主性成长"。二是赋予走自己的路以"中国"内涵和"社会主义"内涵,即坚定不移走中国特色社会主义道路,这是中国式现代化的"内涵式成长"。三是从中国特色社会主义道路中提升概括出"中国式现代化新道路"及其世界意义,强调中国特色社会主义道路本质上是实现社会主义现代化的道路,且这条道路是具有超越性和先进性的新的道路,不同于并超越了西方现代化道路。其中最主要的,它是中国共产党领导的社会主义现代化道路,是坚持人民至上、坚持以人民为中心的现代化道路,是注重全要素、全方位、全面发展或各方面协调发展的现代化道路,是注重和合包容普惠的现代化道路,是"主主平等"的现代化道路,这是中国式现代化的"世界性成长"。四是从中国式现代化新道路进一步拓展和提升为"中国式现代化",致力于建构中国式现代化的理论体系和话语体系,这是中国式现代化的"理论性成长"或"话语性成长"。

最后,这种创造有其集中体现,实现了"整体转型升级"。这是创新突破、成功建构中国式现代化的第一个鲜明标识。中国要实现的现代化,在逻辑上都是对接"新时代"的,主要是从"新时代"强国建设所推进和拓展的现代化这方面讲的,直接目标是"全面建成社会主义现代化强国""实现中华民族伟大复兴"。这对改革开放之初所讲的"中国式的现代化道路"来说,是一种整体转型升级。一是新时代中国实现的现代化是人口规模巨大的现代化,这是对新时代中国实现现代化的国情、条件、现实基础、难度和贡献的深刻认知:从主体和目标看,我国是14亿多人口整体迈进现代化社会,中国实现现代化对人类实现现代化贡献很大，在一定意义上可以改变世界现代化的版图；从实际和过程看，14亿多人口意味着，中国式现代化取得的巨大成就除以14亿多人口，享受现代化成果之平均值就相对较低，推进和拓展中国式现代化过程中出现的问题乘以14亿多人口，遇到的困难就大、难题就多，因而其艰巨性和复杂性前所未有；从路径和方式看，中国式现代化的发展途径和推进方式必然具有自己的特点，不可照搬西方（其合理之处是需要学习借鉴的，如科学化等），最关键的是要充分发挥亿万人民的创造伟力；从意志和定力看，要"保持历史耐心，坚持稳中求进、循序渐进、持续推进"①。这种认知自觉在改革开放之初是达不到的。二是新时代中国实现的是全体人民共同富裕的现代化，超越了改革开放之初我们所注重的让一部分地区、一部分人先富起来的富裕理念和思路。三是新时代中国实现的是物质文明和精神文明相协调的现代化，超越了改革开放之初一些地方、一些人那种多注重社会物质财富积累而忽视人的精神世界丰富的片面发展方式。四是新时代中国实现的是人与自然和谐共生的现代化，注重绿色发展，超越了改革开放之初一些地方那种经济发展以牺牲自然环境为代价的发展模式。五是新时代中国实现的是走和平发展道路的现代化，更加强调以中国的新发展为世界提供新机遇、注入新动力，更加强调参与全球治理体系改革和建设，以求"以中国发展贡献于世界"，促进合作共赢。这对改革开放之初相对注重在"维护世界和平中谋求国内发展"来说，是一种推进和拓展。此外，新时代中国式现代化更加注重坚持和完善中国特色社会主义制度，推进国家治理体系和治理能力现代化，致力于全面建成社会主义现代化强国、实现中华民族伟大复兴，即解决"强

① 习近平：《高举中国特色社会主义伟大旗帜　为全面建设社会主义现代化国家而团结奋斗——在中国共产党第二十次全国代表大会上的报告》，人民出版社2022年版，第22页。

起来"的问题。这对改革开放之初中国式的现代化道路相对注重提高社会生产力、综合国力和人民生活水平，相对注重解决"富起来"并建设建成小康社会来说，是一种推进和拓展。上述内容表明：中国式现代化继承又推进和拓展了改革开放之初的中国式的现代化道路，是党的十八大以来党在理论和实践上的最大且最成功的创新突破。

中国式现代化从"现代化在中国"走向"中国式现代化在世界"，彰显"世界有我"乃至"世界向我"的存在。这是创新突破、成功建构中国式现代化的第二个鲜明标识。起初提出的"中国特色社会主义道路"，相对侧重于国内实现社会主义现代化、实现中华民族伟大复兴，中国特色社会主义道路是实现中华民族伟大复兴的必由之路；进入新时代后提出的中国式现代化新道路尤其是中国式现代化，在推进全面建成社会主义现代化强国、全面推进中华民族伟大复兴的同时，也注重为发展中国家走向现代化提供新的途径，为人类实现现代化提供新的选择，为解决人类问题贡献中国智慧和中国方案。它为回答"世界向何处去"指明了方向，展现出光明前景，因而在人类实现现代化问题上不仅"世界有我"，而且"世界向我"。

从实践经验到重大论断，再走向理论建构。这是创新突破、成功建构中国式现代化的第三个鲜明标识。在通过"两个结合"进一步辩证解决一般和个别关系问题的过程中，习近平总书记在庆祝中国共产党成立100周年大会上的重要讲话中首次提出"创造中国式现代化新道路"重要论断，党的十九届六中全会通过的《中共中央关于党的百年奋斗重大成就和历史经验的决议》又第一次提出"中国式现代化"重要概念。这是对中国实现现代化实践经验的论断式提炼和概括，但彼时尚未对其理论内涵展开系统阐述。党的二十大报告第一次对中国式现代化作出了系统的理论阐述并初步建构起中国式现代化的理论体系和话语体系。

第三，中国式现代化彰显的是中国范式、中国样本、中国类型，具有类型学和典型样本的意义。世界或人类实现现代化可以有多种类型、范式和方式，中国式现代化是其中一种最具影响力、最具光明前途的类型、范式和方式，为世界现代化或人类实现现代化提供了一种新的范式、新的类型。它不同于西方那种以资本逻辑为主导的现代化，它因"主主平等普惠文明""人本文明""民本文明"，而成为一种具有独特性、鲜明特质和标识性的现代化类型和范式。

中国式现代化坚持统一性和多样性相统一的辩证法，多样性中有统一性，统一性中有多样性。

# 第三节
# 社会主义、中华优秀传统文化
# 和中国具体实际结合论

这主要讲的是中国式现代化的"社会主义逻辑"及"系统整体逻辑"，它主要回答中国式现代化的基本经验是什么的问题。

中国式现代化既立足中国国情，又放眼世界、面向未来，既把中华优秀传统文化作为文化根基，又借鉴西方现代化中的合理因素，既大力推进现代化，又坚持社会主义。它既用现代化来解决社会主义初级阶段社会生产力相对落后问题，又用社会主义、中华优秀传统文化来克服西方现代化的历史弊端，还立足中国具体实际破除对西方现代化的教条主义迷思。概言之，它注重将社会主义、中华优秀传统文化和中国具体实际相结合，把这三者看作一个系统整体。基于这一系统整体，可以理解和把握中国式现代化的本质特征，并大力推进和拓展中国式现代化。这是中国式现代化建设的基本经验，也是中国式现代化的"社会主义逻辑"及"系统整体逻辑"。

西方资本主义现代化在一定历史阶段能带来社会生产力的极大发展，但它以牺牲人尤其是个人自由而全面发展为代价，导致人与自然的疏离、人与社会的疏离、人与人的疏离、人的身与心的疏离。资本主义现代化确实给资本主义社会带来了效率，带来了经济增长与社会物质财富积累，但同时，它也导致了大部分人的片面发展、畸形发展，使人成为社会物质财富积累的工具，成为他人的工具，成为弗洛姆所说的"占有型"的人，成为马尔库塞所说的"单向度的人"。尤其是近代资本主义现代化，导致了人与自然的疏离，把人类看作自然界的主人，把自然界看作人类征服和改造的对象，结果造成了环境污染、生态失衡，进而导致狭隘人类中心主义泛滥；导致了人与社会的疏离，把人看作社会发展的工具，使人为社会发展作出巨大牺牲、付出巨大代价，进而使功利主义、拜金主义泛滥；导致人与人的疏离，使人们总是从自我利益出发看待问题，使人与人之间出现严重的两极分化，结果如霍布斯所说的，人和人的关系像狼对狼，利己主义泛滥；导致人的身与心的疏离，使一些人身体享受现代化物质财富成果的同时，精神上却存在各种心理疾病、情感疾病。此外，还导致西方与世界的疏离，表现为资本主义一些国家总是通过战争、殖民、掠夺的方式实现现代化，奉行霸权主义。上述这些，是对近代资本主义现代化完整而生动的写照。历史和实践证明，资本主义现代化之路已经或正在给人类发展、人类文明带来灾难。

搞现代化，走传统苏联式社会主义之路也行不通。传统苏联式社会主义奉行权力高度集中的计划经济，排斥市场经济；盛行专制，没有把自由平等、民主法制作为社会主义核心价值观；滋生官僚主义，不太注重充分发挥亿万人民群众的创造伟力。

中国式现代化既是中国共产党领导下的社会主义现代化，也是传承发展中华优秀传统文化的现代化，又是立足中国具体实际的现代化，还是吸收人类文明一切有益成果的现代化。中国式现代化要使 14 亿多人口整体迈进现代化社会，就意味着其发展途径和推进路径必然具有自己的特点，因而要始终立足中国具体实际，从国情出发想问题、作决策、办事情；中国式现代化坚持全体人民共同富裕，坚决防止两极分化，体现了中国特色社会主义的本质要求；中国式现代化坚持物质文明和精神文明相协调，物质富足、精神富有是社会主义现代化的根本要求；中国式现代化坚持人与自然和谐共生，不走资本主义那种无止境地向自然索取甚至破坏自然的道路，坚定不移走生产发展、生活富裕、生态良好的社会主义文明发展道路，既体现社会主义本质要求，也体现中华优秀传统文化中的"天人合一"思想；中国式现代化不走一些资本主义国家通过战争、殖民、掠夺等方式实现现代化的损人利己的老路，坚持走和平发展道路，既体现社会主义的内在要求，也彰显中华优秀传统文化中的协和万邦、兼济天下、世界大同的思想。

中国式现代化，把坚持中国共产党领导，坚持中国特色社会主义，实现高质量发展，发展全过程人民民主，丰富人民精神世界，实现全体人民共同富裕，促进人与自然和谐共生，推动构建人类命运共同体，创造人类文明新形态等作为本质要求。历史和实践证明，中国式现代化不仅克服了资本主义现代化的历史弊端，也克服了传统苏联式社会主义之路的历史局限，而且创造了中国奇迹，使中国走向成功，迎来了从站起来、富起来到强起来的伟大飞跃，为发展中国家走向现代化拓展了新的途径，为世界上那些既希望加快发展又希望保持自身独立性的国家和民族提供了新的选择，为解决人类问题贡献了中国智慧和中国方案，为人类实现现代化提供了新的选择，指明了光明前景。

## 第四节
## 实践主体性及自主性、独特性、超越性论

这是中国式现代化在新时代新征程的"民族复兴逻辑"，也是中国式现代化的"实践主体性"逻辑，主要回答中国式现代化就中国式而言"是什么、为什么"的问题，突出中国式现代化之"新"及其主体性、自主性、独特性、超越性。

前面曾对此作过系统阐述，即认为这里的"新"及其主体性、自主性、独特性、超越性是相对于三个方面而言的。一是相对于西方式现代化而言的"新"。西方现代化实现了从"神性"到"物性"的演进，中国式现代化则由"物性"走向"人民性"，它为人类实现现代化开辟出一种新的范式或类型，打破了那种把现代化完全等于西方化的迷思，也努力避免西方式现代化道路的代价。二是相对于我国改革开放之初"中国式的现代化道路"而言的与时俱进意义上的"新"。中国式现代化，既积极避免改革开放之初中国式的现代化前进道路上出现的代价，又明确对接"新时代"，其目标指向贯彻新发展理念，推进国家治理现代化，全面建成社会主义现代化强国、全面推进中华民族伟大复兴。三是相对于中国现代化发展在世界现代化发展进程中的地位而言的"新"。它表明中国式

现代化在世界现代化发展进程中，不断彰显从"世界失我"到"世界有我"再到"世界向我"之步步提升的新地位，也彰显了中国实现现代化的"世界性意义"。

从学理上，可从五大基础深化对中国式现代化的本质特征及其主体性、自主性、独特性、超越性的理解。

政治基础，是中国共产党领导的社会主义现代化。中国共产党领导的社会主义现代化，内在要求它应是全体人民共同富裕的现代化，是物质文明和精神文明相协调的现代化，是人与自然和谐共生的现代化，是走和平发展道路的现代化。这是政治上的本质特征及其主体性、自主性、独特性、超越性。

现实基础，是人口规模巨大。正因为人口规模巨大，所以中国式现代化必须实现全体人民共同富裕，使物质文明和精神文明相协调，促进人与自然和谐共生，走和平发展道路。否则，如出现两极分化、物质主义膨胀的单向度发展、掠夺和破坏自然资源，对14亿多中国人民来说将是灾难。这是现实上的本质特征及其主体性、自主性、独特性、超越性。

理论基础，是新发展理念。贯彻新发展理念对中国式现代化提出了本质要求。创新发展要求中国式现代化的发展途径和推进方式要具有独创性；协调发展要求物质文明和精神文明相协调；绿色发展要求人与自然和谐共生；开放发展要求我们必须走和平发展道路，追求世界和平发展、合作共赢；共享发展要求实现全体人民共同富裕。这是理论上的本质特征及其主体性、自主性、独特性、超越性。

时代基础，是"强国时代"。中国式现代化及其本质特征是在新时代全面建成社会主义现代化强国、全面推进中华民族伟大复兴的时代背景下提出的。其中蕴含着使我国强起来的"强国逻辑"。这是时代上的本质特征及其主体性、自主性、独特性、超越性。

哲学基础，是"主主平等"。西方现代化以两极分化、"单向度"①发展、掠夺自然资源和殖民主义扩张为本质特征，其哲学基础是"主统治客"。它把资本家当作"主"（重占有），把工人当作任资本家宰割的"客"（弗洛姆指出，资本主义制度中的一切经济活动都围绕利润而旋转，这种以利润为取向的社会，是重占有生存方式的基础，这种重占有的生存方式本质上使人的劳动能力成了抽象的金钱活动②）；把人类当作"主"，把自然当作征服和掠夺对象的"客"；把西方世界当作"主"，把非西方世界当作"客"，使"东方从属于西方"③。中国式现代化的哲学基础是"主主平等"，它强调全体人民在实现共同富裕、物质文明和精神文明齐头并进、人与自然的关系、世界各国之间的关系上的"主主平等"。

显然，中国式现代化因为其本质特征而具有实际上的主体性及自主性、独特性、超越性，为实现中华民族伟大复兴提供了切实有效的根本路径，打破了"现代化＝西方化"的迷思，呈现了其高于且优越于西方现代化的特质，拓展了发展中国家走向现代化的路径选择。

---

① 马尔库塞的《单向度的人——发达工业社会意识形态研究》（上海译文出版社）、弗洛姆的《占有还是生存——一个新社会的精神基础》（生活·读书·新知三联书店），都对这种"单向度的人"及其特征有系统的描述、分析和评价。

② 参见［美］埃里希·弗洛姆：《占有还是生存——一个新社会的精神基础》，关山译，生活·读书·新知三联书店1988年版，第75页。

③ 《马克思恩格斯选集》（第一卷），人民出版社2012年版，第405页。

# 第五节
# 守正和创新辩证法

这是中国式现代化的"实践逻辑"，主要回答中国式现代化就实践而言的"目标愿景和实现方略"问题。

第一，关于中国式现代化的"目标愿景"亦即"目标逻辑"，主要回答中国式现代化在实践中"干什么"的目标问题。

要理解和把握中国式现代化的本质要求背后的道理学理哲理，可从三个方面入手。

"本质要求"何意？本质特征和本质要求既有区别又有联系，二者都是"本质性"的，这是共同点，但"本质特征"属于对中国式现代化的本质规定，是中国式现代化之所以成为中国式现代化（得以存在）的本质性根据，离开其根据，中国式现代化就不再是中国式现代化了。"本质特征"属于"属性"范畴，而"本质要求"则是"本质规定"在实践推进中需要实现的目标愿景（实践要求），属于"实践""实现"范畴。

九大本质要求体现的是什么逻辑？它们是按照"总体—五位一体—共同体"的逻辑思路来讲的：坚持中国共产党领导，坚持中国特色社会主义，属于"总体"，管全局、管根本、管引领；实现高质量发展，发展全过程人民民主，丰富人民精神世界，实现全体人民共同富裕，促进人与自然和谐共生，属于"五位一体"，是分别从经济、政治、文化、社会、生态五大领域来讲的；推动构建人类命运共同体，创造人类文明新形态，属于"共同体"，注重于"共同"。

把创造人类文明新形态放在最后位置意味着什么？实现高质量发展，发展全过程人民民主，丰富人民精神世界，实现全体人民共同富裕，促进人与自然和谐共生，推动构建人类命运共同体，是中国共产党领导的中国特色社会主义所创造的人类文明新形态"新"之所在，在一定意义上可以看作人类文明新形态的基本内涵。

第二，关于实现中国式现代化目标愿景的总体方略亦即"保障逻辑"，主要回答中国式现代化在实践中"怎么干"的问题。

推进中国式现代化，是一项前无古人的开创性事业，必然会遇到各种可以预料和难以预料的风险挑战、艰难险阻甚至惊涛骇浪。因此，在以中国式现代化全面推进中华民族伟大复兴与全面建设社会主义现代化国家新征程中，必须增强忧患意识，坚持底线思维，牢牢把握"五个重大原则"，即坚持和加强党的全面领导，坚持中国特色社会主义道路，坚持以人民为中心的发展思想，坚持深化改革开放，坚持发扬斗争精神。①

人们从道理学理上较为关注的问题是：何谓"重大原则"？"重大原则"也属于"实践""实现"范畴，旨在为以中国式现代化全面推进中华民族伟大复兴与全面建设社会主义现代化国家实践提供根本遵循和总体方略。

"五个重大原则"具有怎样的逻辑结构？它们分别回答以下问题："在谁领导下"，以中国式现代化全面推进中华民族伟大复兴与全面建设社会主义现代化国家？以中国式现代化全面推进中华民族伟大复兴与全面建设社会主义现代化国家要"依靠谁又为了谁"？需要采取"何种路径方略"以中国式现代化全面推进中华民族伟大复兴与全面建设社会主义

① 参见习近平：《高举中国特色社会主义伟大旗帜　为全面建设社会主义现代化国家而团结奋斗——在中国共产党第二十次全国代表大会上的报告》，人民出版社 2022 年版，第 26—27 页。

现代化国家？以中国式现代化全面推进中华民族伟大复兴与全面建设社会主义现代化国家的"动力之源"何来？应以什么样的"精神状态"应对全面建设社会主义现代化国家前进道路上的重大考验和风险挑战？因而，它聚焦解决的是以中国式现代化全面推进中华民族伟大复兴与全面建设社会主义现代化国家前进道路上的领导主体、目标追求、路径方略、动力之源和精神状态问题。

"五个重大原则"的目的及实质是什么？它既是以中国式现代化全面推进中华民族伟大复兴与全面建设社会主义现代化国家的根本遵循和总体方略，也是应对前进道路上重大考验和风险挑战的"根本保障"和"定海神针"，提供了领导保证、力量保证、道路保证、动力保证和精神保证。

第三，中国式现代化坚持守正和创新的辩证法。

中国式现代化必须牢牢把握"五个重大原则"，其中，坚持和加强党的全面领导，坚持中国特色社会主义道路，坚持以人民为中心的发展思想，属于"守正"；坚持深化改革开放、坚持发扬斗争精神，蕴含着"创新"。

# 第六节
# 系统为基的战略辩证法

这是中国式现代化的"系统辩证法逻辑"，主要回答中国式现代化就哲学智慧而言的"治理逻辑"问题。

道路决定命运，道路就是党的生命。中国式现代化道路是创造人民美好生活的必由之路，是实现中华民族伟大复兴的必由之路。这一道路，蕴含着丰富的哲学智慧。

第一，中国式现代化道路坚持实事求是和以人民为中心相统一。

中国式现代化道路注重从实际出发，坚持历史维度和价值维度的统一。在中国式现代化道路问题上，不走改旗易帜的邪路，也不走封闭僵化的老路，坚定不移走中国特色社会主义道路，这是坚持实事求是、从客观实际出发认识中国国情，把马克思主义基本原理与中国具体实际相结合必然得出的结论；不走西方以资本为主导的邪路，而是坚持走中国特色社会主义道路，坚持走中国共产党领航的路，坚持走以逐步实现全体人民共同富裕、不断促进人的全面发展为目标的道路，这是坚持以人民为中心。在道路选择上，一要"把准脉"，真正了解中国的历史、文化、传统、国情，了解中国所要解决的根本问题，把握世界现代化发展潮流，这可谓"知"；二要"开好方"，即选择一条立足中国国情、解决中国问题、促进中国成功的正确道路，这可谓"行"。在复杂多变的当代中国，要选择一条正确的道路，必须坚持实事求是和以人民为中心。实事求是，是中国式现代化道路的精髓和灵魂；以人民为中心，是中国式现代化道路的立场和取向。前者侧重历史维度，后者侧重价值维度。只有坚持实事求是和以人民为中心的有机统一，才能达到对事物真正的"知"，而"知"的目的在于"行"。道路选择正确了，就要付诸实践行动，坚定不移走下去。所以，走中国特色社会主义道路，是坚持知行合一的结果。

第二，中国式现代化道路坚持"定位—定标—定法"相统一。

中国式现代化道路注重历史思维，遵循历史发展的逻辑。中国式现代化道路首先要明确"定位"，弄清楚"我在哪里"或"从何出发"，就是确定我国发展的历史方位；历史方位确定之后，就要进一步确定特定历史方位中的奋斗目标，明晰要"走向何方"；目标确定之后，就要进一步选择实现目标的路径和方法。改革开放以来，党的历届中央领导集体都善于运用历史逻辑来解决与道路有关的重大问题。邓小平同志明确指出，"社会主义本身是共产主义的初级阶段，而我们中国又处在社会主义的初级阶段，就是不发达的阶段"①，在这一阶段的首要任务是解放和发展社会生产力；为解放和发展社会生产力，需要在社会主义条件下发展市场经济，发展科学技术。新时代中国共产党的历史使命是实现中华民族伟大复兴；要实现中华民族伟大复兴，在理论上必须以习近平新时代中国特色社会主义思想为行动指南，在实践上要在全面建成小康社会的基础上分两步走，全面建成社会主义现代化强国。

第三，中国式现代化道路坚持"主要矛盾—根本问题—工作重点"相统一。

中国式现代化具有问题意识，注重运用辩证思维解决影响中国发展命运的根本问题。这体现在注重抓住社会主要矛盾，从中揭示所要解决的根本问题，进而确立工作重点。社会主要矛盾，是判断社会整体状况的主要依据，是判断国情的主要依据之一，是我们党制定路线方针政策的主要依据之一，是治国理政的基本遵循。社会主要矛盾蕴含着中国式现代化道路所要解决的根本问题，解决这一根本问题就成为中国式现代化道路要做好的工作重点。中国特色社会主义最本质的特征是中国共产党领导，中国特色社会主义制度的最大优势是中国共产党领导。中国共产党要注重抓住社会主要矛盾，进而从中发现问题、分析问题、解决问题，把解决问题作为工作重点。习近平同志既注重把握新时代我国社会

---

① 《邓小平文选》（第三卷），人民出版社 1993 年版，第 252 页。

主要矛盾，即人民日益增长的美好生活需要和不平衡不充分的发展之间的矛盾，又注重从中确定治国理政所要解决的根本问题，并把解决这一根本问题作为治国理政的工作重点。正如习近平同志所强调的，"要有强烈的问题意识，以重大问题为导向，抓住关键问题进一步研究思考，着力推动解决我国发展面临的一系列突出矛盾和问题。我们中国共产党人干革命、搞建设、抓改革，从来都是为了解决中国的现实问题"[1]。

第四，中国式现代化道路坚持"与时俱进—结合融合—自主创新"相统一。

中国式现代化与时代同步伐，注重创新思维，在融合各种发展要素中推进自主创新。中国的社会主义现代化建设，在其历史进程中必然会面对一系列矛盾双方，如效率和公平、劳动和资本、参与经济全球化和独立自主、跨越式发展和循序渐进等等。习近平同志指出："我国现代化同西方发达国家有很大不同。西方发达国家是一个'串联式'的发展过程，工业化、城镇化、农业现代化、信息化顺序发展，发展到目前水平用了二百多年时间。我们要后来居上，把'失去的二百年'找回来，决定了我国发展必然是一个'并联式'的过程，工业化、信息化、城镇化、农业现代化是叠加发展的。"[2] 这种叠加发展可谓"时空压缩"，中国式现代化道路必须关注这种具有"时空压缩"特征的事实和存在。中国共产党在确定实现社会主义现代化、实现中华民族伟大复兴目标时，总是且必须把各个时段、各种特质的发展要素融合统一起来。比如，我们党强调必须把坚持马克思主义基本原理同推进马克思主义中国化结合起来，

---

① 《习近平著作选读》(第一卷)，人民出版社2023年版，第161页。

② 中共中央党史和文献研究院编：《习近平关于城市工作论述摘编》，中央文献出版社2023年版，第19页。

把坚持四项基本原则同坚持改革开放结合起来，把尊重人民首创精神同加强和改善党的领导结合起来，把坚持社会主义基本制度同发展市场经济结合起来，把推动经济基础变革同推动上层建筑改革结合起来，把发展社会生产力同提高全民族文明素质结合起来，把提高效率同促进社会公平结合起来，把坚持独立自主同参与经济全球化结合起来，把促进改革发展同保持社会稳定结合起来，把物的发展和人的发展结合起来，把发展动力和发展平衡结合起来，等等。在推动这些结合的进程中，中国共产党人经过艰辛探索，积累了宝贵经验，避免了左右摇摆，充分体现了中国共产党人的伟大创造和自主创新。

第五，中国式现代化坚持"重点突破—全面发展—系统谋划"相统一。

以习近平同志为核心的党中央在治国理政的实践中具有强烈的问题意识。习近平同志指出，"要有强烈的问题意识，以重大问题为导向，抓住关键问题进一步研究思考，着力推动解决我国发展面临的一系列突出矛盾和问题"①。我们党在推进和拓展中国式现代化进程中所解决的问题很多，从哲学角度来看，核心是从系统上解决中国特色社会主义现代化建设"由何而来""现在何处""走向何方"等根本性问题。

在改革开放和社会主义现代化建设之初，由于社会主要矛盾是人民日益增长的物质文化需要同落后的社会生产之间的矛盾，我国经济社会发展在实践上相对注重"重点突破"，以经济建设为中心，强调解放和发展社会生产力。基于这种重点突破，我国取得了经济快速发展奇迹。与此同时，也出现了新情况新问题，就是在中国式现代化建设进程中出现

---

① 《习近平著作选读》（第一卷），人民出版社 2023 年版，第 161 页。

了不平衡不和谐不稳定。针对这种新情况新问题，我们党提出了科学发展观，强调基本要求是全面协调可持续，根本方法是统筹兼顾，强调经济建设、政治建设、文化建设、社会建设、生态文明建设全面协调推进。这就把"全面发展"凸显出来了。党的十八大以来，中国特色社会主义进入新时代，在注重全面发展的基础上，习近平同志根据新时代中国式现代化建设面临的大多是系统性问题，强调中国式现代化建设必须坚持系统观念，把中国式现代化建设置于实现中华民族伟大复兴战略全局和世界百年未有之大变局中进行"系统谋划"，进一步强调统筹推进"五位一体"总体布局、协调推进"四个全面"战略布局，注重对开启全面建设社会主义现代化国家新征程作出战略谋划。习近平同志指出："党的十八届三中全会也是划时代的，开启了全面深化改革、系统整体设计推进改革的新时代，开创了我国改革开放的全新局面。"[1] 全面深化改革之所以是"划时代"的，就在于它具有转折性、全局性、根本性与长远性，需从战略上进行"系统整体设计"。这就把从整体上进行"系统谋划"推到历史前台。

基于中国特色社会主义建设历史演进的逻辑，习近平总书记在党的十九届五中全会上鲜明提出坚持系统观念，进一步强调"系统观念是具有基础性的思想和工作方法"[2]，把"坚持系统观念"作为"十四五"时期经济社会发展必须遵循的一个重要原则，为我国经济社会发展提供了基础性的方法论指引。

此外，中国式现代化还坚持"党政主导力量、人民主体力量和市场配置力量"相统一。

---

[1] 《习近平谈治国理政》（第三卷），外文出版社2020年版，第178页。

[2] 《习近平谈治国理政》（第四卷），外文出版社2022年版，第117页。

# 第七节
# 超越"东方从属于西方"框架论

这是中国式现代化的"转型升级逻辑",主要回答中国式现代化就世界历史而言的"世界意义"问题。

中国式现代化使传统中国走向现代中国。不仅如此,中国式现代化也使中国走向世界,使民族的成为人类的。总体来讲,从 1949 年至 2012 年,中国式现代化的推进和拓展相对注重"中国特色"。2012 年,党的十八大召开,中国特色社会主义进入新时代,中华民族迎来了从站起来、富起来到强起来的伟大飞跃,科学社会主义在 21 世纪的中国焕发出强大的生机活力,在世界高高举起中国特色社会主义伟大旗帜。中国特色社会主义道路、理论、制度、文化的不断发展,为发展中国家走向现代化拓展了新的途径,为世界上那些既希望加快发展又希望保持自身独立性的国家和民族提供了新的选择,为解决人类问题贡献了中国智慧和中国方案,也为人类实现现代化提供了新的选择。概言之,中国式现代化使中华民族发展史日趋彰显其人类历史、世界历史意义,正在实现由传统走向现代、使中国走向世界、使民族的成为人类的转型升级,它超越了历史形成的"东方从属于西方"的总体框架。

## 一、中国式现代化所解决的问题具有人类意义、世界意义

中国式现代化处在"两个大局"交织互动、相互激荡的时代背景中。这意味着中国问题也就是世界问题,世界问题也会成为中国问题。中国

式现代化解决的，就是发生在中国的人类问题、世界问题，或者说是世界视域中的中国问题。它为解决人类实现现代化问题提供了典型的"中国样本"。

马克思、恩格斯创立的马克思主义，以19世纪资本主义发展相对成熟的英国为典型样本，解答的根本问题是资本主义为什么必然向社会主义过渡（或社会主义为什么必然取代资本主义），如何实现人类的解放，促进每个人自由而全面发展。列宁所发展的马克思主义以俄国为典型样本，解答的根本问题是小农经济占优势的落后俄国如何向社会主义过渡、如何建设社会主义。毛泽东同志发展的马克思主义，是新民主主义革命与社会主义革命和建设时期，农民占多数的落后国家如何建设社会主义。中国式现代化的实践基础，主要是"两个大局"背景下中国特色社会主义新时代和世界走向，是世界社会主义运动中心转移到当代中国引起的根本变化，解答的根本问题是：中国式现代化如何解释和解决世界社会主义和马克思主义发展进程中提出的重大难题？如何解释和处理"两个大局"背景下社会主义和资本主义、当代中国和世界的关系？如何以中国式现代化、人类文明新形态超越资本主义历史局限，展示社会主义现代化的优越性，为解决人类重大问题贡献中国智慧、中国方案、中国力量？这些问题具有前沿性、总体性、战略性，在世界社会主义发展史、马克思主义发展史上具有重要意义，超载了"东方从属于西方"的总体框架。

**（一）解决如何超越资本占有劳动并控制社会的逻辑问题**

这是人类社会进入资本主义以后面临的难题，可称为"马克思恩格斯之问"。

在《1844 年经济学哲学手稿》《共产党宣言》《资本论》等著作中，马克思、恩格斯毕生直面并批判资本主义社会的总问题，是资本占有劳动并控制社会的逻辑问题，追求的是实现人类解放、无产阶级解放和每个人自由而全面发展。19 世纪马克思、恩格斯的马克思主义就是在破解这一总问题的进程中创立的。这一总问题具有典型性，既涉及社会主义取代资本主义的历史必然性，也是不同历史时期马克思主义者致力于解决的一个带有规律性的根本问题。马克思、恩格斯从理论上为解决这一问题提供了根本路径和方法原则，但需要后人从实践上破解。列宁以"利用和限制国家资本主义"、毛泽东同志以"资本主义工商业的社会主义改造"等，表达了对"资本和劳动关系"所采取的态度。

在马克思主义中国化时代化的历史进程中，新时代中国共产党人致力于在总体上、实践上创新性地破解这一根本问题。这是在推进和拓展中国式现代化历史进程中，通过创造社会主义市场经济，坚持和发展中国特色社会主义基本经济制度（其意义在于用社会主义规制市场经济发展方向，用市场经济激活生产要素，解放和发展社会生产力，同时避免贫富悬殊），贯彻新发展理念，坚持人民至上，确立"以人民为中心"的发展思想来实现的。资本是一种生产关系，进一步说，是基于资本主义生产关系的特殊权力，它首先是对劳动及其产品的占有权力，进而扩展为对经济、政治、文化、社会的控制权力。其由生产关系转化为资本权力再转化为超经济权力，最终成为凌驾于资产阶级社会之上的总体性权力。为解放和发展社会生产力，在推进和拓展中国式现代化历史进程中，新时代中国共产党人正确认识和把握资本的增殖性、运动性、竞争性、独立性和自主性以及逐利的行为规律，发挥资本作为生产要素的积极作用，合理利用和运作资本，注重资本投资对生产要素的聚集和拉动作用，支持和引导资本规范健康发展。资本也具有占有劳动和掠夺扩张的本性，易扭曲人的价值观，影响人的全面发展。社会主义不允许这种占有和扩张成为主导，在中国共产党领导下，我国积极控制资本的消极作用，为资本设置"红绿灯"，依法加强对资本的有效监管，防止资本无序和野蛮生长，把资本主要控制在经济领域且有利于发展社会生产力的框架内。

上述这些构成新时代中国共产党人在推进和拓展中国式现代化历史进程中如何利用和运作资本，同时又致力于把超越资本占有劳动并控制社会的愿景变成现实的内在机理。这在世界社会主义发展史、马克思主义发展史与现代化发展史上，从总体上、实践上解决了马克思主义创始人想解决但未完全解决的一个带有规律性的根本问题，是中国式现代化为解决发生在中国的人类问题作出的世界性贡献。

### （二）解决经济相对落后国家如何全面治理并建成社会主义问题

马克思、恩格斯早年集中关注西欧资本主义的"现存处境"和"发展趋向"。晚年马克思、列宁和毛泽东同志较为关切的，是落后国家如何向社会主义过渡、如何建设社会主义问题。

马克思晚年的《人类学笔记》《历史学笔记》等诸多著述，致力于探究俄国和东方其他落后国家的社会发展道路问题。总的见解是：小农经济占优势的落后俄国，如果能吸收资本主义社会的积极成果，同时又能克服资本主义社会的弊端，就可能跨越资本主义社会的"卡夫丁峡谷"，而向社会主义过渡。[①] 马克思之后，在实践上建立社会主义国家的都是经

---

① 参见《马克思恩格斯选集》（第三卷），人民出版社 2012 年版，第 837 页。

济相对落后的国家，这在整个世界备受关注，也是世界社会主义运动史、马克思主义发展史上具有开创性的伟大历史事件。

在社会主义问题上，马克思强调社会主义"如何取代"资本主义，列宁关注落后俄国"如何过渡"到社会主义，毛泽东同志探寻社会主义建设采取"何种道路"，邓小平同志解答"如何建设"社会主义，习近平同志关注"如何夺取"中国特色社会主义伟大胜利。

1923 年以后，列宁注重探讨小农经济占优势的落后俄国向社会主义过渡的道路问题。其核心思想是，"一切民族都将走向社会主义，这是不可避免的，但是一切民族的走法却不会完全一样"①。当时俄国经济结构是小农经济占优势，社会主义经济十分薄弱。列宁认为，经济文化落后的俄国可以利用国家资本主义改造小农经济，发展社会生产力，从而为向社会主义过渡奠定物质基础，但要把国家资本主义置于苏维埃政权控制之下。

毛泽东同志集中探索的根本问题，是"农民为多数的落后国家采取何种道路实现社会主义"。1956 年，我国确立了社会主义基本制度。

1978 年，中国开启改革开放和社会主义现代化建设新时期。中国的社会主义还处在初级阶段，社会生产力不发达，是一个"不够格"的社会主义。②如何在社会生产力不发达的基础上全面治理并建成社会主义？这对发展 21 世纪马克思主义来说，既是关乎科学社会主义、世界社会主

① 《列宁专题文集　论社会主义》，人民出版社 2009 年版，第 398 页。

② 1987 年 4 月 26 日，邓小平同志在会见捷克斯洛伐克总理什特劳加尔时说，"搞社会主义，一定要使生产力发达，贫穷不是社会主义。我们坚持社会主义，要建设对资本主义具有优越性的社会主义，首先必须摆脱贫穷。现在虽说我们也在搞社会主义，但事实上不够格。只有到了下世纪中叶，达到了中等发达国家的水平，才能说真的搞了社会主义，才能理直气壮地说社会主义优于资本主义。现在我们正在向这个路上走"。参见《邓小平文选》(第三卷)，人民出版社 1993 年版，第 225 页。

义与马克思主义发展命运的根本问题，也是马克思主义中国化进程中迫切需要解决的具有战略意义的根本问题。

改革开放和社会主义现代化建设新时期以来，我们用中国特色社会主义或中国式现代化解决如何建设社会主义问题。我们认识到，"道路决定命运"，建设社会主义的道路具有多样性。破解这一问题的总逻辑是：使"不够格"的社会主义成为"够格"的社会主义，首先要解放和发展社会生产力，为建成社会主义打下坚实的物质基础，为此，就必须大力推进中国式现代化，合理利用在资源配置中起决定性作用的市场，因为市场经济有助于解决能力贡献与利益分配的利益对等这一"同一尺度"问题，体现"公平"原则，能带来效率。在中国搞现代化必须是"社会主义"现代化，必须体现以人民为中心的发展思想，必须在制度和政策上注重"公正"，因为人们之间在天赋和后天方面不可避免地存在差异，而按照能力贡献进行分配的逻辑会拉大人们之间的收入差距，如果不加以有效调节，就会导致贫富悬殊，不利于实现共同富裕，进而影响社会和谐稳定。为保持经济社会发展充满活力，又保持和谐稳定，政府在政治领域根据社会主义"公正""共同富裕"原则，① 通过制度、法律和政策，对收入差距进行有效调节，这里的公正体现为利益均等和共享发展。在社会主义初级阶段搞中国式社会主义现代化，就要根据中国的历史和文化，自主选择适合中国国情的现代化道路，中国特色社会主义是实现社会主义现代化的必由之路。

新时代中国特色社会主义是在与资本主义"竞跑"中展现社会主义

---

① 一般而言，"公平"相对注重衡量标准的"同一尺度"，类似"一视同仁"，"公正"相对侧重价值和伦理评价及其正当性，包括对公平的价值、伦理评价。公正的必须是公平的，公平的未必都是公正的。

制度优越性的社会主义，是能解决经济落后国家全面治理并建成社会主义这一根本问题的社会主义，它沿着这一逻辑继续前行，夺取中国特色社会主义伟大胜利。为此需要解决三大根本问题。一是运用新发展理念，聚焦解决人民日益增长的美好生活需要和不平衡不充分的发展之间的社会主要矛盾，使人民生活美好起来，使国家强起来。新发展理念就是直奔社会主要矛盾而去的，协调发展、绿色发展、共享发展关乎人民共同富裕和美好生活实现，创新发展、协调发展、开放发展关乎解决发展不平衡不充分问题，有助于国家强起来。二是党运用我国国家制度和国家治理体系的显著优势继续创造中国奇迹，把制度优势更好地转化为政党治理、国家治理、全球治理效能，从而奋力实现中华民族伟大复兴。国家制度优势和国家治理效能直接影响实现中华民族伟大复兴的进程。三是以中国式现代化和人类文明新形态为人类作出更大贡献。中国式现代化坚持以人民为中心，注重物质文明、精神文明、政治文明、社会文明、生态文明协调发展，走和平发展道路，致力于构建人类命运共同体，有助于为人类作出更大贡献。

中国特色社会主义是党和人民取得的根本成就，其成功原因在于，党通过完善政党治理与推进国家治理体系和治理能力现代化，逐步实现"六个结合"，即社会主义制度和市场经济相结合，效率和公平相结合，国家制度优势和国家治理效能相结合，经济社会发展的动力机制和平衡机制相结合，促进改革发展和保持社会稳定相结合，经济加快发展和保持民族独立相结合。这既为解决经济落后国家建成社会主义这一全局性、根本性问题，提供了宝贵经验和深邃智慧，也解决了许多发展中国家现代化建设面临的"悖论"（要么经济有活力但社会不和谐，要么社会稳定但经济没活力；要么经济加快发展但国家失去独立性，要么国家保持独立性但经济发展缓慢；享受了现代性成果却付出巨大代价），还使中国特色社会主义发生了由"自我辩护"到"中国主体"再到"影响世界"的历史性转变。[①] 这就以中国方式即中国式现代化破解了马克思、列宁试图破解但在实践上还未破解的难题。对此，习近平同志指出，"怎样治理社会主义社会这样全新的社会，在以往的世界社会主义中没有解决得很好。马克思、恩格斯没有遇到全面治理一个社会主义国家的实践"[②]，列宁"没来得及深入探索这个问题"[③]，苏联"没有解决这个问题。我们党在全国执政以后，不断探索这个问题，虽然也发生了严重曲折，但在国家治理体系和治理能力上积累了丰富经验、取得了重大成果，改革开放以来的进展尤为显著"[④]，"我们的国家治理体系和治理能力总体上是好的，是适应我国国情和发展要求的。同时，我们也要看到，相比我国经济社会发展要求，相比人民群众期待，相比当今世界日趋激烈的国际竞争，相比实现国家长治久安，我们在国家治理体系和治理能力方面还有许多不足，有许多亟待改进的地方。真正实现社会和谐稳定、国家长治久安，还是要靠制度，靠我们在国家治理上的高超能力，靠高素质干部队伍。我们要更好发挥中国特色社会主义制度的优越性，必须从各个领域推进国家治理体系和治理能力现代化"[⑤]。

在世界社会主义发展史、马克思主义发展史与现代化发展史上，中

---

[①] "自我辩护"，就是改革开放之初，因我国社会生产力不发达，人民生活水平不是很高，我们相对注重为中国特色社会主义辩护，论证其历史必然性和价值合理性；中国共产党人具有战略清醒和定力，坚定不移走中国特色社会主义道路，确立了道路问题上的"中国主体"性；中国特色社会主义进入新时代，中国特色社会主义道路、理论、制度、文化不断发展，为解决人类重大问题贡献了中国智慧、中国方案、中国力量，这就是"影响世界"。

[②][③][④][⑤] 中共中央文献研究室编：《十八大以来重要文献选编》（上），中央文献出版社2014年版，第548页。

国式现代化解决了各民族走向社会主义道路具有多样性这一带有规律性的重大课题，为世界各国走向社会主义提供了重要经验，也为解决发生在中国的人类问题作出了世界性贡献。

### （三）解决世界历史进程中发展中国家如何实现现代化问题

1978 年后，邓小平同志最关切的重大问题就是发展中国家尤其是中国如何追赶世界现代化潮流，实现社会主义现代化。

这一问题具有典型意义。若长时间赶不上世界现代化先进水平，人们就会对社会主义产生怀疑，马克思主义就会遭遇信仰危机。19 世纪马克思、恩格斯所创立的马克思主义，通过对世界性生产、世界市场、世界交往的历史进行分析，[①] 揭示了由地方和民族的闭关自守状态向与世界普遍交往转化的规律，即由人们的地域性存在向世界历史性存在转变，使地域性的个人为世界历史性的个人所代替，使历史向世界历史转变，进而使各国各民族彼此影响。[②] 其前提，就是生产、市场、资本流动和民族交往的世界化，这与现代化有关。在社会主义革命和建设时期，中国既没有世界性市场，也没有市场经济，还缺乏世界性交往。由此，中国要解决的一个重大问题就是：中国如何实行改革开放，通过合理集中有效力量办大事的制度优势和提升国家治理效能来解放和发展社会生产力，实现追赶式发展，赶上世界现代化先进发展水平，实现社会主义现代化。

---

[①] 参见《马克思恩格斯文集》（第一卷），人民出版社 2009 年版，第 539 页；《马克思恩格斯文集》（第二卷），人民出版社 2009 年版，第 35—36 页；《马克思恩格斯选集》（第一卷），人民出版社 2012 年版，第 166—167、404—405 页。

[②] 参见《马克思恩格斯选集》（第一卷），人民出版社 2012 年版，第 166—167、299 页。

马克思、恩格斯、列宁、毛泽东同志在实践上未遇到这个问题，其需要当代中国共产党人来破解。一是实行改革开放，注重利用要素驱动、投资规模驱动与世界先进技术、世界资本，来解放和发展社会生产力。二是注重发挥国家制度的显著优势以实现跨越式发展。中国紧紧抓住经济全球化的战略机遇期，充分发挥"调动各方面积极性，集中力量办大事"①的整体优势，不断提升国家治理效能，实现了跨越式发展，使中国作为世界上最大的发展中国家创造了经济快速发展奇迹和社会长期稳定奇迹，②逐步接近世界现代化先进发展水平。三是中国特色社会主义进入新时代，以习近平同志为核心的党中央拓展中国式现代化道路，把实现社会主义现代化、实现中华民族伟大复兴作为中国特色社会主义总任务，坚持守正创新，坚持以人民为中心的发展思想，不断解放和发展社会生产力，贯彻新发展理念，构建新发展格局，统筹推进"五位一体"总体布局、协调推进"四个全面"战略布局，确立全面建成社会主义现代化强国新征程的战略步骤，坚持和完善中国特色社会主义制度、推进国家治理体系和治理能力现代化，积极实现由富起来到强起来的伟大飞跃，从而使中国大踏步赶上了时代。

这就是在世界现代化发展进程中，我们党解决实现跨越式发展、实现社会主义现代化问题的内在逻辑和总体方案。在与世界的关系上，中国实现了由"世界失我"到"世界有我"再到"世界向我"的历史性跨越。"为了实现中华民族伟大复兴，中国共产党团结带领中国人民，解放思想、锐意进取，创造了改革开放和社会主义现代化建设的伟大成就"③，

---

① 《中国共产党第十九届中央委员会第四次全体会议文件汇编》，人民出版社 2021 年版，第 20 页。

② 参见习近平：《在经济社会领域专家座谈会上的讲话》，人民出版社 2020 年版，第 2 页。

③ 习近平：《在庆祝中国共产党成立 100 周年大会上的讲话》，人民出版社 2021 年版，第 5 页。

"实现了从生产力相对落后的状况到经济总量跃居世界第二的历史性突破，实现了人民生活从温饱不足到总体小康、奔向全面小康的历史性跨越"[①]，使中国大踏步赶上了时代，"在人类文明发展史上，除了中国特色社会主义制度和国家治理体系外，没有任何一种国家制度和国家治理体系能够在这样短的历史时期内创造出我国取得的经济快速发展、社会长期稳定这样的奇迹"[②]。

**（四）解决"两制并存"格局中如何以中国式现代化和人类文明新形态发挥社会主义制度优越性，为"世界向何处去"开辟新路问题**

实现中华民族伟大复兴是中国的战略全局，世界正遇百年未有之大变局，这使世界处于"两个大局"交织互动的动荡变革期，也成为最具鲜明的"时代标识"。它意味着中国深度融入并影响世界，世界深度融入并影响中国，这便使中国问题成为世界问题，也使世界问题成为中国问题。这必然使实现中华民族伟大复兴超出中国界限而深刻影响世界历史进程。在"两个大局"交织互动背景下，新时代中国如何站在历史正确一边，站在人类进步一边，以胸怀天下的眼光理解把握资本主义和社会主义的命运，以中国式现代化和人类文明新形态超越资本主义历史局限，充分展示社会主义制度优越性，实现中华民族伟大复兴，进而从人类发展大潮流、世界变化大格局、中国发展大历史角度正确认识和处理中国同外部世界的关系，为解答"世界向何处去"贡献中国智慧、中国方案、中国力量，就成为习近平同志最关切的时代问题，也为习近平新时代中

---

① 习近平：《在庆祝中国共产党成立100周年大会上的讲话》，人民出版社2021年版，第6页。

② 习近平：《坚持和完善中国特色社会主义制度推进国家治理体系和治理能力现代化》，载《求是》2020年第1期。

国特色社会主义思想成为 21 世纪马克思主义、使当代中国马克思主义彰显其世界意义，提供了依据。《中共中央关于党的百年奋斗重大成就和历史经验的决议》指出，"党领导人民成功走出中国式现代化道路，创造了人类文明新形态"，"党推动构建人类命运共同体，为解决人类重大问题，建设持久和平、普遍安全、共同繁荣、开放包容、清洁美丽的世界贡献了中国智慧、中国方案、中国力量，成为推动人类发展进步的重要力量"。

当今世界遭遇百年未有之大变局。其核心内涵，就是世界力量在转移、世界体系在调整、世界话语在重构。实现中华民族伟大复兴是影响大变局的关键变量，西方资本主义国家陷入某种困境是导致大变局的重要原因，这使世界"发生了有利于社会主义的重大转变"[1]。但这种大变局依然是处在社会主义与资本主义长期并存（"两制并存"）格局中的大变局，而"变革"与"重构"构成大变局中的"时代特征"。如何在"两制并存""百年变局""变革重构"中正确处理中国与世界、社会主义与资本主义的关系，有效应对大变局中出现的世界性难题？这迫切需要具有世界意义的理论创新成果来指引，21 世纪是迫切需要理论而且一定能够产生理论的世纪。

自 2008 年国际金融危机之后，世界逐渐陷入困境，集中体现为出现了全球增长动能不足、全球经济治理滞后、全球发展失衡等根本性难题。[2]

世界向何处去？

中国特色社会主义开创之初，着重解决国内解放和发展社会生产力

---

[1]《中共中央关于党的百年奋斗重大成就和历史经验的决议》，人民出版社 2021 年版，第 64 页。

[2] 参见《习近平谈治国理政》（第二卷），外文出版社 2017 年版，第 479—480 页。

从而使中国人民富起来的问题。随着中国特色社会主义的发展，中国式现代化对解决"世界向何处去"问题日益具有重要的世界性意义。习近平同志顺应世界大势和时代潮流，提出中国式现代化、人类文明新形态与构建人类命运共同体这种具有世界意义的中国方案。要义是：强调"世界既具有统一性又具有多样性"的世界观，超越西方"一元主导"世界观；强调"人民至上"的发展观，超越"资本至上"的发展观；强调尊重其他国家根据本国国情自主选择其发展道路的"包容发展"的道路观，超越"西方模式论"的道路观；强调立足"社会化人类"构建人类共建共享共治共同体的世界大同观，超越基于"市民社会"以邻为壑的个人利益观；强调任何国家在主权、规则、机会上应当平等的国家观，体现"主主平等"的哲学思维，超越以"主统治客"为哲学基础的"国强必霸"的国家观；强调和平发展、合作共赢的"互利普惠"的义利观，超越"你输我赢"的义利观；强调"五大文明协调发展""文明互学互鉴"的文明观，超越"文明冲突论"的文明观。上述"七观"，是世界维度的中国式现代化、人类文明新形态与构建人类命运共同体的哲学观，是以多样性、人民性、平等性、包容性、普惠性为本质特征的全要素文明和全球文明，是"两制并存"的 21 世纪，中国共产党人以中国式现代化、人类文明新形态超越资本主义历史局限，为参与全球治理体系改革和建设、推动国际秩序"由变到治"、解答"世界向何处去"所贡献的中国智慧和中国方案，为世界社会主义运动指明了方向。它关乎世界社会主义、马克思主义发展，也在重构世界格局，影响世界历史进程，是中国式现代化为解决发生在中国的人类问题作出的世界性贡献。正如德国前总理施密特指出的，中国的持续成功发展不仅解决了中国问题，也为西方走出困境提供着启示。

### （五）破解世界（人类）现代化进程中普遍遇到的各种矛盾问题

世界各国在推进和实现现代化的历史进程中，普遍会遭遇人和自然的矛盾、人和社会的矛盾、人和人的矛盾、人自身的矛盾。这些矛盾都是世界性或人类性问题，解决好这些矛盾自然具有普遍的世界或人类意义。

第一，人和自然的矛盾。在现代化建设之初，世界各国首要的目标和任务是解决社会物质财富积累、提高人们物质生活水平的问题。为此，各种资源、各种手段、各种条件大多服从于实现这种目标、完成这种任务，这里就有一个目标取舍、价值选择和机会成本问题。资源、手段、条件相对有限，致使大多数国家在解决物质财富积累、提高人们物质生活水平问题的进程中，存在对自然资源的占有乃至掠夺的现象。恩格斯在《自然辩证法》中就描述了当时一些欧洲国家对自然环境的破坏之情境。西方马克思主义、生态学马克思主义也致力于批判一些资本主义国家在实现现代化的历史进程中"无止境地向自然索取"而导致的对自然界的破坏。在我国改革开放之初，也不同程度地出现了环境污染问题。然而值得关注的是，我们党及时地发现这一问题，提出了科学发展观。党的十八大以来，我们党又进一步提出包括绿色发展在内的新发展理念，践行"绿水青山就是金山银山"理念，致力于打赢污染防治攻坚战，把促进人与自然和谐共生作为中国式现代化的本质特征和本质要求，坚定不移走生产发展、生活富裕、生态良好的文明发展道路，基本上解决了人与自然的矛盾，有助于实现中华民族永续发展。

第二，人和社会的矛盾。在现代化建设初期，世界各国首要的目标和任务是解决社会物质财富积累、提高人们物质生活水平的问题，这就必然把整个社会的"物质发展"放在首位，置于社会历史发展的前台，甚至会为了整个社会的物质发展而牺牲人的发展特别是人的精神发展。《1844 年经济学哲学手稿》《德意志意识形态》《共产党宣言》《资本论》等著作，就描述和揭示了当时资本主义社会这方面的情境。一些西方马克思主义者也对此有所分析和批判，如弗洛姆、马尔库塞等。在我国改革开放之初，我们也强调以经济建设为中心，注重解放和发展社会生产力，还没有真正把人的全面发展、人的精神生活共同富裕、丰富人民精神世界、增强人民精神力量等置于社会历史发展的前台。通过总结我国社会历史发展的经验教训，我们党提出科学发展观，尤其是中国特色社会主义进入新时代以后提出新发展理念，强调坚持人民至上、坚持以人民为中心的发展思想，注重解决人民日益增长的美好生活需要和不平衡不充分的发展之间的社会主要矛盾，强调促进人民精神生活共同富裕，强调物质文明和精神文明协调发展，促进物的全面丰富和人的全面发展等。这些都自觉主动地把人本身的全面发展置于我国全面建设社会主义现代化国家的前台并置于特别突出的位置，认为物质富足、精神富有是社会主义现代化的根本要求，不断厚植现代化的物质基础，不断夯实人民幸福生活的物质条件，同时大力发展社会主义先进文化，加强理想信念教育，传承中华文明，从总体上解决了社会发展和人的发展之间的矛盾。

第三，人和人的矛盾。在现代化建设初期，世界各国首要的目标和任务决定了其必然会利用市场经济和资本运作。而在市场经济和资本运作下，人们之间的收入差距拉大，甚至会出现贫富悬殊。这导致人们之间在利益上的冲突和矛盾。马克思所处的资本主义社会，不仅出现了收入差距拉大和贫富悬殊，还出现了两极分化，导致两大阶级即无产阶级和资产阶级的对立、冲突和矛盾。《共产党宣言》和《资本论》，就揭露和批判了这种人与人之间的矛盾。在我国改革开放和社会主义现代化建设初期，一定程度上也出现过收入差距拉大等社会现象。我们党所推进和拓展的中国式现代化，是全体人民共同富裕的现代化，共同富裕是中国特色社会主义的本质要求。我们党坚持把实现人民对美好生活的向往作为现代化建设的出发点和落脚点，采取一系列有效措施，着力维护和促进社会公平正义，着力促进全体人民共同富裕，坚决防止两极分化，取得了重大成效。

第四，人自身的矛盾，即身和心的矛盾。在现代化建设初期，世界各国把满足人们的物质需要并解决人们的生存问题作为首要目标，其实质是解决人之"身"的生存问题。然而，虽然人们的"心"，即思想观念和思维方式会随着时代、实践的发展而发生某种变化，但它相对具有滞后性，即人们的"身"在享受现代化的物质成果，但"心"仍然落后于时代和实践发展所要求的水平，从而导致人的身和心之间的矛盾。弗洛姆、马尔库塞等思想家用大量的篇幅来描述和分析资本主义社会积累物质财富所导致的人的心理疾病、精神疾病、思想病症，所谓"单向度的人""占有型人格"等，就属于这方面的描述。当今的中国，经济快速发展，整个社会也注重积累物质财富，人们之间的收入差距在拉大，这便导致人们的生活节奏相对紧张，社会压力不断增大，心理疾病、精神疾病和抑郁症也在增多。我们党针对这种情境，特别强调广泛践行社会主义核心价值观，提高全社会文明程度，丰富人民精神世界、增强人民精神力量，促进人民精神生活共同富裕，在全社会弘扬劳动精神、奋斗精神、奉献精神、创造精神、勤俭节约精神，培育时代新风貌，从而使整个社会总体上呈现积极向上的气象，使人们的身心达到和谐。

能破解上述根本问题的，归根结底，是中国式现代化道路。"无论搞革命、搞建设、搞改革，道路问题都是最根本的问题"①，"道路问题是关系党的事业兴衰成败第一位的问题，道路就是党的生命"②。中国特色社会主义是党和人民历经千辛万苦、付出巨大代价取得的根本成就，是实现中华民族伟大复兴的正确道路。只要"坚定不移走中国特色社会主义道路，就一定能够把我国建设成为富强民主文明和谐美丽的社会主义现代化强国"③。这些重要论述，充分表明中国式现代化道路对破解上述根本问题具有关键作用。中国式现代化道路有领航、有目标、有方略、有动能，致力于解决主要矛盾和根本问题，是坚持中国共产党领导的道路，是实现全体人民共同富裕的道路，是物质文明和精神文明协调发展的道路，是人与自然和谐共生的道路；也是坚持与时俱进、开拓创新的道路，是以人民为中心、不断解放和发展社会生产力、推进人的全面发展的道路；又是以国家制度优势和治理效能解难题、办大事的道路；还是坚持和平发展、合作共赢的道路。这样的道路底厚、基实、路宽、力足、行稳、致远，具有开放、包容、创新、确定、能动、引领等本质特征，不仅使马克思主义以崭新形象展现于世界，而且具有破解世界社会主义发展历程中的重大难题、人类重大问题和世界困境的底气、智慧、方案和能力。这样的中国式现代化道路在世界社会主义发展史、马克思主义发展史上具有重大意义。这里涉及特殊和普遍的关系。"一般只能通过个别

---

① 中共中央文献研究室编：《习近平关于实现中华民族伟大复兴的中国梦论述摘编》，中央文献出版社 2013 年版，第 28 页。

② 中共中央文献研究室编：《十八大以来重要文献选编》（上），中央文献出版社 2014 年版，第 117 页。

③ 《中共中央关于党的百年奋斗重大成就和历史经验的决议》，人民出版社 2021 年版，第 68 页。

而存在"，"普遍性"只有通过"特殊性"才能表现出来且有意义，这使"普遍性"因特殊性而成为具有鲜活性且能产生现实影响的普遍性，"特殊性"也因普遍性而成为带有普遍性且具有意义的特殊性，进而使普遍性和特殊性因结合而皆对世界显示意义。中国式现代化道路既在于因实现普遍性的价值而使特殊性超越自身，进而具有世界意义，也在于体现"中国性"，又面向"世界性"，此即"任何个别也是一般"。这就是特殊性具有普遍性的逻辑，是"中国式现代化"成为"世界问题"且具有世界意义的逻辑。中国式现代化道路注重普遍和特殊相结合，体现了辩证法的精髓。由此，中国式现代化道路对破解上述根本问题具有世界意义。西班牙塞维利亚大学教授弗朗西斯科·西埃拉指出，当前世界的重心正在从大西洋转移到太平洋，中国走出了一条不一样的发展道路，这条道路正在越来越深刻地影响和改变着世界。

## 二、解决问题的方法具有普遍性

方法取决于问题的本性，分析和解决什么样的问题，往往要采取与之相适应的方法。

现代化发展进程中存在的根本问题，归结起来，一是现代化发展进程中的"物的发展"和"人本身发展"的关系问题，二是现代化发展进程中的动力、平衡和治理问题，三是哲学根基上的"主客对立"和"主主平等"关系问题。分析和解决这三个根本问题，内在要求采取历史唯物主义、唯物主义辩证法和系统观念等哲学方法。历史唯物主义是运用大历史观，用长远视野、宽广视野、整体视野、纵深视野，用历史发展长河中的基本规律分析和解决问题，运用社会结构即生产力和生产关系、经济基础和上层建筑的矛盾运动分析现代化发展的历史，把握现代化发展进程中"物的发展"和"人本身发展"的关系，动力、平衡、治理的关系，"主客对立"和"主主平等"的关系。马克思、恩格斯十分注重运用这种历史方法来分析人类历史发展一般规律和资本主义社会发展规律，《1844 年经济学哲学手稿》《德意志意识形态》《共产党宣言》《资本论》等著作就是如此。唯物主义辩证法实质上就是矛盾分析方法，它注重运用事物的内在矛盾辩证地分析问题、解决问题，理解现代化发展进程中的"物的发展"和"人本身发展"的辩证关系，动力、平衡、治理的辩证关系，"主客对立"和"主主平等"的辩证关系。马克思、恩格斯也十分注重运用唯物主义辩证法来辩证分析资本主义社会的一系列矛盾，《资本论》就是如此。当然，还需要运用唯物主义辩证法的矛盾分析方法分析和解决现代化发展进程中的效率和公平、活力和秩序、动力和平衡、守正和创新、自立自强和对外开放等辩证关系问题。习近平同志在谈到中国式现代化中的重大关系问题时，运用的就是唯物主义辩证法。系统观念也是一种具有基础性的思想和工作方法。分析现代化发展进程中"物的发展"和"人本身发展"的关系，动力、平衡、治理的关系等，都需要运用系统观念。此外，坚持多样性和统一性的统一，也是一种重要的方法。

唯物主义历史观、唯物主义辩证法、系统观念及多样性和统一性关系的哲学思维方法，具有世界意义。唯物主义历史观是关于人类历史发展一般规律的学问，唯物主义辩证法是关于一切事物的矛盾的学问，系统观念是分析一切事物和对象的具有基础性的思想和工作方法，多样性和统一性思维方法也是被现代化发展历史和实践确证了的科学方法。

### 三、中国式现代化理论具有人类意义、世界意义

中国式现代化提出的实现全体人民共同富裕、物质文明和精神文明协调发展、人与自然和谐共生、走和平发展道路，以及实现高质量发展、丰富人民精神世界、推动构建人类命运共同体、创造人类文明新形态等等，都蕴含人类共有的元素与人类共有的文明。

中国式现代化提出的实现全体人民共同富裕、物质文明和精神文明协调发展、人与自然和谐共生等，为发展中国家走向现代化拓展了新的途径。发展中国家实现现代化，先要解决社会物质财富积累和人民物质生活水平提高的问题，这一问题解决以后，就必然把实现全体人民共同富裕、物质文明和精神文明协调发展、促进人与自然和谐共生提上议事日程，置于历史发展的前台。中国式现代化显然为发展中国家走向现代化拓展了新的途径。

在保持自身独立性的前提下，中国式现代化创造了经济快速发展奇迹和社会长期稳定奇迹，为世界上那些既希望加快发展又希望保持自身独立性的国家和民族提供了新的选择。拉美一些国家试图加快本国发展，然而在发展过程中丧失了独立性，成了美西方国家的附庸，结果掉进了"拉美陷阱"而不可自拔。中国式现代化创造了经济快速发展奇迹和社会长期稳定奇迹，同时坚持和加强中国共产党的全面领导，坚持中国特色社会主义道路，坚持以人民为中心的发展思想，坚持深化改革开放，坚持发扬斗争精神，积极发展全过程人民民主，丰富人民精神世界，追求全体人民共同富裕，保持了自身的独立性。显然，中国式现代化为世界上那些既希望加快发展又希望保持自身独立性的国家和民族提供了新的选择。

中国式现代化关于推动构建人类命运共同体、创造人类文明新形态的理论，为解决人类问题贡献了中国智慧和中国方案。当今世界正经历百年未有之大变局，实现中华民族伟大复兴战略全局与世界百年未有之大变局交织互动、相互激荡，把"世界之问""时代之问"提了出来。"世界向何处去？""时代发展的趋向是什么？"中国式现代化所提出的推动构建人类命运共同体、创造人类文明新形态理论，以及关于现代化发展路径的非线性及其蕴含的复数文明等思想，为引领人们跳出资本主义和社会主义"两极对立"的思维，为指引人们超越资本主导现代性的逻辑，为解放全人类并推动每个人自由而全面发展，指明了正确方向，提供了正确思路，也为人类实现现代化展现了光明前景，提供了新的选择，为解决人类问题贡献了中国智慧和中国方案。

## 四、中国式现代化话语具有人类意义、世界意义

从走自己的路，到中国特色社会主义道路，经中国式现代化新道路，再到中国式现代化，是一个在话语表述上，从相对注重"特殊性"到相对注重"普遍性"、从相对注重"中国特色"到相对注重"世界意义"、从相对注重意识形态性到相对注重科学性、从相对注重自主到也注重平等对话、从相对注重描述性（叙事）到相对注重规范性（阐释）的转换和提升进程。

走自己的路、中国特色社会主义道路相对注重"自己""中国特色"，此可谓相对注重"特殊性"，而中国式现代化新道路尤其是中国式现代化虽然也强调"中国式"，但它相对注重"现代化"，这就把"自己""中国特色"提升到现代化这个同一"频道""平台""层面"上进行阐述，提升并呈现"自己""中国特色"所蕴含的"人类意义""世界意义"，其意

义在于使中国走向世界、使民族的成为人类的。

走自己的路、中国特色社会主义道路相对注重"中国特色"，即中国共产党领导的社会主义现代化，具有中华文明的底蕴，坚持人民至上。而中国式现代化新道路尤其是中国式现代化，是从"现代化在中国"到"中国式现代化在世界"、从"世界失我"到"世界有我""世界向我"的转换和提升，中国式现代化的"人类意义""世界意义"被彰显出来了，其意义也在于使中国走向世界、使民族的成为人类的。

走自己的路、中国特色社会主义道路相对注重意识形态性，因为它实际上是要告别对西方现代化道路的迷思和依赖，强调在现代化道路问题上的中国主体性、自主性、独立性、创造性，要告别资本主义现代化，坚持社会主义现代化。中国式现代化新道路尤其是中国式现代化也蕴含着破除对西方现代化道路的迷思，但同时注重在"现代化"这个同一"频道"上与西方现代化进行客观而平等的对话，即这种表述相对注重客观性、对等性，易于被国际社会所理解和接受，其意义又在于使中国走向世界、使民族的成为人类的。

走自己的路、中国特色社会主义道路相对注重描述性的叙事，主要强调中国式现代化具有"中国特色"，是"中国自己"的现代化之路。中国式现代化新道路尤其是中国式现代化，其意义之一，在于表明"中国自己""中国特色"的社会主义之路也是实现现代化之路，它把中国特色社会主义道路转换和提升为"中国式现代化"，把特殊提升和转换为一般。不言而喻，中国式现代化这种话语表述方式，更加注重规范性，其意义还在于使中国走向世界、使民族的成为人类的。

第六章

中国式现代化
开创人类文明
新形态的历史过程
与内在机理

从历史生成维度讲，现代化与文明直接且本质相关，当讲西方现代化时，就会直接从本质上讲西方文明。中国式现代化不同于西方现代化，能创造出人类文明新形态，具有内生人类文明新形态的基因、机理与历史必然性。

　　中国式现代化在动力上，主要依靠的不是资本驱动，而是创新驱动；不是依靠少数人，而是充分发挥千百万广大人民群众的积极性、主动性、创造性；不是喊出震撼世界的词句，而是坚持深化改革开放，深入推进改革创新，坚定不移扩大改革开放，破解深层次体制机制障碍，不断彰显中国特色社会主义制度优势，不断增强社会主义现代化建设的动力和活力。这样的动力有助于推进并实现人类文明。

中国式现代化的实践意义是全面推进中华民族伟大复兴；就世界而言，中国式现代化的最高成果就是创造人类文明新形态，把中国式现代化提升到人类文明高度。

总之，中国式现代化以中国方式奠定了人类文明新形态的根基，辩证地传承发展了中华传统的伦理型文明、扬弃了西方传统的资本型文明，建构起人本型文明。我们既要从人类文明新形态的角度来理解中国式现代化及其世界意义，也应基于中国式现代化来理解人类文明新形态。

所以，本章便从对中国式现代化本身的研究进一步走向对人类文明新形态的研究。这两方面的研究是本质相关的。

# 第一节
# 西方式现代化开创不出人类文明新形态

西方现代化对人类文明历史进步发挥着一定的推动作用。然而，从内在本质和哲学根基上，西方现代化开创不出人类文明新形态。

西方现代化以理性、自由、资本逻辑、"西方中心论"为支柱，其哲学根基是"主客对立"，因而开创不出人类文明新形态，只能生长出西方的单向度文化、资本型文化、殖民扩张式文化。

在目标上，西方现代化追求的是资本增殖，是稳居世界霸主的地位。以此为目标的西方现代化只能内生出资本文明、西方文明，内生不出人类文明新形态。

在道路、路径和方式上，西方认为"自古华山一条路"，把西方现代化道路看作世界或人类实现现代化的唯一的必由之路，没有其他道路可走，其他道路都不是现代化道路。这种理解，实际上是强调现代化发展道路的单线性、唯一性，亦即排他性，认为西方现代化道路蕴含的理性和解放、自由和民主、工业和市场、市民社会和个人利益等，是现代化历史和文明历史上最大的进步，西方现代化道路及其蕴含的文明具有唯一性、标准性和普遍性，因而把"西方现代化道路"解释成"世界现代化的唯一道路"，把"地域文明"解释成"普遍文明"，否认后发国家之现代化道路和文明的主体性、自主性、独特性和创造性，强调后发国家须完全遵循西方设定的"现代化道路"和"文明模式"。这里，它倡导人们膜拜的只是西方现代化道路或西方文明，而不是世界各国实现现代化的道路，它开创不出人类文明新形态。

在主体和动力上，西方现代化并没有真正把人民群众看作历史的主体和历史发展的动力，因而不注重使所有国家或民族迈进现代化社会，并不注重发挥人民群众的创造伟力，更多更主要的是注重少数精英的作用，注重资本的力量。这样的现代化开创不出人类文明新形态。

在性质和立场上，西方现代化是站在资本和资本家的立场上，它主要是把握资本家的愿望、少数资本利益集团的愿望，而不是站稳人民立场、把握人民愿望、尊重人民创造、集中人民智慧。资本性，是西方资本主义现代化的本质属性。这样的现代化自然开创不出人类文明新形态。

在现代化道路上，西方把西方现代化看作人类现代化和世界现代化的中心，认为非西方世界处在传统社会，处在现代化的边缘，还没有迈进现代化社会，因而是愚昧的、蒙昧的、不开化的；它又进一步把西方现代化看作唯一的、先进的、至高无上的，非西方世界要实现现代化，就必须向西方世界靠拢，走西方现代化之路。这实质上就是在强调世界各国对西方现代化模式的膜拜和迷思，而不是对人类文明的追求，开创不出人类文明新形态。

在文明观上，西方所讲的西方现代化蕴含的文明只是单数文明，是"我的"文明，是"为我"的文明，因为坚持个人利益至上的市民社会，是西方文明的立足点。西方坚持单数一元文明观，常常罔顾事实，由他们作为单一主体来解释文明，把他们所解释的文明标准当作最高的、绝对的"唯一"，其实质就是"西方中心论"的"帝国文明"观，具有把文明异化为野蛮的逻辑和基因，根本开创不出人类文明新形态。

在民族观上，西方认为，西方现代化把作为西方文明主体承担者的西方民族看作世界上最文明、最先进、最优秀的民族，具有充分的文明优越感，认为西方世界的民族是"主"，非西方世界的民族是"客"，属于蒙昧、野蛮、未开化的民族，"主"必须统治"客"。借此，以求确立西方民族在整个世界体系中的主宰地位。这样的民族优越论，只能衍生出"帝国文明"，内生不出人类文明新形态。

在人性观上，西方大多强调人性首先是人的自然性，而"人"主要是具有自然属性的实体个人，这样的个人从本性上首要追求的是个人为我的物质利益与自由、民主，认为这是天赋人权，符合自然秩序；而且，个人作为实体性、主体性的为我存在，在追求物质财富中，在私有财产占有中，能找到自我价值，因而应确立为我的物质利益与个人自由、民主的至高无上性。这样的人性论内生不出人类文明新形态。

在社会运行观上，西方对社会运行的总体看法，就是社会进化论，即认为自然界的"丛林法则"和"竞争进化""优胜劣汰"的法则同样适用于社会，也是人类社会普遍适用的治理法则，可以把这些法则全面贯彻到社会一切领域和现实的世俗化进程中。这样的社会进化论根本衍生不出人类文明新形态，内生出的只是一部分人的发展以牺牲另一部分人的发展为代价的少数人文明，而不是真正意义上的"人类"文明。

在评价尺度上，西方现代化所生长出来的"西方中心论"强调的个人主体性、自由、民主都要聚焦到理性上，强调理性具有本质性、逻辑性、同一性、唯一性、普遍性、至上性、永恒性、绝对性、主体性、否定性，理性是最高尺度，一切都要到理性的审判台前加以评判，认为西方国家可依据理性制定具有控制世界最高权力的"世界标准"，应当用这些世界标准裁量其他国家和民族。这种理性万能、理性标准的理性尺度观，只能内生出具有主宰性、统治性的文明，而内生不出人类文明新形态。

在价值观上，西方极力向全世界推广其普世价值，认为自由、民主、人权是普世价值，世界各国应普遍接受，否则就被定义为野蛮、愚昧、落后。这里，自由、民主、人权的主体是西方，而不是全世界人民；关于自由、民主、人权的标准是西方定义和解释的；他们向全世界输出和推广普世价值的目的，是获取利益，你若不接受，就会被围堵打压。所以，普世价值不过是西方为获取本国利益而行使的一种卑鄙手段，是一种美丽的神话和包装，具有抽象性、虚伪性和欺骗性，内生不出人类文明新形态。

在殖民扩张上，西方否定非西方国家、民族，认为西方文明就是世界上最先进的文明，非西方国家、民族要么蒙昧，要么野蛮，要么半开化，西方世界需要行使上帝旨意的"文明开化使命"。其手段和方式之一，就是实行殖民扩张，甚至诉诸暴力或战争。近代以来，西方一直用"文明和野蛮"二分法的强制性话语方式来为自身帝国式的"文明开化"辩护。其中蕴含乃至内生的是"野蛮"，与人类文明新形态背道而驰。

更要从哲学根基上揭示并论证西方现代化内生不出人类文明新形态。这是最为彻底、最为根本的揭示。西方现代化的哲学根基，就是西方形而上学所蕴含的"唯一哲学"。这种哲学，就是强调"一"高于"多"、独断高于宽容、独白高于对话、强力高于平等、控制高于自由、专制高于民主。因此，西方传统的理性形而上学大多是为"西方中心论"作哲学论证的，其实质是强调西方的至高无上性，非西方世界要受西方世界主宰和统治。它内生的是"帝国文明"，内生不出人类文明新形态。

从上述各个角度可以明显看出，西方现代化从基因和逻辑上根本开创不出人类文明新形态，只能内生出"物化文化""单向度文化""资本型文化""殖民扩张式文化"，这种"文化"因在结果上注重绝对一元，又内生出为我、单赢、掠夺、扩张、冲突和暴力，并异化为"野蛮"。于是，就出现了世界上那些"文明"民族或国家以"文明"之名对"不文明"民族或国家采取极端措施，做出令人发指之事，如殖民扩张或充斥暴力。还可以鲜明看出，西方的"线性道路""单数文明""民族优越""天赋人权""社会进化""理性尺度""普世价值""开化使命""美丽神话""唯一哲学"，都是为"西方中心论"辩护和论证的，都蕴含着利己、对立、扩张和冲突的基因。对此，当年马克思、恩格斯在许多著作中都进行了深入的揭露和批判。总之，西方现代化开创不出人类文明新形态。

# 第二节
# 中国式现代化能内生人类文明新形态

在世界文明谱系中，能与西方文明相提并论的，无疑是中华文明。传统中华文明为人类文明发展作出了卓越贡献。中华民族现代文明发源于现代化历史进程，中国式现代化的世界意义，就是创造人类文明新形态这样一种文明范式。从哲学上讲，这意味着需要把中国式现代化提升到人类文明新形态层面加以探究。中国特色社会主义"扬弃"传统中西文明，所创造的中国式现代化，能内生人类文明新形态。这里需要全面深入分析中国式现代化内生人类文明新形态的历史过程与内在机理。

## 一、中国式现代化体现了人类文明演进的一般规律，有其历史逻辑

中国式现代化首先体现了人类文明历史演进的一般规律。其中具有

总体性的一条规律，就是马克思讲的人类发展的三形态，即在前资本主义社会，人的发展呈现为"人的依赖关系"；在资本主义社会，人的发展呈现为"物的依赖基础上的人的独立"；在未来理想社会，人的发展将呈现为"社会生产力全面发展和人的全面发展基础上的自由个性"。马克思毕生批判资本主义社会的总问题，即资本占有劳动并控制社会的逻辑问题，要实现人类解放、无产阶级解放和每个人自由而全面的发展。这一总问题既涉及社会主义文明取代资本主义文明的历史必然性，也是不同历史时期马克思主义者致力于解决的带有规律性的问题——人类文明走向。马克思从理论上为解决这一问题提供了根本路径，但仍需要后人从实践上破解。中国特色社会主义进入新时代，我们党致力于从总体和实践上破解这一问题，而这主要是通过中国式现代化实现的。中国式现代化既超越了中华传统以家庭伦理为基点的伦理型文明，也超越了西方立足于市民社会的"物的依赖"基础上的"资本文明"，开创了立足于人类社会或社会化人类基础上的社会主义"人本文明""类本文明"，其内核，就是坚持社会生产力全面发展和人的全面发展相统一。

历史是人的本质力量的发展史。马克思从三个视角界定历史之本质：一是从劳动本身来界定历史，认为历史是人的劳动的发展史；二是从生产关系角度理解历史，认为历史是生产力同生产关系矛盾运动的历史，是阶级斗争的历史；三是从历史主体界定历史，认为历史是人的本质力量的发展史。后一视角常被人们所忽视。实际上，历史越是往后发展，人的本质力量越在社会发展中显示其主导作用。

历史是"自然界生成为人"的历史，是"人通过人的劳动"的自我创造、自我产生过程。历史可从两个方面来考察，即自然史和人类史。关于这两种历史的关系，马克思在《1844年经济学哲学手稿》中作了分析："历史是人的真正的自然史"①，而人的历史是"自然界生成为人"的历史的一个现实部分，是"人通过人的劳动而诞生"的历史。这里，自然史是自然界生成为人的历史，而人类史是自然界生成人的历史的一部分。质言之，马克思对历史的见解是：社会历史是人通过人的劳动而形成、发展的历史。

要对人的历史的本质作一规定，起码要有历史的主体、历史的内容、历史的手段和历史的目的四个方面的内容。在马克思那里，历史的主体是人（人类、群体和个人，但最终是每个人），历史的内容是人的能力发展和自由的逐步实现，历史的手段是人所追求的自由自觉的创造性劳动，而历史的目的是使每个人实现自由而全面的发展。马克思对历史的见解可具体化为：社会历史是每个人的能力和自由通过劳动而形成、发展和实现的历史。因为自由的实现之关键是人的能力，所以社会历史就其最终目的来讲，实际上就是个人本身力量通过其劳动而发展的历史。

"全部人类历史的第一个前提无疑是有生命的个人的存在。"②但社会历史还有其更深刻的、具有基础性的前提，这就是个人的社会活动和社会关系。在马克思那里，社会活动有三个基本方面：生活资料的生产，即物质生产（满足个人需要的生产）；满足新的需要的再生产；人类生产（家庭）。有生命的个人存在首先表现为生活资料的生产，因此一切历史的第一个前提是生活资料的生产，这种生产是历史的物质基础和基本的物质条件，其他两个条件便是满足人的需要的再生产和人类生产。在马克思看来，人的发展首先表现为他的物质生产能力的发展，因为他的发展首先是在劳动中表现和实现的，这种物质生产能力的发展即社会生

① 《马克思恩格斯文集》（第一卷），人民出版社 2009 年版，第 211 页。
② 《马克思恩格斯选集》（第一卷），人民出版社 2012 年版，第 146 页。

产力的发展。社会生产力在客观上呈现出物的力量，而在既定的原则下不过是对个人本身力量的确证。至于与生产力的发展相适应的交往形式，也不过是由个人自主活动创造的，生产和交往形式不过是个人本身力量发展的不同方面。为充分说明上述观点，马克思还从个人本身力量发展出发来确认社会历史现象，把一些社会历史现象（国家、意识、家庭等）看作现实的个人通过自己的生命活动即劳动在诸对象性关系和社会关系中的自我实现的社会形式。

这样，马克思是把历史看作个人本身力量通过其劳动而发展的历史。这体现了历史手段和历史目的的统一。人的本质力量的发展在历史过程中大致经历了三个基本阶段。马克思的三形态理论可以作为一种分析框架来分析人类文明新形态出现的历史必然性。

### （一）前资本主义社会：原始的丰富、人的依赖关系、自我牺牲

"原始的丰富""人的依赖关系""自我牺牲"是马克思关于前资本主义社会形态中人的发展所提出的三种基本的历史表现形式或三个本质特征，关乎农耕型文明、伦理型文明。

马克思从不同视角对这一形态中人或个人发展作了不同描述。

从人的发展同其活动的关系出发描述人的能力发展之特征，马克思将其概括为"原始的丰富"。其中的"丰富"是指由人的劳动活动浑然一体而来的人的能力的"全面性"，涉及个人的社会关系、劳动活动和能力。人的发展在早期阶段之所以具有"丰富性"，是因为那时人所从事的活动还没有被分割，单个人在共同体中同他人共同从事多种或一种活动的各个方面。人的活动之多面性，便"要求主体生产出某些才能"。其中的"原始"主要是指能力的局限性或原始性，即在农业文明时代，在

农业活动中，人的能力的发展是不自由、不充分和缺乏深刻内容的，而且只限于一定范围之内（一个共同体内部）。之所以如此，马克思认为，主要是因为还没有出现社会分工，没有形成丰富的社会关系，所具有的只是一种原始关系。在人的发展的早期，人们主要限于在共同体内共同从事某些只为自己利益的相同活动，并只限于人同自然的一种物质变换活动，人们的关系也只限于个人对共同体的依赖，作为个人的单个人之间、共同体之间、不同共同体的人之间，则缺乏丰富的联系。这就是说，人们原始的活动和能力，是同原始的社会关系相适应的，或人们之间狭隘的关系导致人的活动和能力的狭隘性。

从人的能力发展的社会基础入手，描述人的社会关系和个性的发展特征，马克思将之概括为"人的依赖关系"。在人的发展的早期或农业文明阶段，个人依附于特定的共同体，在其中，个人被局限于特殊的社会职能，并与共同体发生特定的社会关系，普遍性只属于共同体。共同体表示的是一种关系，个人对共同体的从属因而是一种关系的从属（或依赖），这就是"人的依赖关系"。就是说，在这一共同体中，个人与其他人是按照他们在共同体内的地位、作用和职能以及自然血缘而发生关系，而不是依个人需要发生关系。这里，马克思指出了"人的依赖关系"的两种基本形式：人的统治服从关系；人的自然血缘关系。这种依赖关系表明，在早期，人的联系是局部的、地域性的和单一的，因而是原始的或贫乏的。

从人的能力发展之方式和性质入手描述人的发展特征，马克思将其概括为"自我牺牲"。人的能力、社会关系和个性在前资本主义社会的发展，具有自己的实现方式及性质，这就是"自我牺牲"。这是那时绝大多数个人自我发展的主要方式。具体来说，在人的发展的早期，个人是实现共同体目标的工具，而这一点就意味着某种程度上的"自我牺牲"：个人只能在共同体的从属关系中发展自己的才能，任何有利于个人或个人利益的思想一律被排斥在外；个人的一切必须无条件地服从集体；个人只有根据或完全依照共同的利益来活动，或个人只有把他的本质力量、人格、个性和理想等全部转让给集体（公社、君主国家、封建王国），才能从中发展起自己的某些技能、社会联系和个性。

### （二）资本主义社会：畸形发展、个人独立、利己主义

"畸形发展""个人独立""利己主义"是马克思对资本主义社会中个人发展的三种历史表现形式或三个本质特征的概括，关乎工业文明、资本文明。

马克思从个人发展同社会分工的关系入手描述人的能力发展特征，将其归结为"畸形发展"。在马克思看来，社会分工自出现后慢慢地侵入了生产劳动过程，随后出现了作为真正分工的人的物质劳动和精神劳动的分离。这样，"某种智力上和身体上的畸形化，甚至同整个社会的分工也是分不开的"[①]。工业社会的机器大生产使工人成为机器单纯的附属品。过去是终身专门使用一种局部工具，现在是终身专门服侍一台局部机器。

从个人能力发展的社会基础出发阐述人的社会关系和个性之发展的特征，马克思将其描述为"以物的依赖性为基础的人的独立性"。社会分工使"每一个人的个人生活同他的屈从于某一劳动部门以及与之相关的各种条件的生活之间出现了差别"[②]，即出现了"个人独立"。社会功能的划分以及各种功能固着于不同类别的人们，意味着个体已经不只属于单

---

[①] 《马克思恩格斯文集》（第五卷），人民出版社 2009 年版，第 420 页。
[②] 《马克思恩格斯文集》（第一卷），人民出版社 2009 年版，第 571 页。

一的共同体，而是同时属于若干不同的群体，这就给个人以独立。这种独立表现在人有自己支配自己劳动力的权利，人身也不依附他人。但这种独立主要以"物的依赖关系"为基础。与此相应，个人力量成为物的力量，人只有通过物或依赖于物（或物化），才能得到表现和确证。于是，就产生了"物的依赖关系"，即"与外表上独立的个人相对立的独立的社会关系"。这种"物的依赖关系"使个人独立成为表面。原因在于：这种社会关系作为人的条件限制着个人，个人必然从属于它们，并受它们统治；这种社会关系由于个人间的分离而成为个人无法驾驭的社会力量。这是"物的依赖关系"对个人发展的消极一面。马克思还看到了"物的依赖关系"中的积极一面，这就是它为社会形成了较全面和丰富的社会关系、需求和能力，为向共产主义过渡提供了物质基础。在马克思看来，资本主义工业社会出现的"物的依赖关系"有三种基本形式：交换者的相互关系对货币或交换的依赖；劳动对资本的依赖；劳动对机器体系的依赖。"毫无疑问，这种物的联系比单个人之间没有联系要好，或者比只是以自然血缘关系和统治从属关系为基础的地方性联系要好。"①

　　马克思还从个人能力发展之方式和性质入手说明个人发展的特征，将其称为"利己主义"。这是马克思当时所处的资本主义工业社会中大多数个人发展的主要形式。它作为一种明确原则，形成于那个开始大量地造成"孤立的个人"和"利己主义"的 18 世纪，其产生的基础（根据）是资本主义私有制、社会生产的基本规律、竞争关系和工业社会的旧式分工。奉行这一原则的人，在自我发展的过程中，把自我的需要、利益和个性看得高于一切，而把他人和社会视为自我发展的障碍和威胁。资

---

① 《马克思恩格斯文集》（第八卷），人民出版社 2009 年版，第 56 页。

本主义竞争和垄断时期的社会现实以及一些思想家对这种现实的揭露，已证明这一点。

### （三）共产主义社会：全面发展、自由个性、个人和社会的一致

"全面发展""自由个性""个人和社会的一致"是马克思基于对第一、第二两大社会形态中个人能力发展之本质特征的考察，而对个人在第三大社会形态——未来共产主义社会中发展趋向的基本描述和愿景展望，关乎生态文明、人本文明、类本文明。

马克思取古代人的发展形式之崇高（人表现为目的和形式上的全面），摒弃其内容之原始，取资本主义社会个人发展的内容之深刻（形成的普遍或全面的社会联系、多方面的需求和全面的能力体系），摒弃其形式的鄙俗和狭隘（物的异化之形式），并将古代和资本主义社会人的发展之合理形式和内容有机地结合起来。

正是基于上述考虑，马克思从三个角度对个人能力的未来发展趋向及本质特征作了展望性的愿景描述。

第一，从个人能力发展的总特征入手展望个人未来发展趋向，指出这是个人的自由发展、和谐发展和全面的发展。这一特征包括如下要素：个人之个性的自由发展、个人的社会关系的和谐发展、人之类特征的应有发展。这三个要素的有机统一，便是个人的"全面发展"。

第二，从个人能力发展的社会基础出发展望个人的社会关系和个性的未来发展，将其描述为"个人关系基础上的自由个性"。"个人的独创的和自由的发展"，即个性的自由发展，其最高成果是"自由个性"的形成。"自由个性"，是指个人能作为个人且能根据其意愿充分自由地表现和发挥其创造能力，可以自由地实现自己的个人生活和社会生活。具

体来说，它包含如下几个方面：与他律相对应的自律性，即能自己制约、支配自己；与强制性相对应的自由性；与盲目自发性相对应的自觉性，即能意识到自身和外部活动条件；与依附性相对应的独立自主性，即能自己支配自己的生存条件和活动；与重复性相对应的独创性。这种自由个性之所以能够形成和实现，在于它以人的能力全面发展为基础和条件，因为这种能力可以使人驾驭人的发展的外部物质条件。这里，自由个性以人的能力全面发展为基础，实质上就是一种"能力依赖"。

第三，从个人能力发展之方式和性质着眼来展望个人未来发展之目标，将其归结为"个人发展和社会发展相一致"。这实际上是共产主义社会中每个人自由而全面的发展之方式或本质特征。根据这一思想，个人在发展中，一方面不像"自我牺牲"那样泯灭个性，而是在社会以充分发挥人的天赋、潜能、本质力量和创造性为目标的背景下，积极建立自己全面丰富的对象性和社会性的关系；另一方面，也不像"利己主义"那样唯我独尊，不顾一切地发展自己，而是自由而全面地发展其能力，并将其固定在符合和促进整个人类社会发展这一指向上。这种方式作为普遍现实确定下来，自然只能开始于共产主义社会。这一方式表明：个人在共产主义社会中，其发展之理想方式，既是自由自觉的发展，又是朝着符合社会的方向发展。

综上所述可以看出，个人发展在其历史过程中表现为一系列历史形式。这就是：依个人发展同社会劳动分工的关系，人的能力发展之本质特征表现为由"原始的丰富"经"畸形发展"到"自由而全面的发展"；依个人能力发展的社会基础不同，个人的社会关系和个性表现为由"人的依赖"经"物的依赖"到"能力依赖"的发展（过去人们只注意到前两种依赖而没有看到"能力依赖"及其理论价值和实践意义）；依个人能力发展之方式和性质不同，个人发展表现为由"自我牺牲"经"利己主义"到"个人发展和社会发展相一致"的发展。从对这些形式的考察可以看出，马克思在"人的历史发展"问题上，主要采取的是历史比较方法和科学观点同价值观点相统一的方法。

人的"全面发展""自由个性""个人和社会的一致"蕴含着对全面发展、平等发展、和谐发展、人本逻辑的追求，也蕴含着人的自主、人的自觉和人的自律的有机统一，它进而蕴含着对单向度发展、资本主导逻辑、战争或暴力的超越。自然，其中就必将内生出一种人类文明新形态，即"人本文明"。中国式现代化把全体人民共同富裕、物质文明和精神文明相协调（包含促进物的全面丰富和人的全面发展）、人与自然和谐共生、走和平发展道路作为本质特征，把丰富人民精神世界、实现全体人民共同富裕、促进人与自然和谐共生、推动构建人类命运共同体、创造人类文明新形态作为本质要求，故而能内生出人类文明新形态。

## 二、基于中国式现代化的典型样本来理解其内生人类文明新形态的内在机理，有其实践基础

人类文明形态有多种，中国式现代化创造了一种人类文明新形态。一般要通过特殊实现，特殊蕴含一般。走向人类文明的路径和方式是多样的，中国式现代化是实现人类文明的具有典型"中国样本"的实践方式，对走向人类文明能作出具有世界意义的贡献，甚至在一定意义上引领着人类文明的走向。

第一，基于中国式现代化的历史演进逻辑理解其内生人类文明的机理。一是在新民主主义革命时期、社会主义革命和建设时期，我们党强调走自己的路。这既告别了对西方现代化道路的依赖，也使中国式现代

225

化具有了独特性，从而在中国式现代化道路问题上具有了主体性。这就为创造人类文明新形态提供了主体性基础，具有了"中国主体性"。二是在改革开放和社会主义现代化建设新时期，我们党强调坚定不移走中国特色社会主义道路。这既突出了中国式现代化道路的"中国特色"，又坚定了中国式现代化道路的"社会主义"性质和方向。这就为创造人类文明新形态指明了"社会主义方向"。三是在中国特色社会主义新时代，我们党在理论和实践上的创新性突破，就是成功推进和拓展了中国式现代化，创造出了中国式现代化新道路。中国式现代化新道路，坚持人民至上，坚持以人民为中心的发展思想，这就为超越西方现代化的资本文明进而创造"民本文明"奠定了坚实基础。"中国主体性"，实质上讲的是人类文明新形态是中国式现代化自主创造的；"中国特色"和"社会主义"，实质上讲的是人类文明新形态的社会主义方向和目标；"民本文明"，实质上讲的是人类文明新形态的根基与核心。

第二，基于中国式现代化实践的丰富内涵理解其内生人类文明的机理。中国式现代化是中国共产党领导的社会主义现代化，同时也是全体人民共同富裕的现代化，它坚持"人民至上"，具有人民情怀，因而具有人民性、公正性、普惠性，突出社会主义的人本向度和中国特色社会主义的民本向度，为创造民本文明、和合普惠文明奠定了基础；中国式现代化是物质文明和精神文明相协调的现代化，推动"五大文明协调发展"，具有系统性、协调性，突出全面发展向度，为创造全要素文明奠定了基础；中国式现代化是人与自然和谐共生的现代化，具有持续性、福祉性，突出生命共同体向度，为创造人类文明指明了新的方向；中国式现代化坚持走和平发展道路，坚持胸怀天下，注重化人为善、德行天下与人类发展进步，具有包容性、普惠性，突出世界向度，为解答"人类文明向何处去"贡献了中国智慧和中国方案，为人类实现现代化提供了一种符合人类文明发展方向的新的选择。

## 三、基于系统整体思维理解中国式现代化内生人类文明新形态的机理，有其框架性依据

我们可以把中国式现代化的目标、实现方式、动力、立场、性质、主体作为一个系统整体，来理解和把握中国式现代化为何可以内生人类文明新形态。

中国式现代化的目标，是为人民谋幸福、为民族谋复兴、为世界谋大同、为人类谋进步，实现发展为了人民、发展依靠人民、发展成果由人民共享，让现代化建设成果更多更公平惠及全体人民。人民、民族、世界、人类都直接与人类文明本质相关，都是朝着人类文明发展的方向前行的。

中国式现代化实现目标的道路和方式，是依靠人民，充分发挥亿万人民的创造伟力，是以强国建设、民族复兴与和平发展、合作共赢的方式实现现代化，是以共创共治共享的方式实现现代化。这种方式是有利于走向人类文明的方式。

中国式现代化在动力上，主要依靠的不是资本驱动，而是创新驱动；不是依靠少数人，而是充分发挥千百万广大人民群众的积极性、主动性、创造性；不是喊出震撼世界的词句，而是坚持深化改革开放，深入推进改革创新，坚定不移扩大改革开放，破解深层次体制机制障碍，不断彰显中国特色社会主义制度优势，不断增强社会主义现代化建设的动力和活力。这样的动力有助于推进并实现人类文明。

中国式现代化站在人类社会的立场上，具有人类眼光，其远大志向

是使全人类共同实现现代化。中国共产党是为人类谋进步、为世界谋大同的马克思主义政党。党和人民事业是人类进步事业的重要组成部分。100多年来，党以自强不息的奋斗深刻改变了世界发展的趋势和格局。党推动构建人类命运共同体，为解决人类重大问题，建设持久和平、普遍安全、共同繁荣、开放包容、清洁美丽的世界贡献中国智慧、中国方案、中国力量，是推动人类发展进步的重要力量。

### 四、基于"主主平等普惠"的哲学根基，理解中国式现代化内生人类文明新形态的内在机理，有其哲学基础

从哲学本源（本体）逻辑讲，中国式现代化创造的是以"多样统一""主主平等"为哲学范式的多元共赢文明，区别于西方那种具有"同一性""主客二分"的一元文明。中国式现代化强调世界现代化和人类文明的多样性、独特性，注重世界各国要遵循现代化发展和人类文明发展的一般规律，注重世界各国在现代化道路选择和人类文明发展问题上的平等性、互鉴性和人类性。这是人类文明新形态在哲学范式上的体现，关乎人类存在和交往方式，属于本源性的人类文明新形态。

从过程逻辑讲，中国式现代化创造的是以新发展理念为指导原则推动全面建成社会主义现代化强国，进而注重物质文明、政治文明、精神文明、社会文明、生态文明协调发展的全要素文明，即以实现高质量发展为核心的物质文明、以发展全过程人民民主为核心的政治文明、以丰富人民精神世界为核心的精神文明、以实现全体人民共同富裕为核心的社会文明、以促进人与自然和谐共生为核心的生态文明。它区别于西方工业化进程中的单向度文明，体现出的是全要素文明。

从关系逻辑讲，中国式现代化创造的是坚持人民至上、发展全过程

人民民主、丰富人民精神世界、实现全体人民共同富裕、不断促进人的全面发展的民本文明。它区别于资本主义社会资本至上、两极分化的资本文明，是人类文明新形态在关系逻辑上体现出的社会主义人本文明、中国特色社会主义民本文明。

从空间逻辑讲，中国式现代化创造的是坚持走和平发展道路，强调世界大同、和平发展、合作共赢，携手共建人类命运共同体的"类本文明"（类本和合普惠文明）。它区别于"西方中心论"、狭隘民族主义、殖民扩张的地域性文明。中国式现代化是中国在与世界交织互动中开创出来的，也会进一步推动中国与世界的交织互动，能彰显出人类文明元素。它以人类为主体，以世界多样性统一为现实依据，以国家富强、民族振兴、人民幸福为根本立场，以系统观念、辩证思维、平等包容为世界观方法论，以和平发展、合作共赢、命运与共为核心理念，以建设利益共同体、价值共同体、发展共同体、安全共同体、合作共同体为核心内容，着力建设以构建人类命运共同体为标识的类本和合普惠文明。这是人类文明新形态在空间逻辑或人类逻辑上的体现。

从真理和道义统一逻辑讲，中国式现代化创造的是致力于为人民谋幸福、为民族谋复兴、为中国共产党谋强大、为世界谋大同、为世界马克思主义谋生机的真正的社会主义文明。它坚持多元共赢文明、全要素文明、社会主义民本文明、类本和合普惠文明，本质上区别于西方文明，是一种人类文明新形态。

总之，中国式现代化以中国方式奠定了人类文明新形态的根基，辩证地传承发展了中华传统的伦理型文明、扬弃了西方传统的资本型文明，建构起人本型文明。我们既要从人类文明新形态的角度来理解中国式现代化及其世界意义，也应基于中国式现代化来理解人类文明新形态。

# 第三节
# 把中国式现代化历史地提升到人类文明高度

需要依据中国式现代化能内生出人类文明新形态这一坚实基础和内在逻辑，进一步把中国式现代化历史地提升到人类文明的高度。

## 一、西方现代化致力于解决"物的发展"问题

西方现代化大多是相对于开发未经人类活动开发的"自然"而言的。其所讲的工业化、市场化、城市化、资本化、信息化、全球化等，皆是如此，注重解决的是"物的发展"问题。对此，马克思有过论述，马尔库塞、弗洛姆也有过阐述。

工业化，就是人对自然界的"人化""加工""开发"，使原始的自然转化为人化自然，把自然材料转化为生产资料、生活资料。马克思曾经讲过，"工业的历史和工业的已经生成的对象性的存在，是一本打开了的关于人的本质力量的书"①。工业，就是物化的人在从事物质或经济活动的过程中，把自然界的原始材料经过机器的加工，生产出物质产品。因此，它主要是在人和物的关系框架中的物质活动，解决的是"物的发展"问题。

市场化，既指推销物质产品的市场平台，也指人们所从事的经济活动及物质产品进行交换的空间。在市场平台上从事经济活动的是人，交换的是物质或经济产品，获得的是利润，解决的是人和物的关系框架中

---

① 《马克思恩格斯文集》（第一卷），人民出版社 2009 年版，第 192 页。

"物的发展"问题。

城市化，最直观的表现是高楼大厦、发达交通、城市银行和各种工厂，以及服装商店、餐饮酒店、商品住宅、商品流通、电视等。生活和工作在其中的人，大多为上学、工作、就业、买房、看病而忙碌。人被城市化了，成为市民；城市被物化了，成为物城。大量的"城市病"遮蔽了活生生的人，人的灵性泯灭了。所以，传统意义上的城市化也是在人和物的关系框架中解决"物的发展"问题。

资本化，就是资本成为现代化发展进程中经济发展的纽带和黏合剂，它把一切生产资料整合在一起，生产出大量的物质财富。资本首先是物，在更深层次上是物化的社会关系尤其是经济关系。资本虽然也涉及人和人的经济关系，但更为主要的是涉及人和物的关系。资本把人物化，把人当作物，目的是发展社会生产力，解决物的发展问题，而不是把人当人看。

信息化，就是把一切都数据化、数字化，它以数据、数字来表达信息。对人也是如此，它把人都数据化、数字化，如通过身份证号码和手机号码可以掌握人的许多信息，通过人脸可以识别一个人的工作信息和生活信息，通过数据表可以掌握一个人的基本情况，通过各种数据可以掌握人的行踪，通过各种软件信息可以掌握一个人的总体状况。所以，信息化也涉及人和物的关系。这种人和物的关系，旨在推动物的发展，而不是人本身的发展。

全球化，首要是经济全球化，它能把一切经济要素融为一体。由于政治制度和意识形态的隔离，人们的世界观难以全球化，人们的价值观念难以全球化，人们的思想观念难以全球化，人们的精神生活也难以全球化。能全球化的，更多的是经济全球化、物的全球化。经济全球化，也主要是在人和物的关系框架中，致力于解决物的发展问题。

　　显然，西方现代化中的工业化、市场化、城市化、资本化、信息化、全球化，主要属于人和物的关系框架这一范畴，都指向开发未经人类活动开发的"自然"，注重"人化"，致力于化人为物或人的本质力量的对象化或物化，主要解决的是物的发展问题。因此，它们总体上属于文化范畴。虽然西方资本主义现代化也解决人本身的发展问题，但这不是主要的。就是说，西方现代化难以内生"人类"文明，更生长不出人类文明新形态。

## 二、新时代中国式现代化更加注重解决"人本身的全面发展"问题

　　中国式现代化也注重解决人和物关系框架中的物的发展问题，注重解决中国人民物质生活水平提高的问题、使中国人民富起来的问题。改革开放之初，中国式现代化强调以经济建设为中心，大力解放和发展社会生产力，积累社会物质财富，解决经济快速发展问题和"有没有"的问题。那个时候，我们把解决人民日益增长的物质文化需要同落后的社会生产之间的矛盾作为社会主要矛盾。

　　中国特色社会主义进入新时代，我国发展步入新的历史方位。这是我国发展起来以后，使大国成为强国即实现强起来的历史方位，是全面建成社会主义现代化强国、实现中华民族伟大复兴的历史方位，是创造人民美好生活、实现人的全面发展的历史方位。在新时代新的历史方位上，在进一步解决好人和物的关系框架中物的发展问题的基础上，由于历史发展的必然性，我们党更加注重解决人和人关系框架中人的全面发展问题，更加注重解决物的发展如何有利于人本身的全面发展问题，更加注重解决实现人民美好生活的问题。中国式现代化致力于解决人民生

活"好不好"的问题，把人民日益增长的美好生活需要和不平衡不充分的发展之间的矛盾看作社会主要矛盾，坚持把人民对美好生活的向往作为现代化建设的出发点和落脚点，强调中国式现代化是全体人民共同富裕的现代化，其本质要求是发展全过程人民民主，丰富人民的精神世界。要言之，在哲学根基上，中国式现代化的实质就是注重人人"主主平等普惠"。显然，中国式现代化更多针对的是"愚昧"和"野蛮"，批判和超越的是西方现代化注重"物的发展"进程中的"野蛮性"，注重的是"化人""教化""化物为善""化人为善""文化之善""德行天下"，强调的是如何把文化提升为文明、使文化成为文明，使文化有助于人类社会发展进步，使文化有助于人成其为人，即注重文化之善。概言之，中国式现代化更加注重解决人和人关系框架中人本身的全面发展问题，使物的发展更有利于推进人的全面发展。这样的中国式现代化把"物的发展"提升到"人的发展"的高度，由注重物走向注重人，注重使物的发展为人的发展服务，因而它在总体上更属于文明范畴。换言之，中国式现代化把中国式现代化道路提升到了文明的高度。

不仅如此，中国式现代化还进一步把中国式现代化道路提升到了创造人类文明新形态的高度。这表达的显然是中国式现代化具有"文明性"和"超越性"。西方现代化所创造的主要是"文化"而不是"人类文明"（虽然具有文明成果），它们的"资本文明"和"工业文明"，实质上是"资本文化"和"工业文化"，而且这种"资本文化"和"工业文化"内生出许多的"野蛮"，它与"人类文明"背道而驰。中国式现代化不仅能内生出文明，而且它区别并超越了西方"资本文明"和"工业文明"，创造出了"人本文明""类本文明""民本文明""生态文明""全要素文明""和合文明""主主平等普惠文明"，即创造出了人类文明新形态。

# 第七章

# 人类文明新形态的
# 解释框架及其理论内涵

中国式现代化不是从西方现代化道路和理论中推演出来的，而是马克思主义同中国具体实际相结合、同中华优秀传统文化相结合的重大成果；中国式现代化所创造的人类文明新形态，深深植根于中华优秀传统文化之中，借鉴吸收了人类一切优秀文明成果，体现了科学社会主义的先进本质，代表着人类文明进步和发展的方向，展现了不同于西方现代化的崭新图景。

中国式现代化的文化形态、中华民族现代文明作为新的文化生命体，是建构中国式现代化理论体系的基石，而中国式现代化理论体系，是解构"西方中心论"的一把利剑。中国式现代化理论体系，以"中国式现代化新道路""中华文明突出特性""中华民族现代文明""人类文明新形态""全人类共同价值""构建人类命运共同体""国家治理现代化"等为核心要素，既破除了对西方现代化的迷思，解构了"西方中心论"，也确立了我国在现代化问题上的独立性、自主性和主体性，使我们掌握了现代化理论上的话语权，又为人类实现现代化提供了新的选择，为创造人类文明新形态贡献了中国智慧和中国方案，使过去的"现代化在中国"转向"中国式现代化在世界"，从而使我们党既不盲从各种教条，也不照搬外国理论，巩固了文化主体性，掌握了文化领导权。

那么，究竟什么是文明？什么是人类文明？什么是人类文明新形态？文明和文化究竟有什么区别？中国式现代化开创出的人类文明新形态究竟是一种什么样的文明？这些重大学术问题，都需要进一步从理论维度，即从学理上进行深入探究。

## 第一节
## 基本概念辨析

### 一、文化和文明

克服以往人们对文明研究的不足，全面深入推进"文明研究"，[①] 如何对文明概念和文明观给出明确界定、确切解释，是首要解决的具有重要学术价值的前提性问题。

#### （一）需要厘清文化和文明的区别

关于文化的概念，就有 200 多种理解。关于文明，国内相关论著有所涉及，如陈启能、姜芃等的《世界文明通论：文明理论》，王炜民、郝建平的《中华文明概论》，陈志武的《文明的逻辑》等。国外相关著作也有论述，如基佐的《欧洲文明史》、亨廷顿的《文明的冲突》、鲍登的《文明的帝国：帝国观念的演化》、霍布森的《西方文明的东方起源》、格鲁塞的《东方的文明》、福泽谕吉的《文明论概略》等。尤其是鲍登的《文明的帝国：帝国观念的演化》，对文明概念及其内涵、起源（法语、英语、德语的渊源）和意义等作了较为详细的语言学、解释学考察。遗憾的是，这些著作并未对文明给出一个十分明确的界定、确切的解释和完整的理解。这里有两种倾向：一是回避文明概念。沃尔夫·舍费尔指

---

① 参见［澳］布雷特·鲍登：《文明的帝国：帝国观念的演化》，杜富祥、季澄、王程译，社会科学文献出版社 2020 年版，第 29 页。

出，在很长一段时间，"社会学家、人类学家和历史学家都学会了规避'文明'一词，并以'文化'为参照来分析一切问题"。[①] 二是让"文明"这个概念承载太多的意义。为数众多的社会分析被归入文明范畴，以至于它往往缺失任何具体的或容易理解的含义。[②] 显然，需要对文明概念给出一个明确的界定、确切的解释和完整的理解。

况且，今天我们提出的"造就了一个有机统一的新的文化生命体""中国式现代化的文化形态""建设中华民族现代文明""创造人类文明新形态"等概念，也需要把"文明"和"文化"概念及其二者的区别搞清楚。今天确实到了必须厘清文化和文明概念及其二者区别的时候了。厘清文化和文明概念的区别，有助于深化对文化和文明问题的研究，甚至有可能实现理论上的突破。

## （二）文明的内涵及其与文化的区别

哲学是文明活的灵魂，文明首先是一个哲学范畴，对文明首先应从哲学上进行理解。本书基于前述所讲的第一种文明观，侧重于把文明解释为"事实判断"，它描述的是整个人类发展进步的事实；它把发展进步看作各个国家、民族为改变其现状而向前迈进的自我发展、自我进步过程，是各个国家、民族自我超越、自我调节、自我完善、自我发展的过程；这种文明具有多样性、包容性、互鉴性、改善性和普惠性，是一种复数多元文明，其哲学基础是"多样统一""主主平等"。

基于这种对文明的总体性理解，可从哲学入手，从原体、关系、过程、结构、功能五个维度具体展开对文明之理论内涵的理解和阐释。

---

[①][②] 参见［澳］布雷特·鲍登：《文明的帝国：帝国观念的演化》，杜富祥、季澄、王程译，社会科学文献出版社 2020 年版，第 16 页。

第一，从原体维度理解文明，它是具有本源意义的范畴。人是万物的尺度，万物为人而存在才有"意义"，因而人是理解一切与人有关的事物和对象的坐标。文明是为整个人类发展进步而存在的，需要以"人"为坐标或还原到"人"这个原点来理解本源意义上的文明。从哲学上讲，人作为人的最高最核心的"元"追求，就是"真善美"，"人类对真善美的追求"对理解文明具有本源意义。这样，文明就是针对愚昧、野蛮、丑恶而言的，是整个人类、社会与国家、民族超越蒙昧、野蛮、丑恶，对至真至善至美境界的不懈追求及其积累起的积极成果。这就是人性的进步，即"对人之愚昧的开化"（真）、对人之野蛮的规制（善）、对人性之丑恶的教化（美），进而推动整个人类、社会与国家、民族的历史进步。这种文明具有四大要义：一是对创新动力、创新能力、创新活力的不懈追求及其积累起的积极成果（动力机制上的各尽其能）；二是对平衡、和谐、稳定的不懈追求及其积累起的积极成果（平衡机制上的和谐相处）；三是以德治法治使世界与国家、社会得到有效治理（自我治理机制上的德法并治）；四是对人类、群体、个人与世界、国家或民族、社会等发展进步的追求且达至共生共进共享进而井然有序，使人人总体上能过上美好生活（秩序机制上的安定有序）。基佐强调，文明的根源是秩序的必要性。[①]亨廷顿认为："文明的概念是由18世纪法国思想家相对于'野蛮状态'提出。简言之，'文明化为善，非文明化为恶'。"[②]基佐指出，"文明"一词的基本含义，就是事物的发展进步过程，它包括人的

① 参见［法］基佐：《欧洲文明史》，程洪逵、沅芷译，商务印书馆2005年版，第46页。
② ［澳］布雷特·鲍登：《文明的帝国：帝国观念的演化》，杜富祥、季澄、王程译，社会科学文献出版社2020年版，第30页。

发展和社会的发展。就此而言，文明的本质是"化人为善"并"利他"，首要注重的是"德"和"善"，注重集体、德性、仁和，实质是构建基于"主主平等"规则的秩序。这种文明之结果，是自我完善、民为邦本、天下为公、世界大同、协和共生、普惠共赢。文明不文明，最根本的评判标准，就是看文明是否有利于促进人性进步及能否推进整个人类（包括类、群体、个人）发展、世界各国或民族发展，看文明是促使倒退且引人走上邪恶还是促使前进且使人得到自我完善。[1] 如亚里士多德所说，美好的生活是文明的终点或目的。[2] 斯宾塞强调，文明可看作在需要充分展现所有人个性所需的人与社会构成方面取得的进步。[3] 伯里也指出，进步概念暗示着文明"是人们最终将享受一种普遍幸福的状态，而这将证明整个文明进程的合理性"。[4] 就此而言，西方"文明"进而帝国"文明"具有异化为野蛮的基因。

第二，从关系维度理解文明，文明具有关系规定，需要在与文化的关系中加以理解。任何事物都处在各种关系中，文明和文化都是难以释清的概念，二者有着直接和复杂的关系，人们时常将二者等同，时而也把二者对立。其实，二者既有联系也有区别。文化和文明有相通之处，都与"人"有关，是"人化"的产物，也都"化人"；文化是文明的前提，文明是从文化中提升出来的，它是文化之善。

---

[1] 参见［法］基佐：《欧洲文明史》，程洪逵、沅芷译，商务印书馆2005年版，第67页。

[2] 参见［澳］布雷特·鲍登：《文明的帝国：帝国观念的演化》，杜富祥、季澄、王程译，社会科学文献出版社2020年版，第51页。

[3] 参见［澳］布雷特·鲍登：《文明的帝国：帝国观念的演化》，杜富祥、季澄、王程译，社会科学文献出版社2020年版，第41页。

[4] 参见［澳］布雷特·鲍登：《文明的帝国：帝国观念的演化》，杜富祥、季澄、王程译，社会科学文献出版社2020年版，第62页。

文明和文化也有区别。

一是所存历史时间不同。按照各自所存在的历史时间，中华文化是1万年，中华文明是5000多年。"中华民族具有百万年的人类史、一万年的文化史、五千多年的文明史。"[1] "我国考古发现的重大成就实证了我国百万年的人类史、一万年的文化史、五千多年的文明史。"[2] "一万年的文化史"，是借鉴了文化人类学的观点。该领域通过开展一系列实地民族调查而对整个人类所具有的各自文化形态及文化演进展开研究，其有关人类社会发展阶段、早期国家等问题的理论，对中华文化起源研究具有重要参考价值。文明是文化发展到一定历史阶段的产物。地处中原的河南，是中华文明的重要发祥地，河南博物院是中原腹地最大的文物收藏、保护、研究和展示中心，现有藏品17万余件（套），上溯远古，下及近现代，尤以青铜器、陶瓷器、玉石器、石刻造像最具特色。考古遗迹和历史文物是历史的见证，从距今1万年的新密李家沟遗址出土的陶器残片，到距今9000—7000年裴李岗文化的陶鼎、石磨盘、石磨棒、骨笛等，再到仰韶文化、龙山文化时期的各类陶、玉、石、骨器等，河南博物院收藏的文物在一定程度上展现了中华文明起源的历史进程。

二是针对性相对不同。文化相对于未经人的活动外化的原始"自然"，讲的是"人化自然"，是人的内在本质力量的对象化。文化发展过程就是由原始自然转化为"人化自然"的过程。就此而言，它定义了文化含义的走向。最能体现和表达文化的，是工业。如前所述，"工业的历史和工业的已经生成的对象性的存在，是一本打开了的关于人的本质

---

[1] 习近平：《在文化传承发展座谈会上的讲话》，人民出版社2023年版，第1页。

[2] 习近平：《建设中国特色中国风格中国气派的考古学 更好认识源远流长博大精深的中华文明》，载《求是》2020年第23期。

力量的书"①。它把"原始自然"转化为"人化自然",这一过程就是文化生成的过程。文明则相对于未经开化的"野蛮""丑恶",讲的是追求真善美的"发展进步"过程和结果。就此而言,它定义了文化含义的走向。"传统上,文明的对立面是野蛮"②,最能体现和表达文明的,是善性或德性伦理,是利他发展进步的伦理道德、民主法治、公平正义等。如前所述,"文明化为善,非文明化为恶"③。

三是哲学根基不同。文化的哲学根基是知识论。它相对侧重于人和物关系框架中的"人化"事物或"人化为物",相对注重做事化事,注重外化于事物,坚持事物尺度,致力于把原始自然、原始事物"人化"为"人化自然""人化事物",并从中获得新的知识。"理性""知识""技艺""科学技术""社会财富"等,是其常用范畴。它也有"化人"之义,但其"化人"有积极和消极两个方面,其积极方面是通过把文化转化为文明来"化人"。

文明的哲学根基则是伦理学或德性哲学。它相对侧重于人和人关系框架中的"化人",即使人成其为人的积极成果(由自然人到社会人再到具有健全人格的人),是一种人类"开化"性的自我确证、自我约束、自我完善、自我进步,相对注重教化和化人做人,注重内化于人、化人为善,坚持人的尺度,致力于把"人化"之物(事物)转化为化人之物、成人之物、利人之物,并从中获得新进步。"德性""德行天下""善治""伦理道德""民主法治""公平正义"等,是其常用的范畴。它也有

---

① 《马克思恩格斯文集》(第一卷),人民出版社2009年版,第192页。

② [澳]布雷特·鲍登:《文明的帝国:帝国观念的演化》,杜富祥、季澄、王程译,社会科学文献出版社2020年版,第16页。

③ [澳]布雷特·鲍登:《文明的帝国:帝国观念的演化》,杜富祥、季澄、王程译,社会科学文献出版社2020年版,第30页。

"人化"因素，但它是"人化"中因人性进步而具有的"利他"发展进步的积极成果。

这里，文化包括人类活动的一切成果，而文明一般专指人类活动的积极成果。就是说，文化不完全等于文明，文明也不完全等于文化，文化中蕴含文明，但不都是文明，文明中有文化，但不是所有的文化。也就是说，文明是文化之善，是文化成果中有益于人性进步且化人为善的进步方面；文明高于文化，因为事物推进的逻辑与教育逻辑，先使人成为文化人，再使文化人成为文明人。文化在一定意义上会异化为野蛮，而文明特指化人为善、利他进步的事实。比如，发明并制造新型军事武器，这是文化范畴，而用这种军事武器杀人，则涉及文明范畴；发明换脸技术属于文化范畴，而用换脸技术害人，则涉及文明范畴。

四是侧重相对不同。文化是基于民族性和地域性的概念，相对强调民族自我、民族特质、民族差异和民族认同，它看重传统，侧重特殊性，注重边界。人们常说的欧洲文化、中国文化、印度文化，便是如此。文明也呈现民族特色及其独特性，但从整个人类发展进步来讲，它更加注重民族之间的统一性、交融性、互鉴性，注重民族或地域文明所具有的世界意义。它看重人性进步，侧重普遍性，注重超越边界。我们所讲的农业文明、工业文明、生态文明，就是如此。

五是作用相对不同。文化有先进落后、优秀颓废之分，落后、颓废的文化阻碍人类与国家、社会的发展进步包括文明进步。把中华优秀传统文化同中华传统文化加以区分，强调"代表先进文化的前进方向"，就表明文化有先进落后、优秀颓废之分。基于事实且作为描述性概念的文明，是人类发展和文化发展之演进中沉淀下来的有助于人性进步、人类进步、国家进步、社会进步的积极成果，是文化中的先进方面和状态，适合整个人类共用，它只有特色不同，没有优劣之分。习近平同志指出，"各种人类文明在价值上是平等的，都各有千秋，也各有不足。世界上不存在十全十美的文明，也不存在一无是处的文明"①，但"文明没有高下、优劣之分，只有特色、地域之别"②。尼采认为，文明无非是精神纪律、自我克制；相反，文化则可以同社会颓废现象密切联系在一起。

六是存在方式相对不同。文化之本，是一定地域的人们的生产方式、生活方式、思维方式，是一个国家、民族的存在样式，不可复制，如中华文化等。文明则是一个国家、民族存在样式的"形象"呈现，是一个国家、民族存在样式的积极呈现状态，如政治文明等。

第三，从过程维度理解文明，它是历史过程范畴，随着历史、时代、实践的发展而发展。任何事物都处在发展变化过程中，具有过程规定。从哲学角度理解文明发展过程，侧重于人类交往范式的历史变迁，即由前资本主义社会基于"人的依赖"的"主客混体"的文明范式，经资本主义工业社会基于"物的依赖"的"主客对立"的文明范式，再走向社会主义、共产主义社会基于"每个人自由全面发展"的"主主平等"的文明范式。资本主义的文明是基于"物的依赖"的"主客对立"的文明范式，社会主义文明则是基于"每个人自由全面发展"的"主主平等"的文明范式。

第四，从结构维度理解文明，它是结构性概念。任何事物都由各种结构性要素构成，文明同样如此。从哲学角度来看，需要把"人性进步"的"善念"融入人与外部世界的关系结构来理解文明。一般来说，人与

① 《习近平著作选读》（第一卷），人民出版社 2023 年版，第 229 页。
② 《习近平著作选读》（第一卷），人民出版社 2023 年版，第 568 页。

外部世界的关系结构可分为人和物的关系、人和人的关系、人的身和心的关系、人和自然的关系、人和社会的关系、人和国家的关系。在人和物的关系中，文明就是物质文明，是君子爱财、取之有道，是人的创造能力得到充分发挥的社会生产和公平交换，进而实现共同富裕；在人和人的关系中，文明就是人际文明，是把人当作目的，人们之间尊重他者、仁义礼智、讲信修睦、亲仁善邻、团结合作；在人的身和心的关系中，文明就是精神文明，是身心和谐、心理健康、人格健全、积极向上；在人和自然的关系中，文明就是生态文明，是人与自然和谐共生；在人和社会的关系中，文明就是社会文明，是公平正义、社会善治；在人和国家的关系中，文明就是政治文明，是国家得以德法并治、人民享有民主。上述内容就是我们常讲的物质文明、精神文明、生态文明、社会文明、政治文明。不过，这里还讲到了人际文明。人际文明是具有重要意义的文明，甚至是本来意义上的文明，不可或缺，因此应对"五大文明"予以补充和发展。

第五，从功能维度理解文明，它是功能性概念，可理解为它能引领人类、国家、社会的进步。由此，就需要确立人类文明进步评价标准的同一化（不是"双标"）、评价主体的公正化（避免话语垄断）、评价方式的正义化（利于人类进步）、评价话语的共识化（不是唯我独尊），防止借话语权而把文明异化为野蛮，反对借主导"文明标准"的制定而演化为帝国殖民扩张。鲍登指出，"'文明'……是一个既可以描述现实又能塑造现实的概念"，"'文明'这一术语的力量相当之大，既可以用于赞扬，亦可用于谴责"。①

---

① 参见［澳］布雷特·鲍登：《文明的帝国：帝国观念的演化》，杜富祥、季澄、王程译，社会科学文献出版社 2020 年版，第 9—10 页。

由以上对文明的总体性理解与具体理解可看出，文明从"根"和"元"的意义上描述的是整个人类"化人为善"的利他性发展进步的客观事实。中国式现代化所创造出的，正是这种意义上的人类文明。

## 二、人类文明及其三个维度

可以在学理上从三个维度理解和把握人类文明。

第一个维度：从人和动物的本质区别理解人类文明。

对人和动物的本质区别，不同的哲学学说和流派之理解不太相同。马克思主义吸收了各种学说和流派对人的本质的理解，强调人和动物的本质区别在于自由自觉的活动。[1] 人的自由自觉的活动，既是一种从事物质资料生产和生活资料生产的活动，也是一种具有自主性的创造性活动，还是一种不断进行反思从而不断进步的活动。

可以说，人类文明是一种具有劳动性、生产性进而贡献社会财富、推进社会进步的文明，好逸恶劳是背离文明的；人类文明也是一种具有自主性和创造性的文明，是人类能支配自己的活动从而掌握自己命运的文明，是为推进社会进步而发挥人类自主创造性的文明，一些人操纵乃至主宰另一些人的命运，从而使这些人丧失活动的主体性、自主性和创造性，是背离文明的；人类文明，又是一种自我反思、自我矫正、自我超越、自我完善、自我发展、自我进步的文明，人类要不断地对自己的思想和行为进行批判性反思，找到自身存在的问题，进而致力于矫正、超越、完善，推进自我发展和进步，进而通过推进自我发展和进步来推进社会发展和进步。

---

[1] 参见《马克思恩格斯选集》（第一卷），人民出版社 2012 年版，第 56 页。

显然，这种意义上的文明，是一种具有人本意义的文明。人本文明，是相对于物本文明或资本文明而言的。物本文明或资本文明是一种历史性范畴，是相对于封建专制而言的。封建专制总是同愚昧、不开化联系在一起。资本文明超越了封建专制的愚昧和不开化，是一种历史进步。这种历史进步主要体现在打破封建和宗教禁锢，确立独立的个人，创造了物质财富，把地域历史转化为世界历史。

然而，资本文明本身也蕴含着野蛮。这种文明，不是一种具有劳动性、生产性进而贡献社会财富的文明，也不是一种具有自主性和创造性的文明，不是劳动者能支配自己的活动从而掌握自己命运的文明，不是一种自我反思、自我矫正、自我超越、自我完善、自我发展、自我进步的文明，而是一些人操纵乃至主宰另一些人的命运，从而使这些人丧失活动的主体性、自主性和创造性的文明。它主要体现在物的发展以牺牲人的发展为代价，先发展国家以牺牲后发展国家为代价，一些人的发展以牺牲另一些人的发展为代价。

人类历史若要发展和进步，就必须进一步批判和超越物本文明或资本文明，进而向人本文明迈进。

第二个维度：从"人"的概念入手理解人类文明。

人有三种存在形态：人类、群体、个人。人首先是一个实体概念，即它是作为实体的个人，人作为实体个人而存在，个人是人的一种存在形态；人也是一种关系概念，即人是作为关系群体而存在，群体关系也是人的一种存在形态；人还是区别于动物的人类，人作为人类而存在，人类又是人的一种存在形态。

基于对人的理解和把握，文明也有三种存在形式：人类文明、民族文明、个人文明。个人文明，就是对个人的思想和行动（行为）进行具有进步性的德性约束和规范。仁义礼智信、温良恭俭让，就属于个人的文明行为。民族文明，就是对各个民族之思想和行为进行具有进步性的德性约束和规范，或指具有进步性的德性约束和规范的民族的思想和行为，如中华民族现代文明。人类文明，指的是相对于个人和民族的整个人类受具有进步性的德性约束和规范的思想和行为。

人类文明既具有共性，也具有个性。就其抽象性来讲，人类文明具有共同的本质特征，它是从各个民族文明中抽象出来的共同或一般性的本质特征，这是共性；人类文明也具有个性，即人类文明可以以多种方式或形态存在。各个民族都要走向人类文明，或者都具有创造人类文明的元素，这是一般性或共性，同时各个民族走向人类文明的"走法"是不一样的，这是具体性或个性。

我们所谈的人类文明，就是在人类、民族、个人的关系中加以定义的文明，是区别于个人文明、民族文明意义的文明。

第三个维度：从与民族文明的关系上理解人类文明。

文明有地域和特色之别。人类文明，也是相对于民族文明而言的。

民族文明是空间概念，与国家和民族有关。任何国家和民族都有自己的文明，也在创造着自己的文明。这种民族文明表达的是本国、本民族的本土文明。这种文明是有边界的，体现国家和民族的特性、特质和特色。这与民族历史有关，即这个民族还处在本民族历史发展阶段，还没有真正融入世界历史进程，它的历史只是本国家、本民族的历史，具有民族性而不具有世界性。比如，还没有真正进入现代化的国家和民族，其历史大致如此。

人类文明与地域历史、民族历史转变为世界历史有关，而地域历史、民族历史转变为世界历史，又与现代化有关。马克思、恩格斯在《德意志意识形态》和《共产党宣言》中，用大量篇幅描述和分析了地域历史、民族历史转变为世界历史的机制、进程和成果。

现代化使地域历史、民族历史转变为或成为世界历史的一个鲜明标志，是一个国家、民族的文明既具有民族性，又具有人类性。其民族性，就是文明的民族特点、民族特质、民族特色；其人类性，就是这种民族文明蕴含着人类文明的元素，具有时代意义和世界意义。比如中华文明、中华民族现代文明，具有连续性、统一性、创新性、包容性、和平性。这五种特性是中华民族的文明特性，而其中的统一性、创新性、包容性、和平性，超越了地域和民族边界，具有时代意义和世界意义，属于人类共有的文明属性。

# 第二节
## 人类文明新形态是一种什么形态的文明

中国特色社会主义和社会主义现代化能创造出人类文明和人类文明新形态。这样的人类文明新形态究竟是一种什么形态的文明呢？这需要在对民族（地域）历史转变为世界历史进程的学理分析和考察中，在与西方现代化所蕴含的文明相区别的意义上，来理解和把握。

人类文明新形态，一是指它不是民族文明、地域文明，而是人类文明，具有人类共有属性；二是指它是人类文明的一种新的形态，区别于人类文明的其他形态；三是指它作为一种"形态"，具有核心理念，具有逻辑严密的完整框架和完备内容，具有标识性的范畴和理论，具有鲜明的本质特征。中国式现代化所创造或内生的人类文明新形态具有以下五个维度的理论内涵。

## 一、哲学维度："主主平等"的人类文明新形态

哲学意义上的文明，与人的存在方式本质相关。

从哲学根基来讲，中国式现代化是以"主主平等"为哲学根基的文明。从更为根本的意义上讲，中国式现代化之所以区别又高于西方现代化，就在于哲学根基、哲学范式上的不同。

在前资本主义社会，哲学意义上的人的存在方式，在人和物的关系上，主体和客体没有明确区别开来，是混为一体的；在人和人的关系上，体现为"人的依赖"——人依赖于人们之间的血缘关系，依赖于由血缘关系构成的血缘共同体，依赖于血缘共同体中的权力。

在资本主义社会，哲学意义上的人的存在方式，主要体现为"物的依赖"基础上的个人独立。具体来说，在人和物的关系上，人的存在方式主要体现为"物的依赖"，在这种依赖关系中，主体和客体相对区分开来，物是主体，人是客体；在人和人的关系上，主要体现为人们之间的个人独立，且一部分人是主体，一部分人是客体。在资本主义社会，西方现代化所蕴含的文明，就是"主客二分""主客对立""主统治客"的文明。资本占有劳动并控制整个社会，进行资本掠夺、殖民扩张等，都是这种文明形态的实践呈现。

展开来说，西方现代化以两极分化、物质主义膨胀的单向度发展、掠夺自然资源和殖民主义扩张为本质特征，其哲学根基、哲学范式是主统治客的"主客对立"。它在社会财富分配上，把资本（资本家）看作"主"，把劳动（工人）看作"客"，奉行的是资本占有劳动并控制社会的"资本逻辑"，是"主客对立"的哲学逻辑，这种逻辑必然导致两

极分化；在物质文明和精神文明关系上，它伸张的是物质主义膨胀的单向度发展，因而便出现物欲横流、精神萎靡的社会现象，使物质文明和精神文明的发展之间存在不协调；在人与自然的关系上，西方狭隘的人类中心主义把"人"看作改造和征服自然的主人（主），把自然看作人类征服和改造的对象（客），因而便无止境地向自然索取甚至破坏自然；在世界各国之间的关系上，它把西方国家看作"主"，把非西方国家看作"客"，主张"客随主便"，因而西方一些国家走的是通过战争、殖民、掠夺等方式实现现代化的道路，因而开创不出人类文明新形态。

更需要从哲学根基上对中国式现代化加以理解。这关乎中国式现代化的"根"和"本"，关乎中国式现代化的"大道"和"灵魂"，关乎对中国式现代化认识和理解的高度和深度。中国式现代化之哲学根基，是"主主平等"，区别并超越于资本主义的"主客二分""主客对立""主统治客"。社会主义文明是"主主平等"文明，这种文明既强调主体性，人人都是主体，又注重平等性，人们之间平等，是平等的主体，是主体的平等。全体人民共同富裕的现代化，物质文明和精神文明相协调的现代化，人与自然和谐共生的现代化，走和平发展道路的现代化，等等，蕴含的都是"主主平等"文明。全体人民作为创造和享有财富的主体，他们之间是平等的；物质文明和精神文明作为发展的主体，具有平等发展的机会，且二者是相互成就、相辅相成的；人与自然在物质、信息、能量的交换上都是平等的主体，人与自然和谐共生就是平等交换的结果；世界各国不论强弱、大小，在主权、机会和规则上都应当是平等的，是平等的主体。

"主主平等"的文明属于人类文明，具有人类文明属性，是中国式现代化所创造的一种人类文明新形态。

## 二、历史时间维度："生态文明"的人类文明新形态

西方在现代化初期阶段，为了推进工业化发展，无止境地向自然索取，甚至破坏自然。西方狭隘的人类中心主义往往把人类看作自然界的主人，把自然界看作人类征服和改造的对象，把人与自然的关系看作敌对关系。在这种思想观念影响下，西方一些国家奉行"先发展后治理"的思路，结果导致环境污染、生态失去平衡。恩格斯在《自然辩证法》中指出，"我们不要过分陶醉于我们人类对自然界的胜利。对于每一次这样的胜利，自然界都对我们进行报复。每一次胜利，起初确实取得了我们预期的结果，但是往后和再往后却发生完全不同的、出乎预料的影响，常常把最初的结果又消除了。美索不达米亚、希腊、小亚细亚以及其他各地的居民，为了得到耕地，毁灭了森林，但是他们做梦也想不到，这些地方今天竟因此而成为不毛之地，因为他们使这些地方失去了森林，也就失去了水分的积聚中心和储藏库。阿尔卑斯山的意大利人，当他们在山南坡把那些在山北坡得到精心保护的枞树林砍光用尽时，没有预料到，这样一来，他们就把本地区的高山畜牧业的根基毁掉了；他们更没有预料到，他们这样做，竟使山泉在一年中的大部分时间内枯竭了，同时在雨季又使更加凶猛的洪水倾泻到平原上。在欧洲推广马铃薯的人，并不知道他们在推广这种含粉块茎的同时也使瘰疬症传播开来了"[①]。

"因此我们每走一步都要记住：我们决不像征服者统治异族人那样支配自然界，决不像站在自然界之外的人似的去支配自然界——相反，我们连同我们的肉、血和头脑都是属于自然界和存在于自然界之中的；我

---

① 《马克思恩格斯选集》（第三卷），人民出版社 2012 年版，第 998 页。

们对自然界的整个支配作用，就在于我们比其他一切生物强，能够认识和正确运用自然规律。"①

这种文明不具有人类性。

中国式现代化汲取西方现代化的历史教训，克服西方现代化的历史弊端，能够正确认识和运用自然规律，坚持人与自然和谐共生，坚持可持续发展，坚持节约优先、保护优先、自然恢复为主的方针，注重绿色发展，像保护眼睛一样保护自然和生态环境，坚定不移走生产发展、生活富裕、生态良好的生态文明发展道路，以实现中华民族永续发展。如今，"绿水青山就是金山银山"理念、绿色发展理念已成为全党全社会的共识和行动。我们把尊重自然、顺应自然、保护自然，看作全面建设社会主义现代化国家的内在要求，且站在人与自然和谐共生的高度谋划强国建设、民族复兴；我们推进美丽中国建设，坚持山水林田湖草沙一体化保护和治理，统筹产业结构调整、污染治理、生态保护，应对气候变化，协调推进降碳、减污、扩绿、增长，推进生态优先、节约集约、绿色低碳发展；我们加快发展方式绿色转型，深入推进环境污染防治，提升生态系统多样性、稳定性、持续性，积极稳妥推进碳达峰碳中和，在生态文明建设上取得了举世瞩目的历史性成就、发生了具有转折性意义的历史性变革。

"生态文明"属于人类文明，具有人类文明属性，既是中国式现代化所创造的一种人类文明新形态，也是从工业文明走出来且超越工业文明的一种人类文明新形态。

---

① 《马克思恩格斯文集》（第九卷），人民出版社 2009 年版，第 560 页。

## 三、历史空间维度:"和合普惠文明"的人类文明新形态

西方现代化奉行"线性道路""单数文明""民族优越""天赋人权""社会进化""理性尺度""普世价值""开化使命""美丽神话""唯一哲学",蕴含着野蛮的基因和逻辑。西方文明,本质上是用"美丽神话"包装、掩盖的狭隘民族主义文明,是资本掠夺、殖民扩张式的"文明",是通过战争、殖民、掠夺等方式实现现代化的"单赢文明"。这种文明不具有人类性。

中国式现代化解构西方现代化的野蛮基因和逻辑,站在人类进步的高度,站在世界和平发展、合作共赢的高度,走和平发展道路,是共赢式的"和合普惠文明"。中国式现代化坚定不移地站在历史正确的一边、站在人类文明进步的一边,高举和平、发展、合作、共赢旗帜,在坚定维护世界和平与发展中谋求自身发展,又以自身发展更好维护世界和平与发展。

前面说过,中华文明具有强大的包容性,因而也体现出和平性。中华文明尚和合,"和"是中国社会一种普遍化的社会心理。中华民族爱好和平,尧舜禹时代权力的和平禅让被后世尊为理想政治的典范。邦国交往中尚礼乐"以和邦国",主张"故远人不服,则修文德以来之",反对恃强凌弱和暴力胁迫,"中华民族历来是一个爱好和平的民族"[1],"爱好和平的思想深深嵌入了中华民族的精神世界"[2]。

和平发展思想是中华文明的内在基因,决定了中国始终是世界和平的建设者、全球发展的贡献者、国际秩序的维护者。中国不断追求文明

---

[1][2] 《习近平外交演讲集》(第一卷),中央文献出版社 2022 年版,第 186 页。

交流互鉴而不搞文化霸权，不会把自己的价值观念与政治体制强加于人。中国坚持合作、不搞对抗，决不搞"党同伐异"的小圈子。世界正处于百年未有之大变局，人类文明处在新的十字路口，从中华文明传承发展出来的中华民族现代文明，注重"和合普惠"，具有鲜明的优势，能为建设美好世界提供更多更好的中国智慧和中国方案。

"和合普惠文明"属于人类文明，具有人类文明属性，是中国式现代化所创造的一种人类文明新形态。

## 四、经济社会发展维度："全要素文明"的人类文明新形态

从历史来看，西方资本主义现代化是注重社会物质财富积累的现代化。社会物质财富积累，是西方资本主义现代化的至上目标和追求。为追求社会物质财富的积累，西方资本主义确立了资本占有劳动并控制整个社会的逻辑，即资本主导逻辑；为了社会物质财富的积累，西方资本主义奉行物质至上、资本至上的价值观，奉行物质主义的单向度发展观，奉行利己主义、个人主义伦理观；为了积累社会物质财富，西方资本主义国家的发展以牺牲其他国家的发展为代价，物质财富的积累以破坏自然生态环境为代价，他们无止境地向自然索取甚至破坏自然，在全世界搞资本掠夺和殖民扩张，并通过战争、殖民、掠夺等方式实现现代化。这是一种损人利己、充满血腥的且给广大发展中国家人民带来深重苦难的现代化道路。这种现代化所内生的文明不具有人类性。

中国式现代化所创造的文明，代表着人类文明进步的发展方向，展现出不同于且高于（超越）西方现代化模式的新图景。这种新图景，不同于西方那种物质主义膨胀的单向度发展，而是注重物质文明、政治文明、精神文明、社会文明、生态文明协调发展的"全要素文明"，是全体

人民实现共同富裕的物质文明，是积极发展全过程人民民主的政治文明，是丰富人民精神世界、增强人民精神力量且实现全体人民精神生活共同富裕的精神文明，是共建共享共治的社会文明，是人与自然和谐共生的生态文明。这种文明注重使 14 亿多人口整体迈进现代化社会，体现的是"全体性"；注重全体人民共同富裕，体现的是"共同性"；注重物质文明、政治文明、精神文明、社会文明、生态文明相协调，体现的是"协调性"；注重人与自然和谐共生，体现的是"共生性"；注重走和平发展道路，体现的是"共同命运"。全体性、共同性、协调性、共生性、共同命运，都与"全要素文明"具有本质一致性。

"全要素文明"属于人类文明，具有人类文明属性，是中国式现代化所创造的人类文明新形态。

## 五、根本制度维度："社会主义的人本文明、中国特色社会主义的民本文明"的人类文明新形态

西方现代化不仅与生产力发展直接相关，而且与生产关系、根本制度紧密相连。资本主义生产关系、根本制度决定着西方现代化必然是资本主导的现代化，西方文明必然是"资本文明"。就是说，西方资本主义现代化生成的是"资本文明"。西方现代化有"两大支柱"，一是"天上"的哲学"形而上学"；二是"人间"的"资本"。哲学形而上学这一支柱属于理论上的，具有抽象性；资本这一支柱属于现实实践上的，具有具体性。哲学形而上学从万事万物中抽象出一个最高、最根本的"一"，用这个抽象的"一"来统治现实社会中的"多"。这实质上意味着西方是把西方现代化看作世界各种各样现代化的最高、最根本的"一"，具有统治性，意图统治世界各种各样的现代化，让世界各种各

样的现代化都服从西方现代化的统治。现实实践上的"资本"主导西方现代化进程，各种要素如劳动、技术、管理等，都因资本而聚集在一起。哲学形而上学的"一"与现实中的"资本"联姻、共谋，推动着西方现代化进程。资本具有双重特性：在生产力方面，它具有聚集一切生产要素而发展生产力的作用；在生产关系方面，资本又具有"吃人"的本性，正如马克思所讲，"资本来到世间，从头到脚，每个毛孔都滴着血和肮脏的东西"①。由此，西方现代化所生成的文明主要是"资本文明"，这种文明具有"一"的统治性，不具有人类性。

中国式现代化是中国共产党领导的社会主义现代化。这样的现代化所生成的文明，区别并高于西方的"资本文明"，是社会主义的"人本文明"，是中国特色社会主义的"民本文明"。中国式现代化的本质特征，是全体人民共同富裕的现代化，是人与自然和谐共生的现代化；中国式现代化的本质要求，是积极发展全过程人民民主，丰富人民精神世界，实现全体人民共同富裕，促进人与自然和谐共生；中国式现代化所遵循的重大原则之一，是坚持以人民为中心的发展思想；中国式现代化所坚持的世界观和方法论之一，是坚持人民至上。社会主义高于资本主义，资本主义以资为本，导致物对人进行统治，人成为物的奴隶；社会主义以人为本，坚持人的自由而全面发展，注重自主个性，使人成为自己命运的主人。中国特色社会主义社会是社会主义的一种实现方式、实现形式，以人民为中心是以人为本在政治上的根本实现方式、实现形式。

社会主义的人本文明、中国特色社会主义的民本文明属于人类文明，具有人类文明属性，是中国式现代化所创造的一种人类文明新形态。

---

① 《马克思恩格斯选集》(第二卷)，人民出版社 2012 年版，第 297 页。

人类文明具有共性和个性。就人类文明的共同本质特征而言，它具有共性；就人类文明可以以不同形态存在和实现而言，它又具有个性。世界各个国家、民族都可以为创造人类文明作出自己的贡献，而中国式现代化所创造的人类文明新形态，为人类实现现代化提供了一种新的选择。它代表着人类文明发展和进步的方向，因而是一种最具光明前景的人类文明新形态。

以上五个维度是一个具有内在逻辑联系的有机整体，它既体现出历史时间和历史空间相统一，也体现出历史时间和历史空间中的生产力和生产关系相统一，还从历史时间和历史空间、生产力和生产关系的哲学根基上谈论人类文明新形态。

总之，中国式现代化，既超越了中华传统以家庭伦理为基点的伦理型文明，也超越了西方立足于市民社会的"物的依赖"基础上的"资本文明""单向度文明""殖民扩张文明"，开启了立足于人类社会、立足于社会生产力全面发展和人的全面发展基础上的以人民为本的"主主平等文明""全要素文明""和合普惠文明""人本文明""民本文明"。

# 第三节
# 中华民族现代文明是一种人类文明新形态

党的二十大以来，党中央提出建设中华民族现代文明这个重大课题，这是新时代党领导中国式现代化建设和文化建设实践经验的理论升华，具有重要的学理价值和时代意义。

## 一、新时代的中国具体实际彰显出中华优秀传统文化的时代价值

习近平同志指出："我们一直强调把马克思主义基本原理同中国具体实际相结合，现在我们又明确提出'第二个结合'。"[1]把握"第二个结合"，首先需要理解"中国具体实际"和"中华优秀传统文化"的关系，厘清"中国具体实际"内涵的历史演进。"中国具体实际"的内涵不同，对马克思主义和中华优秀传统文化之历史意义的认识就相对不同。

在新民主主义革命时期，主要是为推翻"三座大山"，实现民族独立、人民解放而寻求中国革命的道路。其中，"革命话语"占主导，这就把马克思主义的历史意义凸显出来了，因为马克思主义具有丰富的革命思想资源，比如关于"阶级斗争""无产阶级革命"的学说。

在社会主义革命和建设时期，主要体现为社会主义革命，探寻农民人口占绝大多数的落后中国建设社会主义的道路。因"社会主义革命和建设话语"成为主导，马克思主义的历史意义再度被凸显出来，因为马克思主义就是关于社会主义和共产主义的学说。

在改革开放和社会主义现代化建设新时期，可概括为继续探索中国建设社会主义现代化的正确道路，解决人民日益增长的物质文化需要同落后的社会生产之间的矛盾，解放和发展社会生产力，使人民摆脱贫困、尽快富起来。要言之，就是以社会主义现代化解放和发展社会生产力。因"社会主义现代化话语""解放和发展社会生产力话语"成为主导，马克思主义及西方现代化理论的历史意义被凸显出来，因为马克思主义具

---

[1] 习近平：《在文化传承发展座谈会上的讲话》，人民出版社2023年版，第5页。

有"社会主义""现代化""生产力"相关的思想资源,西方现代化理论中也具有可资批判性借鉴的合理因素。它必然使人们更多地从马克思主义经典著作以及西方现代化理论中寻找相关思想资源,相对注重马克思主义关于实践和理论的关系,生产力和生产的关系,经济基础和上层建筑的关系,社会主义和资本主义的关系,经济发展与社会发展、人的发展的关系等思想。

中国特色社会主义进入新时代,中国具体实际的核心内涵,就中国而言,是"强国建设、民族复兴",是"丰富人民精神世界、增强人民精神力量";就世界而言,是"和平发展、合作共赢"。其主导话语是"强国复兴、和平共赢",这必然把中华优秀传统文化的时代价值和世界意义充分彰显出来,因为文化力量是一种更基础、更广泛、更深厚、更持久的力量,关乎固本、国运,文化强则国家强、文化兴则民族兴。不仅强国建设需要文化强国、民族复兴需要文化复兴,丰富人民精神世界、增强人民精神力量,重建当今中国人精神世界的秩序,也需要从中华优秀传统文化中汲取智慧力量,而且中华优秀传统文化具有世界大同、协和万邦、兼济天下、亲仁善邻、团结统一、和平和睦等丰富的思想元素,与推进和平发展、合作共赢具有共同价值主张,具有高度契合性。

习近平同志所讲的"现在",主要是指中国特色社会主义新时代。新时代的中国具体实际把中华优秀传统文化的时代价值和世界意义彰显出来,使之成为新时代的鲜明标识,这既意味着新时代文化力量日趋突出和重要,也意味着要从新时代的中国具体实际中把中华优秀传统文化的时代价值和世界意义相对独立出来,进而从"第一个结合"中拓展出"第二个结合"。所以,相对突出中华优秀传统文化的时代价值、世界意义并提出"第二个结合",具有历史必然性,符合时代发展逻辑。

## 二、"第二个结合"是又一次的思想解放

习近平同志指出，"'第二个结合'是又一次的思想解放，让我们能够在更广阔的文化空间中，充分运用中华优秀传统文化的宝贵资源，探索面向未来的理论和制度创新"①。这一重要论述"含金量"高，具有丰富的解释学价值和重大意义，为理解和把握"又一次的思想解放"提供了空间、思路和框架。

"更广阔的文化空间"，指的是又一次思想解放的"问题域"，涉及与中华优秀传统文化相关的问题空间。主要包括：中华优秀传统文化与马克思主义的关系；中华优秀传统文化与中国道路、中国理论、中国制度的关系；中华优秀传统文化与中国式现代化的关系；中华优秀传统文化与中华民族现代文明的关系；中国式现代化与西方现代化的关系；中华优秀传统文化、中国式现代化、中华民族现代文明与人类文明新形态的关系；等等。"充分运用中华优秀传统文化的宝贵资源"，是指又一次思想解放的立足点、主线、路径，需要围绕中华优秀传统文化和中华民族现代文明及其时代价值、世界意义来把握。"探索"，意味着从学理上对"又一次的思想解放"作进一步思考和探究。"面向未来的理论和制度创新"，是说"又一次的思想解放"既是面向未来的创新，又是聚焦中国理论和中国制度的创新，当然也涉及中国道路。"又一次的思想解放"，要求厘清思想解放的对象、内容和范围，即是在哪个方面、哪种意义上的思想解放，与以往我们党所讲的思想解放有何不同。在我们党的历史上，有过两次重要的思想解放，一次是从"把马克思主义教条化"的思

① 习近平：《在文化传承发展座谈会上的讲话》，人民出版社 2023 年版，第 8 页。

想禁锢中解放出来，一次是从"把传统社会主义观教条化"的思想禁锢中解放出来，而这次是从"把西方现代化、'西方中心论'与中华传统文化教条化"的思想禁锢中解放出来。

基于上述对词句的简要分析，再理解话语背后的"道"，可以看出，"又一次的思想解放"的含义和内容，从总体上主要是围绕"中华优秀传统文化""中国式现代化的文化形态""中华民族现代文明"的时代地位和世界意义来理解的，是文化观和文明观重大转变意义上的思想解放，需要从学理上作进一步思考和研究。

### （一）在马克思主义和中华优秀传统文化关系认识上的思想解放

"又一次的思想解放"，是从对马克思主义和中华优秀传统文化关系的肤浅认识中解放出来，从"历史虚无主义""文化虚无主义"的思想禁锢中解放出来，强调马克思主义和中华优秀传统文化是相互契合、相辅相成、相互成就的关系。马克思主义是魂脉，中华优秀传统文化是根脉，二者的结合充分且鲜明地彰显了我们在思想和文化上的主体性。这种思想解放主要体现在对"马克思主义和中华优秀传统文化"关系的认识上。

过去，在这种关系上有两种观点。一种认为，马克思主义是"主"，中华优秀传统文化是"从"，即从属于马克思主义，马克思主义和中华优秀传统文化是"主从关系"。另一种认为，马克思主义实质上是关于阶级斗争和无产阶级革命的学说，中华优秀传统文化则主要是关于和合的主张，二者具有质的不同。或者认为马克思主义是外来文化，与中华优秀传统文化是两种不同的理论谱系，二者是外在的，甚至格格不入。这种理解，或者是对马克思主义和中华优秀传统文化的误读，或者使人们重马克思主义而轻中华优秀传统文化，对中华优秀传统文化采取"历史虚无主义"和"文化虚无主义"。

马克思主义是我们党立党立国、兴党兴国的根本指导思想，必须坚持理解和把握马克思主义和中华优秀传统文化的关系，但不能由此而轻视中华优秀传统文化。习近平同志在文化传承发展座谈会上的重要讲话，对马克思主义和中华优秀传统文化的关系给出一种新的理解，使我们在对马克思主义和中华优秀传统文化关系的理解上获得了思想解放。

第一，"第二个结合"破除了重马克思主义而轻中华优秀传统文化的思想观念，在不断推进马克思主义中国化时代化的进程中，注重把马克思主义看作魂脉，把中华优秀传统文化看作根脉。魂脉，即思想文化的灵魂、核心、命脉；根脉，即思想文化的根本、源泉和血脉。这样的关系有其深意。把中华优秀传统文化看作根脉，与魂脉并提，就提升了其在推进马克思主义中国化时代化中的地位和作用，使我们党具有推进马克思主义中国化时代化的主体性，更加巩固了思想和文化主体性。强调"思想和文化主体性"，就是破除对西方思想文化和"西方中心论"的膜拜，重估并确立中华优秀传统文化的根脉地位、作用与时代价值、世界意义，既为推进马克思主义中国化时代化提供根脉支撑，也为推进中国式现代化提供根脉支撑，并在此基础上构建中国式现代化的文化形态和中华民族现代文明，为创造人类文明新形态贡献中国思想和文化，进而确立中国式现代化、中华民族现代文明在思想和文化上的主体性权威。

第二，"第二个结合"破除了马克思主义和中华优秀传统文化二者具有质的不同甚至格格不入的思想观念，强调二者虽然时代背景不同、解决问题不同、思想方法不同、思想来源不同、理论观点不同、思维方式不同，但彼此存在高度的契合性，具有共同的价值追求。中华优秀传统文化是中国人民在长期生产生活中积累的宇宙观、天下观、社会观、道德观的重要体现，同科学社会主义价值观主张具有高度契合性。在宇宙观上，马克思主义强调"人与自然和谐共生"，中华优秀传统文化主张"天人合一"；在天下观上，马克思主义强调"自由人的联合体"，中华优秀传统文化主张"协和万邦""兼济天下""世界大同""讲信修睦""亲仁善邻"；在社会观上，马克思主义强调矛盾的同一性和斗争性的辩证关系，中华优秀传统文化主张"和而不同"；在道德观上，马克思主义强调在改造客观世界中改造主观世界，实现人的全面发展，中华优秀传统文化主张"天下为公""德行天下""为政以德"。

第三，"第二个结合"破除了马克思主义和中华优秀传统文化二者是外在毫不相干的思想观念，强调马克思主义和中华优秀传统文化是相互成就的。"中华优秀传统文化充实了马克思主义的文化生命，推动马克思主义不断实现中国化时代化的新飞跃，显示出日益鲜明的中国风格与中国气派，中国化马克思主义成为中华文化和中国精神的时代精华"[1]，而"马克思主义把先进的思想理论带到中国，以真理之光激活了中华文明的基因，引领中国走进现代世界，推动了中华文明的生命更新和现代转型"[2]，"实现了从传统到现代的跨越，发展出中华文明的现代形态"[3]。就是说，中华优秀传统文化使马克思主义"中国化"，涵养了马克思主义，使来自异国他乡的马克思主义得以扎根于中华优秀传统文化的沃土，逐渐根深、叶茂、开花、结果。中华优秀传统文化既为马克思主义中国化提供了文化支撑，也拓展了新的天地，还赋予其新的内涵和广阔的发展空间，使之呈现出强大生命力，而马克思主义则激活了中华优秀传统文化的基因，使中华优秀传统文化和中华文明在现代文明中得

---

[1][2][3] 习近平：《在文化传承发展座谈会上的讲话》，人民出版社2023年版，第6页。

以创造性转化和创新性发展，形成新的时代内涵，不断焕发出新的时代价值。总之，"'第二个结合'让马克思主义成为中国的，中华优秀传统文化成为现代的，让经由'结合'而形成的新文化成为中国式现代化的文化形态"①。它既使马克思主义深刻改变了中国，也使中国极大地丰富了马克思主义。

## （二）在中华优秀传统文化作用于中国道路、中国理论、中国制度上的思想解放

"又一次的思想解放"，是从对中华优秀传统文化与中国道路、中国理论、中国制度关系的片面理解中解放出来，注重从中华优秀传统文化、从"第二个结合"维度来理解中国道路、中国理论、中国制度的根脉及其创新空间和创新方向。这一次思想解放体现在"守正和创新"的关系上，就是在坚持守正的前提下，从"第二个结合"中找到中国道路、中国理论、中国制度新的创新空间、创新源泉和创新方向。

过去，对中国道路、中国理论、中国制度，较注重从马克思主义、中国具体实际及其二者结合的方面来理解，注重从这一方面为中国道路、中国理论、中国制度提供理论依据和现实根据。虽然在谈到坚定文化自信时，强调文化是更基础、更广泛、更深厚的自信，但从中华优秀传统文化、从"第二个结合"方面来理解中国道路、中国理论、中国制度的根脉及其创新空间、创新方向，总体上做得还不够。

习近平同志从巩固思想和文化主体性的高度，特别强调中华优秀传统文化对中国道路、中国理论、中国制度所具有的意义。他指出，"第二

---

① 习近平：《在文化传承发展座谈会上的讲话》，人民出版社 2023 年版，第 6 页。

个结合""让我们能够在更广阔的文化空间中，充分运用中华优秀传统文化的宝贵资源，探索面向未来的理论和制度创新"①。深入分析这一重要论述，其深意就是：可以从中华优秀传统文化、从马克思主义同中华优秀传统文化的结合中，探索中国理论、中国制度乃至中国道路的创新空间和创新方向。关于中国道路，"第二个结合"筑牢了道路根基。"我们的社会主义为什么不一样？为什么能够生机勃勃、充满活力？关键就在于中国特色。"②"在中国特色社会主义新时代，党和国家的事业之所以取得了历史性成就、发生了历史性变革，一个重要原因就是我们坚持了'两个结合'。中国特色社会主义道路是在马克思主义指导下走出来的，也是从五千多年中华文明史中走出来的；'第二个结合'让中国特色社会主义道路有了更加宏阔深远的历史纵深，拓展了中国特色社会主义道路的文化根基。"③这里，中国特色社会主义道路的"中国特色""充满活力""历史性变革"，都与中华优秀传统文化、中华文明相关。这显然告诉我们，要从中华优秀传统文化、中华文明方面来探索中国道路的创新空间和创新方向。关于中国理论，过去我们在马克思主义同中国具体实际相结合方面谈得比较多，从中华优秀传统文化、从"第二个结合"方面谈得相对比较少。强调中华优秀传统文化、"第二个结合"，给我们的启示是，还要从中华优秀传统文化、从"第二个结合"方面来探索中国理论的根基支撑与创新空间、创新方向，如中国化时代化的马克思主义、中国式现代化理论，既有马克思主义理论支撑，也有中华优秀传统文化的根脉。这种根脉赋予中国理论创新以主动性，甚至可以探索中国理论创新的新方向。关于中国制度，过去也是比较多的从马克思主义、中国

---

① 习近平：《在文化传承发展座谈会上的讲话》，人民出版社2023年版，第8页。
②③ 习近平：《在文化传承发展座谈会上的讲话》，人民出版社2023年版，第7页。

具体实际及其二者的结合中寻求创新依据，而从中华优秀传统文化、从"第二个结合"方面来探索创新的依据、空间和方向相对较少。强调中华优秀传统文化和"第二个结合"，给我们的重要启示是，可以进一步从中华优秀传统文化、从"第二个结合"方面，来探索中国制度的根脉与创新依据、创新空间、创新方向。

### （三）在中华优秀传统文化和中国式现代化关系认识上的思想解放

"又一次的思想解放"，是从对中华优秀传统文化和中国式现代化关系的片面、僵化理解中解放出来，建立起中华优秀传统文化和中国式现代化的内在本质联系，深刻认识"第二个结合"使我们确立了中国式现代化的本质特征和文明形态及其时代价值的文化依据。这种思想解放主要体现在对"传统和现代化"关系的认识上。

过去，在对待中华传统文化、中华文明与现代化关系问题上存在一些误读，一些人把"传统—现代"的解释框架作为一种公式，认为中华传统文化同中国现代化是"此消彼长""势不两立"的断裂关系，"传统"是同"现代化"相悖的，中华文化、中华文明都是传统的，因而是落后的、缺乏生机活力的，与"现代化"格格不入，是中国实现现代化的包袱，阻碍了中国现代化的发展，而"现代化"则是文明进步、充满生机活力的。正因如此，党的十八大之前，一些人对中国式现代化的理解，大多从马克思主义及西方现代化中寻找思想资源和理论根据。改革开放之初，我们所理解的"中国式的现代化"，一是符合中国实际，二是达到小康水平。这多是从马克思主义的实事求是思想路线、中国具体实际及西方现代化出发给出的理解。"小康"概念虽与中华传统文化有关，但主要是话语表述上的。

习近平同志对"第二个结合"之重大意义的阐释，推动了传统和现代化关系问题上的思想解放。

第一，需要从马克思主义、中国具体实际、中华优秀传统文化三者的结合上理解和把握中国式现代化，尤其要突出中华优秀传统文化对中国式现代化的意义，即从中华优秀传统文化中寻求中国式现代化的根脉依据、思想资源，进而从中华优秀传统文化中寻找中国式现代化的创新空间、中国式现代化的文化形态。也就是说，中国式现代化的本质特征、文化形态，在一定意义上是由中华优秀传统文化定义的，而且这种文化形态具有世界意义，它以世界大同、兼济天下、协和万邦、和而不同的文明区别并高于西方的资本掠夺、殖民扩张的"帝国文明"，为人类实现现代化提供了具有光明前景的新的选择。这表明我们党把握了中国式现代化的主动性。

第二，依据"第二个结合"，中国式现代化和中华优秀传统文化不是断裂关系，而是相互成就、相互促进的成长关系。一般来讲，传统和现代化之间存在三种关系。一是否定关系。有些传统是现代化的障碍，如封建的官本位观念和专制制度，就会导致现代化的某种停滞。二是肯定关系。有些传统具有值得传承的因素和成分，其既构成传统和现代连续的纽带，也成为体现中国特色、形成"中国式"的底层逻辑，是现代化的根脉和资源，如中华传统文化中的宇宙观、天下观、社会观、道德观，及其所体现的天下为公、民为邦本、为政以德、革故鼎新、任人唯贤、天人合一、自强不息、厚德载物、讲信修睦、亲仁善邻等，就是如此。三是相互契合、相互成就关系。现代化可以从中华传统文化与中华文明中的优秀、合理因素中寻求资源、汲取智慧，使自身有"根"，进而根深叶茂。现代化也可以激活中华传统文化与中华文明中的优秀、合理因素，使"死"的"活"起来，为传统注入动力，使其焕发新的生机活力。比如，"天下为公"就与"全体人民共同富裕的现代化"相关，"天人合一"就与"人与自然和谐共生的现代化"相融，"讲信修睦""亲仁善邻"就与"走和平发展道路的现代化"相通。

"第二个结合"解构了"传统—现代化"二分法的思维方式和解释框架，对传统和现代化的关系给出全新的理解，把二者看作彼此契合、相互交融、相互塑造、相互成就、相互促进的成长关系，既重新认识了中华优秀传统文化、中华文明与现代化的关系，认为中华优秀传统文化积淀着中华民族最深层的精神追求，代表着中华民族独特的精神标识，中华文明具有连续性、统一性、创新性、包容性、和平性，因而它在推进和拓展中国式现代化历史进程中是不可或缺的，可以为建设中国式现代化的文化形态、中华民族现代化文明提供文化基础，又看到中国式现代化也使中华优秀传统文化、中华文明彰显出时代价值和世界意义。习近平同志指出，"中国式现代化是赓续古老文明的现代化，而不是消灭古老文明的现代化"①，"如果没有中华五千年文明，哪里有什么中国特色？如果不是中国特色，哪有我们今天这么成功的中国特色社会主义道路"②。

由此可见，传统和现代化是"相互赋予"的。中国式现代化赋予中华优秀传统文化以时代价值和文明力量，中华优秀传统文化赋予中国式现代化以深厚根脉和文明底蕴。应深刻认识到"第二个结合"使我们找到了中国式现代化的本质特征和文化形态及其世界意义的文明依据，推动了在传统和现代化关系问题上的思想解放。

---

① 习近平：《在文化传承发展座谈会上的讲话》，人民出版社 2023 年版，第 7 页。

② 《习近平谈治国理政》（第四卷），外文出版社 2022 年版，第 315 页。

### （四）在中华优秀传统文化和中华民族现代文明关系认识上的思想解放

"又一次的思想解放"，是从对中华优秀传统文化和中华民族现代文明关系的极端认识中解放出来，建立起中华优秀传统文化和中华民族现代文明以及文化和文明二者的内在本质关系，深刻认识到"第二个结合"能创造出一种新的文化生命体、新的文明形态。这种思想解放体现在对传统文化和中华民族现代文明关系的认识上。

过去，一些人往往隔断中华传统文化和中华民族现代文明的关系，轻视中华传统文化，认为中华传统文化是建设中华民族现代文明的障碍，因而不注重从中华优秀传统文化中寻求中华民族现代文明的思想资源、根脉基础和成长依据。"第二个结合"打破了这种极端的思想认识。

第一，"第二个结合"强调马克思主义同中华优秀传统文化相结合"造就了一个有机统一的新的文化生命体"[1]，既"发展出中华文明的现代形态"[2]，也使"形成的新文化成为中国式现代化的文化形态"[3]。这种理解坚持了守正创新，既建立起中华优秀传统文化与中国式现代化的文化形态、中华民族现代文明之间的根脉关系——这是守正基础上的连续性，同时又强调中国式现代化的文化形态、中华民族现代文明来源于又高于中华优秀传统文化，它是通过马克思主义同中华优秀传统文化相结合，推动中华优秀传统文化的创造性转化、创新性发展，而实现的新飞跃——形成一种新的文化生命体即中国式现代化的文化形态、一种新的文明形态即中华民族现代文明。这是创新性。中国式现代化的文化形

---

[1][2][3] 习近平：《在文化传承发展座谈会上的讲话》，人民出版社 2023 年版，第 6 页。

态、中华民族现代文明之所以能成为一种新的形态，就是因为它区别又高于西方那种以资本主导和殖民扩张为特征的"文明"，而是朝着中华优秀传统文化所蕴含且符合时代潮流的和而不同、协和万邦、兼济天下、世界大同、讲信修睦、亲仁善邻的方向发展。显然，中国式现代化的文化形态、中华民族现代文明，既注重从中华优秀传统文化中汲取思想资源和根脉支撑（后者也为中国式现代化的文化形态、中华民族现代文明的创新发展指明了新的方向和思路，为中国式现代化的文化形态、中华民族现代文明的创新提供了宽阔空间），还使我们掌握了建设中国式现代化的文化形态、中华民族现代文明上的主动性。

第二，在"传统文化和现代文明"的相关问题上，以往人们较多注重文化和文明之间的共通性，常把文化和文明等同或混同起来使用。其中关于文明又有两种情况：一是往往回避使用文明概念，让文化承载太多意义，把本是"文明的"让"文化"来承载；二是让文明概念承载太多意义，把文明当作一个框，什么都往里面装。今天，厘清文明和文化的区别具有特别重要的意义。习近平同志关于"第二个结合"的重要论述，建立起中华优秀传统"文化"和中华民族现代"文明"之间的本质关系，注重中华优秀传统"文化"的中华民族现代"文明"指向。其深意，就是把"文化"和"文明"相对区别开来，并把"文化"提升到"文明"的高度，注重"文化"的积极的"文明"维度和文明指向。这为厘清"文明"和"文化"的区别指明了方向。

## （五）在中国式现代化和西方现代化比较意义上的思想解放

"又一次的思想解放"，是从西方现代化与中国式现代化的歪曲对比中解放出来，从历史被动性中解放出来，强调面对实现中华民族伟大复兴战略全局和世界百年未有之大变局，在应对世界新的动荡变革和不稳定不确定的世界方面，中国式现代化既能把握历史趋向、掌握历史主动，又具有高于并优于西方现代化的显著优势，能为人类实现现代化提供具有光明前景的新的选择，因而应确立中国式现代化的权威。这种思想解放主要体现在对现代化维度的"中国和西方""被动和主动"关系的认知上。

过去，在中国式现代化和西方现代化比较关系问题上存在一些误解。一些人认为"西强我弱"，西方现代化高于并先进于中国式现代化，是进步的、走在时代前列的，是唯一的，站在了人类实现现代化的制高点上，因而要么对西方现代化顶礼膜拜，对中国式现代化不屑一顾，要么把西方现代化奉为圭臬，跟在别人后面亦步亦趋，强调中国必须走西方现代化道路，导致中国被动地成了西方现代化理论的"跑马场"，致中国于"世界失我"的境地。

我们不否认西方现代化及其蕴含的西方文明对世界历史的积极推动作用。马克思、恩格斯在《共产党宣言》中指出："资产阶级在它的不到一百年的阶级统治中所创造的生产力，比过去一切世代创造的全部生产力还要多，还要大。"[1] 可以说，近百年来，西方世界创造了巨大的物质财富，这是人类历史上任何一个社会都没有获得过的。在近代，中华民族在精神上却长期处于被动，中国人的精神、思想和文化常常被置于"东方从属于西方"的框架中来理解。

自中国共产党成立以来，我国一改过去的历史被动为历史主动。尤其是中国特色社会主义进入新时代以来，在实现现代化问题上发生了根

---

[1] 《马克思恩格斯选集》（第一卷），人民出版社 2012 年版，第 405 页。

本转变。"第二个结合"昭示我们，需要重新审视中国式现代化、西方现代化及二者各自的时代价值和世界意义。新中国成立特别是改革开放以来，我们找到了一条实现社会主义现代化、实现中华民族伟大复兴的正确道路，我们用几十年时间走完西方发达国家几百年走过的工业化历程，创造了经济快速发展和社会长期稳定的奇迹。基于这种奇迹，也由于新时代使大国成为强国即实现强起来的内在需求，我们必须重新审视中国式现代化，认识到中国式现代化不是从西方现代化道路和理论中推演出来的，而是马克思主义同中国具体实际相结合、同中华优秀传统文化相结合的重大成果；中国式现代化所创造的人类文明新形态，深深植根于中华优秀传统文化之中，借鉴吸收了人类一切优秀文明成果，体现了科学社会主义的先进本质，代表着人类文明进步和发展的方向，展现了不同于西方现代化的崭新图景。它区别并超越和高于西方现代化，打破了世界对西方现代化的迷思，使我们掌握了中国式现代化的主动性，能为人类实现现代化提供新的选择，从而出现"世界有我"乃至"世界向我"的景象。

**（六）在中华优秀传统文化、中国式现代化、中华民族现代文明与人类文明新形态关系认识上的思想解放**

这一问题与上述第五个问题相关，但也有明显区别。其相关性体现在二者都指向"国内和国外"的关系；其区别性在于第五个问题侧重于谈论现代化维度的"中国和西方"的关系，而这一问题侧重于谈论文明维度的"中国和世界"的关系。

这里，"又一次的思想解放"，是从对西方现代化、西方文化、西方文明的过度崇拜、迷思中解放出来，从"西方中心论"的思想禁锢中解放出来，深刻认识到一旦把西方文化提升为"帝国文明"，它就蕴含着野蛮的基因，开创不出人类文明新形态，而中华优秀传统文化、中国式现代化、中华民族现代文明对创造人类文明新形态具有时代价值和世界意义，能开创出人类文明新形态。这种思想解放主要体现在对文明维度的"中国和世界"关系的认识上。

过去，在对待西方现代化、西方文化、西方文明问题上存在某种误读。一些人把"中国—世界"二分法作为一种分析框架和标签，认为西方现代化高于中国现代化，西方文化、西方文明高于中华文化、中华文明，认为西方文化、西方文明是世界历史和人类文明的进步，站在了世界历史和人类文明的制高点上，而中华传统文化、中华文明是"传统"的，具有许多糟粕，与人类文明无涉。

应清醒且深刻地看到，西方现代化及其蕴含的西方文化、西方文明在进一步推进的过程中，凭借先发优势，把西方文化提升为帝国文明，由此就蕴含了野蛮的基因，进而滋生出了"西方中心论"。"西方中心论"的哲学根基，是"主客对立""主统治客"。

"第二个结合"使我们重新从哲学上理解和把握中华优秀传统文化、中华文明的世界意义，认为它所注重的"天下为公""民为邦本""为政以德""任人唯贤""天人合一""厚德载物""讲信修睦""亲仁善邻"，注重的"修身齐家治国平天下"，注重的"仁义礼智信、温良恭俭让"，是一种化物为善、化人为善、与人为善、德行天下的文明，是以"文"化"人"（注重"化人"）的文明，是注重协和万邦、兼济天下、世界大同、人类进步的文明，是注重"主主平等普惠"的文明。不仅中国式现代化能激活这种文化和文明，马克思主义同中华优秀传统文化相结合也能内生出中华民族现代文明。显然，这种中华优秀传统文化、中国式现代化、中华民族现代文明因其哲学根基是注重人类平等普惠，符合人类文明发展的走向，因而从应然走向实然的意义上区别并高于西方现代化、西方文明，能创造出人类文明新形态。

深入且展开来说，中国式现代化是人口规模巨大的现代化，是全体人民共同富裕的现代化，是物质文明和精神文明相协调的现代化，是人与自然和谐共生的现代化，是走和平发展道路的现代化。根据习近平同志关于"道理学理哲理"的相关重要论述，窃以为中国式现代化的哲学根基，就是"主主平等"。"主主平等"，是相对于"主统治客"而言的，是指它摒弃"主客对立""主统治客"的哲学范式，既把人人都看作"主体"，具有"主体性"，又强调人人都应当是"平等"的主体，主体之间是平等关系，具有"平等性"，也强调主体之间的"普惠性"，即共享发展、共同富裕、和谐共生、合作共赢。

总之，"'第二个结合'是又一次的思想解放"是具有标识性的重大论断，与以往我们所强调的思想解放相比具有新的特点。它强调的不只是从某一具体错误的思想观念中解放出来，而是在文化和文明这种更为总体、更为宏阔的大格局中的思想解放，是文化观、文明观意义上最基本、最深沉、最持久的思想解放，进而对中华优秀传统文化、中国式现代化的文化形态、中华民族现代文明的时代价值和世界意义进行重新评估（"重估价值"）。在这种"重估"中，要正确看待中华传统文化和西方文化，既不能妄自菲薄，全盘否定中华传统文化，顶礼膜拜西方文化，也不能狂妄自大，认为中华传统文化都是精华，把现成的拿过来就可以解决中国问题，而对西方文化不屑一顾，予以全盘否定。其实质，就是破除"西方中心论"的思想禁锢，确立中国式现代化、中华民族现代文明的权威。

### 三、魂脉和根脉结合造就有机统一的新的文化生命体

习近平同志对马克思主义和中华优秀传统文化的关系给出新的理解，指出"马克思主义中国化时代化这个重大命题本身就决定，我们决不能抛弃马克思主义这个魂脉，决不能抛弃中华优秀传统文化这个根脉"[①]，二者的结合是"深刻的'化学反应'，造就了一个有机统一的新的文化生命体"[②]，"让马克思主义成为中国的，中华优秀传统文化成为现代的，让经由'结合'而形成的新文化成为中国式现代化的文化形态"[③]。

这里，习近平同志把马克思主义和中华优秀传统文化存在的高度契合性看作"结合"的前提，把二者相互成就看作"结合"的结果。其深意主要在于以下四点。

第一，把中华优秀传统文化确定为根脉，同马克思主义魂脉并提，就是在坚持马克思主义指导地位的前提下，重估并提升中华优秀传统文化的时代地位和作用。

第二，中华优秀传统文化使马克思主义成为中国的，此谓"中国化"，它提供了中国接受马克思主义的文化基础，使马克思主义扎根于中华优秀传统文化沃土，推动马克思主义不断实现中国化时代化的新飞跃，也为其拓展了更为广阔的空间，使马克思主义始终保持蓬勃生机和旺盛活力。而马克思主义则使中华优秀传统文化成为现代的，可谓"时代化"，它激活了中华文明的基因，引领中国走进现代世界，使中华优秀传统文化通过创造性转化和创新性发展而呈现新的时代价值和世界意义。显然，

---

① 习近平：《开辟马克思主义中国化时代化新境界》，载《求是》2023年第20期。

②③ 习近平：《在文化传承发展座谈会上的讲话》，人民出版社2023年版，第6页。

"第二个结合"为揭示马克思主义中国化时代化的规律提供了进步路径。

第三，魂脉和根脉的结合是中国道路、中国理论、中国制度的文化根基，是坚持和发展中国特色社会主义的文化根基，是继续推进马克思主义中国化时代化的文化根基，是建设中华民族现代文明的文化根基，是大力推进中国式现代化、创造人类文明新形态、构建人类命运共同体的文化根基。

第四，它造就了一个新的有机统一的文化生命体，推动了中华文明的生命更新和现代转型，发展出中华文明的现代形态，即中华民族现代文明，也让经由"结合"而形成的新文化成为中国式现代化的文化形态。显然，新的文化生命体的核心，是中国式现代化的文化形态和中华民族现代文明。其中的"新"，意指通过"化学反应"而造就的新的文化成果。它与"原有的"相对，既传承、发展、整合了中华优秀传统文化，又坚持和发展了马克思主义，也批判性地借鉴了人类文明的一切优秀成果，还反映了时代发展趋势，是一个具有总体性、先进性、引领性的新的文化综合体。其中的"文化生命"，表明它是一个具有成长性和生命力的文化鲜活体。其中的"体"，指它是一个有机统一的系统整体，在这个整体中，马克思主义是"魂"，中华优秀传统文化是"根"，新时代中国具体实际是"基"，人类文明的一切优秀成果是"枝"。这种新的文化生命体之"思想芯片"，是习近平文化思想与中国式现代化的文化形态、中华民族现代文明。这种新的文化生命体，是理解把握且破解终结"古今中西之争"新的逻辑起点，是理解把握"我们正在做的事情"和统揽推进伟大斗争、伟大工程、伟大事业、伟大梦想的坚实根基。

中华传统文化的文化形态主要是伦理型文化，相对侧重于人和人的关系，注重以道德秩序构造一个群己合一的世界，在人己关系中以他人为重；西方现代化的文化形态本质上是以资本为主导的竞争性文化，相对侧重于人和物的关系，注重个人。中国式现代化的文化形态"不忘本来"，既传承发展中华优秀传统文化中的合理元素，也"吸收外来"，批判性地吸收西方现代化的文化形态中的积极因素，是以马克思主义为"魂"、以中华优秀传统文化为"根"的文化，是扬弃中西方传统文化形态意义上的社会主义以人民为中心的文化，是世界意义上的和平发展、合作共赢文化，是哲学意义上的平等包容普惠文化。

中华民族现代文明拥有博大气象，它立足中国、放眼世界，拥有民族、历史、文化、时代、实践支撑，具有时代性、人民性、包容性、创新性、世界性、和平性、主体性。中华民族现代文明，是哲学上的"主主平等文明"，区别于西方一元主导的"主客对立文明"；是历史时间上的"生态文明"，区别于西方那种注重物质财富积累而牺牲环境的"工业文明"；是历史空间上的和平发展、合作共赢的"和合普惠文明"，区别于西方那种损人利己、殖民扩张、你输我赢的"西方现代性文明"；是经济社会发展上的物质文明、政治文明、精神文明、社会文明、生态文明协调发展的"全要素文明"，区别于西方物质主义膨胀的"单向度文明"；是根本制度上的社会主义"人本文明"、中国特色社会主义"民本文明"，区别于西方资本主义的"资本文明"。

## 四、把建设中华民族现代文明作为新的文化使命

习近平同志强调："在新的起点上继续推动文化繁荣、建设文化强国、建设中华民族现代文明，是我们在新时代新的文化使命。"[1]

---

[1] 习近平：《在文化传承发展座谈会上的讲话》，人民出版社 2023 年版，第 10 页。

文化使命，就是基于理想召唤值得中国共产党人把全部生命都倾注上去的文化目标、任务和责任。实现的目标、完成的任务、应尽的责任如何，决定着中国共产党的命运，因而文化使命是中国共产党人生命价值的集中体现，具有决定性、长期性、激励性、指导性。中国共产党的使命，是为中华民族谋复兴；新时代新征程中国共产党的使命任务，是以中国式现代化全面推进中华民族伟大复兴；新时代中国共产党新的文化使命，是继续推动文化繁荣、建设文化强国、建设中华民族现代文明。这里从三个角度所言的"使命"有一个共同点，即讲的都是"中华民族"，都决定着中华民族伟大复兴的前途命运。

把建设中华民族现代文明作为我们党在新时代的文化使命，其实质是新时代我们党推进文化建设的总框架、总目标、总任务之一，就是建设中华民族现代文明。建设中华民族现代文明，在新时代我国文化建设中具有总体性、核心性、战略性地位。推动文化繁荣、建设文化强国、建设中华民族现代文明是我们党推进新时代文化建设的总框架、总目标、总任务，三者是逐步递进和提升的关系：推动文化繁荣的目标是建设文化强国，建设文化强国具有标识性的根本目标与核心成果，是建设中华民族现代文明。

中华民族现代文明能为创造人类文明及人类文明新形态贡献中国成果。当今世界，西方文明出现了危机，自从西方文明演变为"帝国文明"便蕴含的野蛮基因，导致整个世界陷入动荡，导致地区冲突和局部战争。"世界怎么了、我们怎么办？"中国式现代化能为人类实现现代化提供新的选择，中华民族现代文明能为创造人类文明新形态贡献中国智慧、中国方案，能为人类文明发展指明具有光明前景的新的方向和道路。这是对人类文明最大的礼敬！

## 五、以明体达用助推强国建设、民族复兴与和平发展、合作共赢

2023 年全国宣传思想文化工作会议指出，"习近平文化思想既有文化理论观点上的创新和突破，又有文化工作布局上的部署要求，明体达用、体用贯通"。

完整且简要地来说，马克思主义是"魂"，中华优秀传统文化是"根"，新的文化生命体是"体"，解决新时代影响党和国家发展命运的根本问题是"用"。这可称为固根守魂、明体达用。

"明体达用"的"体"指的是什么？"用"指的又是什么？根据习近平总书记在文化传承发展座谈会上的讲话，依据习近平总书记给全国宣传思想文化工作会议的重要指示，这里所讲的"体"，主要指文化强国中的根本、核心，是解决"用"的根本路径和方法。就此而言，"体"既不是以西方文化为体，也不是以中华传统文化为体，而是既指习近平文化思想，也指新的文化生命体，即中国式现代化的文化形态和中华民族现代文明（它能破解"西体中用"和"中体西用"之争）；这里的"用"，主要有实践之用和理论之用。实践之用，就是为强国建设、民族复兴，为丰富人民精神世界、增强人民精神力量，为和平发展、合作共赢，奠定文化根基；理论之用，就是致力于建构中国式现代化理论，解构"西方中心论"，破解"古今中西之争"（"古今"为时间，"中西"为空间，新的文化生命体解决了中西文化争论中的时间和空间问题），破除历史虚无主义、文化虚无主义。

## 六、巩固文化主体性并掌握党的文化领导权

习近平同志强调，"'结合'巩固了文化主体性"[①]。对文化建设来说，守正，"守的是马克思主义在意识形态领域指导地位的根本制度，守的是'两个结合'的根本要求，守的是中国共产党的文化领导权和中华民族的文化主体性"[②]。

在意识形态、思想文化建设问题上存在三种倾向：在"古"的问题上，要么认为中华传统文化可以解决当今中国一切问题，要么对中华传统文化采取虚无主义；在"今"的问题上，要么厚古薄今，要么厚今薄古；在"中西"问题上，要么妄自菲薄，全盘西化，要么狂妄自大，全盘否定西方。这些倾向涉及"古今中西之争"。

而破解"古今中西之争"的密码就是作为新的文化生命体的中国式现代化的文化形态和中华民族现代文明。从意识形态和思想文化建设角度来讲，中国式现代化的理论体系与"西方中心论"的理论体系是两种根本不同的意识形态、理论谱系，二者的较量是意识形态上的根本较量。当前，"古今中西之争"或意识形态斗争，总体上可被归结为这两种理论体系之争，都可以在这两种理论体系之争中加以定义和理解。对这两种理论体系的研究，便构成了当前我国意识形态、思想文化建设领域具有总体性、标识性的前沿问题研究。把这两种理论体系及其实质搞清楚了，意识形态、思想文化领域的其他重大理论和实践问题，也就容易搞清楚了。

---

① 习近平：《在文化传承发展座谈会上的讲话》，人民出版社 2023 年版，第 8 页。

② 习近平：《在文化传承发展座谈会上的讲话》，人民出版社 2023 年版，第 11 页。

中国式现代化的文化形态、中华民族现代文明作为新的文化生命体，是建构中国式现代化理论体系的基石，而中国式现代化理论体系，是解构"西方中心论"的一把利剑。"西方中心论"把"线性道路""单数文明""民族优越""天赋人权""社会进化""理性尺度""普世价值""开化使命""美丽神话""唯一哲学"作为核心要素，蕴含着野蛮的基因和逻辑，必然走向文明的反面。中国式现代化理论体系，以"中国式现代化新道路""中华文明突出特性""中华民族现代文明""人类文明新形态""全人类共同价值""构建人类命运共同体""国家治理现代化"等为核心要素，既破除了对西方现代化的迷思，解构了"西方中心论"，也确立了我国在现代化问题上的独立性、自主性和主体性，使我们掌握了现代化理论的话语权，为人类实现现代化提供了新的选择，为创造人类文明新形态贡献了中国智慧和中国方案，使过去的"现代化在中国"转向"中国式现代化在世界"，从而使我们党既不盲从各种教条，也不照搬外国理论，巩固了文化主体性，掌握了文化领导权。显然，这里所讲的"文化主体性"和"党对文化的领导权"，包括"破""立""体""合""行""权"六大要素。"破"，就是破除"西方中心论"，破解"古今中西之争"；"立"，就是立足中国大地，确立习近平文化思想；"体"，就是习近平文化思想与新的文化生命体；"合"，就是"两个结合"；"行"，就是"用"；"权"，就是话语权、主导权、领导权。

第八章

# 中国式现代化和
# 人类文明新形态
# 影响人类发展命运

中国哲学家梁漱溟、英国历史学家汤因比曾问，"中国能为世界贡献什么？"毛泽东同志说，"中国应当对于人类有较大的贡献"。《中共中央关于党的百年奋斗重大成就和历史经验的决议》更加强调，中国特色社会主义新时代是我国不断为人类作出更大贡献的时代。

中国强起来是一个具有世界意义的重大事件。站在从大国走向强国的历史方位上，中国需要重新思考在世界马克思主义版图中应该扮演什么样的思想理论角色，在捍卫发展马克思主义过程中应该承担什么样的思想理论使命，以及我们的思想理论创造是否与世界历史民族的地位相匹配，我们在向世界提供发展动力的同时是否贡献了引领人类精神的中国原则。

今天我们可以自信地说：新时代中国从实践上成功推进和拓展了

中国式现代化，创造了人类文明新形态，积极构建人类命运共同体，对人类发展具有重大影响。它不仅为寻求人类发展的再生之路指明了方向、开辟了道路，而且为发展21世纪马克思主义贡献了典型的"中国样本"。

中国式现代化、人类文明新形态和人类命运共同体彰显了21世纪马克思主义的时代特征，呈现了21世纪马克思主义的时代主题，凸显了21世纪马克思主义所解决的根本问题，表明新时代中国具有发展21世纪马克思主义的能力。因为21世纪马克思主义既能站在世界历史进步和人类进步的一边，为解决人类问题贡献中国智慧、中国方案、中国理论，又能以对中华传统文明的创造性转化和创新性发展，尤其是对西方传统文明的超越而影响人类发展命运。

# 第一节
# 寻求人类发展的再生之路

21世纪，在世界百年未有之大变局历史进程中，"世界怎么了、我们怎么办"摆在世人面前。中国为解答这一"世界之问"作出了独特而伟大的贡献。

## 一、世界困境及其深层根源

当今世界遭遇百年未有之大变局，实现中华民族伟大复兴是影响世界百年大变局的关键变量，西方资本主义国家陷入某种困境是导致大变局的重要原因，这使世界发生了有利于社会主义的重大转变。如何在"百年变局""变革重构"中正确处理中国与世界、社会主义与资本主义的关系，有效应对大变局中出现的世界性难题成为一个重大课题。

近代以来，西方资本主义国家借助市场、资本、金融、科技、文化和军事"六大优势"掌控世界，也生长出推动世界历史进步的西方文明。然而，自2008年国际金融危机之后，世界逐渐陷入困境，集中体现为出现了全球增长动能不足、全球经济治理滞后、全球发展失衡等根本性难题。资本主导下的制度性缺陷和结构性矛盾，是导致上述困境的一个深层原因。资本的本性是借助"流动""流通"实现其价值增值，当市场空间、流通渠道、资源、劳动力成本等"红利"被严重"限制"时，资本主义国家就会陷入某种困境，主要体现在以下几个方面。

第一，经济困境。在西方某些发达国家，实体经济是推动其工业化、现代化的主要力量。随着后工业社会的来临及深化，金融资本开始膨胀，虚拟经济过度扩张，在虚拟经济繁荣的背后，泡沫经济日趋严重，这在一定程度上增加了实体经济的风险，弱化了实体经济的资金和信用基础。

第二，政治困境。当国际金融危机导致自由市场体系的红利被削减、滥用霸权导致政治动荡向西方社会传导时，精英政治和大众政治间的平衡就会遭遇一定危机。这既体现在因政治依附资本和"否决政治"①而导致的国家、政府的组织力、动员力、凝聚力、执行力的削弱，也体现在因民粹主义兴起而带来的民众的过度"自由"。当陷入难以组织动员的境地时，弱政府和散民众两大弱点便显露出来了。

第三，社会困境。社会福利制度不仅使西方社会背负财政负担，也使许多民众的创业精神减弱。

第四，文化困境。西方文化有三大核心支柱：自由主义、资本至上、以两极对立世界观为哲学根基的"西方中心论"。自由主义的核心观点是，个人自由、权利是最符合自然秩序的，不可随意被剥夺。自由主义走向极端，就是个人自由的扩张，进而导致漠视政府、淡化集体，因此自由主义蕴含"个人利己"的基因。资本至上意味着资本具有主导性。资本的本性是追逐增殖，资本在增殖和扩张过程中不可避免地具有掠夺性，因而蕴含"扩张掠夺"的基因。"西方中心论"把整个世界分为西方和非西方"两极对立"的世界，认为西方世界是主，为整个世界制定标准；非西方世界是客，要向西方世界靠拢；西方世界统治非西方世界，

---

① "否决政治"，是政治学者福山提出的一个概念。美国民主政治的基础性制度安排，对防范政治腐败、平衡多元利益、增强决策审慎，发挥着积极作用。同时，这一制度安排需要付出牺牲效率的代价。近年来，由于美国民主党与共和党在政治立场上发生分歧，且总统职位和国会两院往往由不同政党控制，这种政党对立传导到政府机构层面，进而出现了"否决政治"。

非西方世界若不向西方标准看齐，就对其围堵打压、战略包围，因此"西方中心论"蕴含"对立冲突"的基因。"个人利己""扩张掠夺""对立冲突"的基因，会导致共同体意识的瓦解与合作精神、道义精神、奋斗精神的丧失，会使西方"话语营销"和"话语神话"破灭，也使世界陷入某种困境。

世界究竟向何处去？如何寻求人类发展的再生之路？人类历史发展处在一个重要转折关头。

## 二、中国为寻求人类发展的再生之路指明了方向

中国式现代化、人类文明新形态和构建人类命运共同体，是人类发展的再生之路。

中国特色社会主义开创之初，相对注重解决国内解放和发展社会生产力从而使中国人民富起来的问题。随着中国特色社会主义的发展，进而提出中国式现代化、人类文明新形态和构建人类命运共同体这种具有世界意义的中国理论、中国思想和中国方案。

### （一）中国一直注重为世界作出重要贡献

中国曾经创造了辉煌灿烂的中华文明，唐宋时期就是世界经济的中心。然而，因为封建制度的桎梏，中国无缘资产阶级革命与工业革命，结果成为近代百年历史上任人宰割的弱国，被排挤到了世界体系的边缘。

新中国成立后，中国共产党在"一穷二白"的情境下开启了社会主义工业化进程，也开启了社会主义现代化探索之路和追赶之路。

改革开放后，中国抓住"和平与发展"的战略机遇，融入经济全球

化的发展大潮，实现了经济快速发展与综合国力显著提升。

进入 21 世纪，中国加入世界贸易组织，与全球经济深度融合，跃升为世界第二大经济体、第一大货物贸易国、第一大外汇储备国、第一大工业国等，成为世界经济的"压舱石"和"稳定器"。在国际金融危机的持续影响下，世界经济低迷、复苏乏力，资本主义发达经济体束手无策，而以中国为代表的新兴国家率先走出国际金融危机的阴影，成为拉动世界经济增长的动力引擎。2013 年，中国秉持"共商、共建、共享"原则，以打造利益共同体、责任共同体、命运共同体为战略目标，以拉动世界经济增长、促进全球化再平衡、开创地区新型合作为使命，向世界发出"一带一路"倡议，并陆续收到了全球 100 多个国家和国际组织的响应。在中国与沿线国家的共同努力下，"一带一路"倡议及亚洲基础设施投资银行等项目取得了丰硕成果，成为拉动世界经济增长的新动力与促进国际合作的新平台。党的二十大报告指出，新时代十年来，我国经济总量占世界经济的比重达 18.5%，稳居世界第二位；谷物总产量稳居世界首位；制造业规模、外汇储备稳居世界第一；建成世界最大的高速铁路网、高速公路网；加快推进科技自立自强，全社会研发经费支出居世界第二位，研发人员总量居世界首位；货物贸易总额居世界第一，吸引外资和对外投资居世界前列。目前，中国稳居世界第二大经济体，是世界最大的制造业大国、全球货物贸易第一大国，拥有世界上最完整的工业产业链条，拥有世界上最强大的制造能力。

这些成就意味着，党的十八大以来，中国的国际方位迎来了历史性翻转。要理解这一翻转和飞跃，需要回溯 19 世纪上半叶以来中国国际方位的百年变迁。

中国国际方位的百年变迁，可以分为四个阶段。

第一个阶段：1840 年以前，中国处于资本主义世界体系的外围，中国主导的朝贡体系与西方建构的威斯特伐利亚体系比肩而立、互不相关，中国与西方构成"我—他"的非对象性关系，中国在封闭的朝贡体系中自娱自乐、自我陶醉。

第二个阶段：1840—1949 年，在西方列强的坚船利炮之下，中国主导的朝贡体系自动瓦解，中国被动世界化，处于资本主义世界体系的边缘，中国与西方构成"我—你"的主客体关系，西方为"主"、中国为"客"；构成主从依附关系，西方主导、中国服从。这一时期，中国缺乏自主性、独立性。

第三个阶段：1949—2008 年，中国自主融入世界，作为一个独立的主体参与世界体系之中，处于世界体系的边缘。

第四个阶段：2008 年特别是 2012 年以来，中国前所未有地逐步走近世界舞台中央，中国与西方构成"我们"的主体间性关系，中华民族从地域性民族上升为世界历史民族，有责任、有义务承担起与自身国力和大国地位相匹配的世界历史使命。

中国迎来历史性翻转和历史性飞跃，比较关键的有三步。

第一步：二十国集团（G20）领导人峰会机制成立。2008 年国际金融危机爆发，为了联合应对这场突如其来的世界性危机，2008 年 11 月 G20 机制正式升级为领导人峰会，成为全球经济治理的重要平台，中国被推到"负责任大国"的前台位置上，扮演全球经济发动机的角色。中国作为 G20 的创始成员国，自领导人峰会机制设立以来一直扮演着关键角色，为世界经济复苏作出了重要贡献。G20 领导人峰会机制为推动全球治理体系改革注入了新动力，标志着全球治理开始从西方治理向共同治理转变，中国开始从世界体系边缘走向世界舞台中央。

第二步：中国倡议筹建亚洲基础设施投资银行和建设"一带一路"。2013 年 9 月和 10 月，习近平主席在出访哈萨克斯坦和印度尼西亚期间，先后提出共建"丝绸之路经济带"和"21 世纪海上丝绸之路"的重大倡议，随后又筹建亚洲基础设施投资银行。"一带一路"倡议的推出、亚洲基础设施投资银行的成立，表明一个和平复兴的大国正在产生巨大的"外溢效应"。"一带一路"、亚洲基础设施投资银行是中国为推动世界经济复苏、优化全球经济治理而提出的"中国方案"，还是崛起中的大国第一次以和平方式带领世界共同发展。

第三步：中国被迫扛起经济全球化的旗帜。受国际金融危机和欧洲债务危机的双重影响，西方世界保守主义、民粹主义、孤立主义抬头，"美国优先""买美国货、雇美国人"等民粹主义口号上升为白宫的政策主张，西方少数大国的贸易政策、投资政策、产业政策等朝着"去全球化"方向发展，各类区域性的贸易投资协定碎片化，全球化运动走到了十字路口，何去何从考验着中国的智慧。西方大国的逆全球化运动将中国推上了经济全球化旗手的位置，正如习近平同志所说："20 年前甚至 15 年前，经济全球化的主要推手是美国等西方国家，今天反而是我们被认为是世界上推动贸易和投资自由化便利化的最大旗手，积极主动同西方国家形形色色的保护主义作斗争。"[1] 2017 年 1 月，习近平主席第一次出席达沃斯论坛，向全世界公开宣示，"中国的大门对世界始终是打开的，不会关上"[2]，中国"旗帜鲜明反对保护主义"[3]，中国"欢迎各国人民搭乘

① 《习近平谈治国理政》(第二卷)，外文出版社 2017 年版，第 212 页。

② 《习近平谈治国理政》(第二卷)，外文出版社 2017 年版，第 486 页。

③ 《习近平谈治国理政》(第二卷)，外文出版社 2017 年版，第 481 页。

中国发展的'快车''便车'"[1]。此次达沃斯之行，标志着中国实现了从跟随经济全球化向逐渐引领经济全球化的历史性转变，世界秩序重建第一次赋予了中国话语权，这是前所未有之大变局。

站在从大国走向强国的历史方位上，中国需要重新思考在世界马克思主义版图中应该扮演什么样的思想理论角色，在捍卫发展马克思主义过程中应该承担什么样的思想理论使命，以及我们的思想理论创造是否与世界历史民族的地位相匹配，我们在向世界提供发展动力的同时是否贡献了引领人类精神的中国原则。

"世界怎么了、我们怎么办"是新时代中国发出的"世界之问"。在不确定的世界中寻找确定性，国际社会的目光投向中国，期待听到中国声音，看到中国方案，中国没有缺席。党的十九大报告指出："中国共产党是为中国人民谋幸福的政党，也是为人类进步事业而奋斗的政党。中国共产党始终把为人类作出新的更大的贡献作为自己的使命。"这是我们党第一次明确提出自己的世界历史使命。习近平同志强调："要围绕我国和世界发展面临的重大问题，着力提出能够体现中国立场、中国智慧、中国价值的理念、主张、方案。"[2] 习近平新时代中国特色社会主义思想为解决人类面临的发展赤字、治理赤字、和平赤字、信任赤字、文明赤字问题提供了中国方案，已经成为世界"读懂中国的标识"。

### （二）中国式现代化为人类实现现代化提供新的选择

中国式现代化对中国推进现代化和人类实现现代化作出了重要贡献。

第一，为人类实现现代化提供了新的选择。过去似乎认为，只要实

---

[1] 《习近平谈治国理政》（第二卷），外文出版社 2017 年版，第 484 页。

[2] 《习近平著作选读》（第一卷），人民出版社 2023 年版，第 480 页。

行现代化就必须走西方现代化这条唯一的道路。中国式现代化在世界上的成功，破除了"自古华山一条路"的迷思，使人们看到实行现代化是"条条大路通罗马"。中国式现代化表明通向现代化之路有多条，中国式现代化是其中非常重要的一条。中国式现代化基于"主主平等普惠"，从人口规模、共同富裕、全要素文明协调发展、人与自然的关系、和平发展道路等方面，为人类实现现代化提供了新的选择，开辟了具有光明前景的新的方向和道路。

第二，创造了人类文明新形态。西方文明曾在世界历史上发挥过积极作用，然而在历史进程中，西方文明演变为一元"帝国文明"，其哲学根基是"主客对立""主统治客"，蕴含着异化为"野蛮"的基因。这种一元"帝国文明"不仅内生不出人类文明新形态，而且会把整个人类带入歧途乃至深渊。中国式现代化基于"主主平等普惠"的哲学根基，能创造人类文明新形态。它是一种以"主主平等普惠"为根基的"人本文明""民本文明""和合普惠文明""全要素文明""复数文明"，这样的文明为人类实现现代化指明了具有光明前景的方向和道路。

第三，为当今世界发展作出多种贡献。中国式现代化是人口规模巨大的现代化，它不仅要使14亿多人口整体迈进现代化社会，也为世界提供了广阔的市场发展空间，这是对世界的生存性贡献和经济贡献。中国式现代化是实现全体人民共同富裕的现代化，它不仅为发展中国家走向现代化提供新的途径，也为人类实现以人为本提供新的选择，这是对世界的社会主义贡献和稳定性贡献。中国式现代化是物质文明和精神文明相协调的现代化，它不仅推进了整个社会全面协调、统筹兼顾式的发展，而且彰显出社会主义制度的优越性，这是对世界的发展性贡献和制度性贡献。中国式现代化是人与自然和谐共生的现代化，它不仅使人在美丽的环境中工作和生活，而且也保护了人类的生存家园，这是对世界的文化性贡献和文明性贡献。中国式现代化是走和平发展道路的现代化，不仅有助于维护广大发展中国家人民的生存权利，而且有利于维护世界和平，这是对世界的人类性贡献与和平性贡献。

第四，中国式现代化为创新发展 21 世纪马克思主义奠定了基础、提供了基石，是创新发展 21 世纪马克思主义的立足点。这一点，本书将在适当地方给出详尽的阐述。

这些贡献蕴含着包容、利他、平等、统一、和谐、普惠的基因，由此中国式现代化区别又高于西方现代化，能真正创造人类文明及人类文明新形态。为此，我们一定要讲好中国式现代化的叙事和故事，讲好中国式现代化为人类实现现代化提供新的选择的叙事和故事。

### （三）构建人类命运共同体是中国为解决世界向何处去贡献的中国智慧和中国方案

构建人类命运共同体理念具有强烈的问题意识，既是针对国内因某些领域和方面公平正义供给不足、治理现代化相对滞后而产生的某种分化问题提出的，更是针对国际霸权主义横行而导致的全球创新动力不足、贫富差距扩大、全球治理滞后以及出现的发展赤字、和平赤字、治理赤字、信任赤字提出的。公平正义供给不足会导致社会创新乏力、利益分化并影响社会和谐稳定；治理现代化滞后会造成诸多难题得不到有效解决而影响民族复兴；霸权主义横行会导致整个世界创新动力更加不足、贫富差距更加悬殊、全球治理更加滞后。不解决这些问题，不仅会阻碍实现社会主义现代化和中华民族伟大复兴的历史进程，而且会使整个世界陷入困境。习近平同志以大国担当的勇气和信心，既勇于破解国内难题，提出了以人民为中心的发展思想，又勇于担负重建世界秩序的使命和责任，提出了构建人类命运共同体这一具有战略意义和世界意义的理念。

构建人类命运共同体理念具有丰富的哲学思想。

第一，强调世界既具有统一性又具有多样性的世界观，超越了西方"一元主导"世界观，超越了西方"主体"统治"客体"的哲学思维，具有解决中国和世界难题的立论基础。世界是多样性的统一，也是统一性的多样。这样来认识和把握世界，既有利于使世界充满活力，又有助于使世界达至和谐。如果只强调统一而不注重多样，就易走向霸权主义；如果只强调多样而不注重统一，就会导致世界的对立和分裂。构建人类命运共同体理念强调平等包容，而中华文明对"多样"具有极大的包容性，能够将各种文明的优秀因子加以黏合。这是中华文明的独特优势。从多样中寻求共同，提出构建人类命运共同体理念，既尊重世界差异性，又注重世界统一性，这就克服了"西方中心论""历史终结论"只强调"一"而排斥"多"的方法论弊端。

第二，强调"人民至上"的发展观，超越了"资本至上"的发展观。

第三，强调尊重其他国家根据本国国情自主选择其发展道路的"包容发展"的道路观，超越了"西方模式论"的道路观。

第四，强调立足"社会化人类"构建人类共建共享共治共同体的世界大同观，超越了基于"市民社会"以邻为壑的个人利益观。

第五，强调任何国家在主权、规则、机会上应当平等的国家观，体现了"主主平等普惠"的哲学思维，超越了以"主统治客"为哲学根基的"国强必霸"的国家观。构建人类命运共同体理念蕴含的哲学思维，重在强调平等包容、主权平等，而不是"主体"统治"客体"；主张和而不同、仇必和解，而不是居高临下强加于人，甚至不惜诉诸武力；主张各国不分大小、强弱、贫富，都是国际社会平等的成员，提倡以和平合作、包容普惠的发展模式代替你输我赢、赢者通吃的发展模式。这些都可以纠正以"一元论"、"主体"统治"客体"为哲学根基的霸权主义。

第六，强调和平发展、合作共赢的"互利普惠"的义利观，超越了"你输我赢"的义利观。构建人类命运共同体理念的实质是追求包容普惠。习近平主席围绕构建人类命运共同体这一主题，多次在国际重要场合发表主旨演讲，提出"秉持和平、主权、普惠、共治原则""建设一个开放、包容、普惠、平衡、共赢的经济全球化""打造平衡普惠的发展模式"等重要论述。他提出普惠概念，把普惠作为建设持久和平世界的根本原则，作为推动建设经济全球化的核心理念，作为促进人类发展的一种模式。这特别值得我们关注和研究。这种普惠价值是全人类共同价值的实质和核心，是对共同价值的解释、展开、说明。

第七，强调"五大文明协调发展""文明互学互鉴"的文明观，超越了"文明冲突论"的文明观。

上述"七观"，是世界维度的中国式现代化、人类文明新形态与构建人类命运共同体的哲学观。

总之，中国提出的中国式现代化、创造人类文明新形态、携手构建人类命运共同体理念，必然为世界作出重要贡献，必然对世界格局、全球治理、人类文明带来巨大冲击，产生系列连锁反应。一是推动世界经济新中心的崛起。新兴经济体群体性崛起，世界经济中心正在由大西洋向太平洋转移，由西方向东方转移，迎来"东升西降"的重要拐点。二是推动国际政治版图的重构。随着金砖国家国际话语权的稳步提升，国际权力被西方大国掌握的局面将走向终结，西方独自主导国际政治的历史将走向终结，全球政治格局正在由单极世界向多极化世界转变。三是卷入科技制高点的争夺。新一轮科技革命正处于喷薄日出之际，世界大国激烈博弈，科技主导地位之争愈演愈烈。中国科技创新能力显著增强，与西方的差距逐步缩小，正在从过去的跟跑向并跑以及一些领域领跑转变。四是推动全球治理格局的转变。美国由全球治理体系中的最大常量、最大确定性演变为当今世界的最大变量、最大不确定性因素，美国退群、废约、失信行为在全球引发了"破坏性后果"[1]，而中国已上升为全球治理体系中的"主要稳定支柱"。

## 三、站在人类进步的一边掌握历史主动、影响人类发展命运

中国共产党能否掌握历史主动，不仅影响中华民族的发展命运，也影响人类发展命运。要掌握历史主动，关键在于确立正确的方向和目标，选择正确的道路，拥有推动历史发展的积极力量，具有科学理论指引。

### （一）以正确的方向和目标影响人类发展命运

这是朝着什么样的"方向和目标"奋斗的问题，当然也涉及价值导向问题。方向和目标影响人类发展命运。如果方向和目标错了，人类历史发展要么倒退，要么停滞，要么曲折，要么走弯路。

世界上，影响人类历史发展的，有两种基本路径：一种是西方现代化的路径，奉行的是"霸道"；一种是东方中国现代化的路径，倡导的是"王道"。

---

[1] 美国前总统特朗普上任以后，美国退出联合国教科文组织、联合国人权理事会、万国邮政联盟等国际组织以及《跨太平洋伙伴关系协定》《巴黎协定》《伊朗核问题协议》《全球性难民和移民协议》《中导条约》《维也纳外交关系公约》等协议；在贸易问题上，美国以国家安全为由征收惩罚性关税，推行贸易霸凌主义，阻挠世界贸易组织上诉机构法官遴选，致使以世界贸易组织为核心的全球贸易治理机制陷入瘫痪境地。

西方现代化的"霸道"路径只能导致世界分裂、人类动荡。因为"霸道"的哲学根基是"主客对立",奉行"主统治客""客随主便"。这种哲学,把整个世界划分为西方世界和非西方世界,把西方世界看作"主",把非西方世界看作"客",认为非西方世界包括东方世界要听从西方世界的主宰和安排,非西方世界包括东方世界要纳入"东方从属于西方"的总体框架中。在这种框架中,西方世界的现代化发展以牺牲非西方世界的发展为代价,甚至西方世界会动用武力、暴力、战争等手段损害非西方世界的利益。这样的世界,是动荡的世界,是不稳定不确定的世界,是危机四伏的世界。其中的根本原因,就在于西方现代化设定了错误的历史发展方向和目标。它设定的是"你死我活""你输我赢""势不两立""赢者通吃"的现代化方向和目标,而不是"和平发展""合作共赢""包容普惠""命运共同体"的现代化方向和目标。这样的现代化方向和目标,必然导致世界的分化、分裂和纷争。这不是人类发展的方向和目标,而仅是西方现代化的发展方向和目标。

"王道"的现代化发展路径能推进人类和平发展、合作共赢、包容普惠。这里所讲的"王道",是与"霸道"相区别而言的,它在哲学上强调"主主平等普惠",注重主体性、平等性、普惠性。基于这样的哲学,它设定的人类现代化的发展方向和目标,就是世界各国不论强弱和大小,在主权上、机会上、规则上都是平等的主体,追求的是和平发展、合作共赢、包容普惠,推进的是走和平发展道路的现代化,是全体人民共同富裕的现代化,是物质文明和精神文明相协调的现代化,是人与自然和谐共生的现代化;坚持的是"主主平等文明",是物质文明、政治文明、精神文明、社会文明、生态文明协调发展的"全要素文明",是"和合普惠文明",是社会主义"人本文明"、中国特色社会主义"民本文明"。显然，这样的现代化和文明能内生出人类文明，能推进人类发展。

### （二）以正确道路影响人类发展命运

这是走什么"路"的问题。

发展道路也影响人类发展命运。我们讲决不能在根本问题上犯颠覆性错误，其次就是不能犯道路性错误。如果选择的道路错了，人类历史发展同样要么倒退，要么停滞，要么曲折，要么走弯路。

就当今世界而言，人类历史发展的现代化道路，从根本上讲，主要有两条：一条是资本主义现代化道路，另一条是社会主义现代化道路。

资本主义现代化道路在初期，对冲破封建专制与解放个人、解放生产力，对推进人类历史进步，发挥过积极推动作用。在《德意志意识形态》和《共产党宣言》中，马克思、恩格斯对资本聚集、激活生产要素与发展社会生产力作过详尽描述和阐释。然而，在资本主义进一步发展的进程中，在资本主义演变为帝国主义的历史进程中，资本的"吃人"本性更加鲜明地呈现出来了。马克思指出，"资本来到世间，从头到脚，每个毛孔都滴着血和肮脏的东西"[1]。资本家为了利润，要么铤而走险，冒着走上绞刑架杀头的危险；要么敢于践踏人间一切法律，干出一些非人性的事。资本主义的现代化道路、帝国主义的发展道路充满着血腥和暴力，充满着损人利己，把人类历史发展引入歧途。当今世界出现的乱象和乱局，就与这种道路息息相关。因为这种道路以资本为主导，资本占有劳动并控制整个社会。这必然导致两极分化，使整个世界陷入分裂，

---

[1] 《马克思恩格斯选集》（第二卷），人民出版社 2012 年版，第 297 页。

且处在各种各样尖锐的矛盾之中。

中国式现代化是中国共产党领导的社会主义现代化，为人类实现现代化提供了新的选择。这种新的选择，是具有光明前景的选择。一是它力求为世界人民谋幸福，使世界人民走向共同富裕，区别并高于两极分化的西方现代化；二是它力求实现社会全面进步和人的全面发展，是实现全要素发展的现代化，区别并高于物质主义膨胀的单向度发展的西方现代化；三是它积极促进人与自然和谐共生，促进世界绿色发展，区别并高于以牺牲或破坏环境为代价的西方现代化；四是它走和平发展、合作共赢的现代化发展之路，区别并高于那种资本掠夺、殖民扩张、暴力冲突的西方现代化。

### （三）以积极推动力量影响人类发展命运

这是实现奋斗目标的"动力或活力"问题。

推动力量也影响人类发展命运。我们讲决不能在根本问题上犯颠覆性错误，再次就是不能犯力量方面的错误。如果缺乏动力和活力，人类历史发展要么停滞，要么缓慢。

在工业革命初期，资本主义生产方式具有推动人类历史发展的强大动力。对此，马克思、恩格斯在《德意志意识形态》和《共产党宣言》等著作中，都作过较为细致的描述。然而，在资本主义进一步发展的过程中，私有制的生产关系便束缚了社会生产力的进一步发展。其内在机理，就是作为生产力主体的劳动者遭遇了非人性的待遇，他们所从事的劳动是异化劳动，他们已经丧失了劳动的积极性、主动性、创造性。当然，资本主义社会也具有一定的自我调节机制，一方面，它缓和与工人阶级的阶级矛盾，适当改变工人阶级的生产条件、生存环境；另一方面，它大力发展科学技术，培养能掌握科学技术的"白领"阶层。这样一来，它也推进了生产力的发展。然而，如果进行全面深入的思考和分析，我们就能进一步看到，资本主义是在把国内矛盾转移到全球，转移给发展中国家，即搞资本掠夺、殖民扩张。其主要方式，一是制造军事冲突和局部战争，出售军事武器；二是建立科技壁垒，实行技术封锁，卡他国脖子；三是实行美元霸权或金融霸权，大量吸金；四是进行文化渗透，实行和平演变；五是搞殖民扩张，掠夺他国资源；六是输出本国落后产能。这样做，确实对缓和国内矛盾、推进国内生产力的发展起到了一定作用，然而却导致全球经济增长动能不足、全球发展失衡、全球治理滞后，使国家之间存在发展赤字、和平赤字、治理赤字、信任赤字，使整个世界进入新的动荡变革期，处于不稳定不确定状态，甚至带来了系统性风险。

必须寻求人类社会发展、世界发展的再生之路，寻求新的发展动能和力量，寻求新质生产力。中国式现代化、中华民族现代文明能为人类历史发展注入新的强大动能和力量。中国式现代化和中华民族现代文明强调"主主平等普惠"，能激发发展中国家发展的积极性；中国式现代化、中华民族现代文明注重和平发展、合作共赢，推动共同建设"一带一路"，能把许多国家带入发展的轨道，并享受发展成果；中国式现代化、中华民族现代文明注重为人类谋进步、为世界谋大同，为解决人类问题提供了中国智慧和中国方案，如参与全球治理体系改革和建设、推动构建人类命运共同体等；中国式现代化、中华民族现代文明注重创新驱动发展，注重发展新质生产力，注重新科技革命和产业变革，突出高质量发展新动能，以数字化、智能化、绿色化为主要特征，以知识和技术密集型产业为主要支柱，以智力资源为主要依托。上述这些，都以不同方式和路径，为人类历史发展注入了强大动力。

### （四）以创新发展 21 世纪马克思主义影响人类发展命运

2017 年，习近平主席在联合国日内瓦总部演讲时，提出了"世界怎么了、我们怎么办"的"世界之问"。他说："这是整个世界都在思考的问题，也是我一直在思考的问题"①，"当今世界正在经历百年未有之大变局。这场变局不限于一时一事、一国一域，而是深刻而宏阔的时代之变"②。那么，我们怎么办？"当前，最迫切的任务是引领世界经济走出困境。世界经济长期低迷，贫富差距、南北差距问题更加突出。究其根源，是经济领域三大突出矛盾没有得到有效解决。"③这三大突出矛盾，一是全球增长动能不足，难以支撑世界经济持续稳定增长；二是全球经济治理滞后，难以适应世界经济新变化；三是全球发展失衡，难以满足人们对美好生活的期待。这些是当今世界经济增长、治理、发展模式中存在且必须解决的问题。党的二十大报告进一步指出："必须坚持胸怀天下。中国共产党是为中国人民谋幸福、为中华民族谋复兴的党，也是为人类谋进步、为世界谋大同的党。我们要拓展世界眼光，深刻洞察人类发展进步潮流，积极回应各国人民普遍关切，为解决人类面临的共同问题作出贡献，以海纳百川的宽阔胸襟借鉴吸收人类一切优秀文明成果，推动建设更加美好的世界。"

依据习近平同志相关重要论述，以及我国理论界研究的相关成果，"世界之问"强调的是拓展世界眼光、全球视野，深刻洞察人类发展进步

---

① 《习近平谈治国理政》（第二卷），外文出版社 2017 年版，第 537 页。

② 《习近平谈治国理政》（第四卷），外文出版社 2022 年版，第 483 页。

③ 《习近平谈治国理政》（第二卷），外文出版社 2017 年版，第 479 页。

潮流，积极回应世界各国人民普遍关切，注重马克思主义必须同人类发展进步共命运。具体来说，"世界之问"有三大内涵：一是人类面临哪些共同问题，究竟遭遇哪些共同的风险挑战，人类发展的前途命运如何，中国如何为人类谋进步；二是世界究竟向何处去，"世界怎么了、我们怎么办"，中国如何为世界谋大同；三是在21世纪"两制并存"的格局下，社会主义和资本主义如何相处，如何发挥社会主义制度的优越性、克服资本主义制度的弊端，中国应为解决人类问题和世界问题贡献什么，从而推动建设更加美好的世界。

这三个问题具有共同之处，即都影响人类未来发展命运，其实质，都是为人类谋进步、为世界谋大同，但也有区别。人类面临哪些共同问题、究竟遭遇哪些共同的风险挑战、人类发展的前途命运如何、如何为人类谋进步，是整个人类共同面临的根本问题；世界究竟向何处去，"世界怎么了、我们怎么办"，如何为世界谋大同，是世界各国共同面临的根本问题；在21世纪"两制并存"的格局下，社会主义和资本主义如何相处，如何发挥社会主义制度的优越性、克服资本主义制度的弊端，中国应为解决人类问题和世界问题贡献什么，从而推动建设更加美好的世界，既是两种根本道路、制度和意识形态的较量问题，也是中国同外部世界的关系问题。

这三大根本问题都基于世界百年未有之大变局，共同回答的都是"世界怎么了、我们怎么办""建设一个什么样的世界、如何建设这样的世界"等重大问题。换句话说，科学回答"世界之问"，首先要深刻认识和把握当今世界百年未有之大变局。

世界百年未有之大变局，带来的是整个世界的大发展大变革大调整，使整个世界进入新的动荡变革期。这种新的动荡变革必然导致整个世界的不稳定不确定；这种不稳定不确定必然使整个人类面临世界性的系统性风险和挑战。面对整个人类所面临的世界系统性风险和挑战，人类发展的前途命运究竟如何？或者说，应怎样以胸怀天下的世界眼光关注人类发展的前途命运？这是"世界之问"的第一个内涵。

世界百年未有之大变局，必然导致世界力量转移、世界格局调整、世界话语重构。世界各国都被卷入这种大变局、大变革、大调整、大转移、大重构的世界历史进程中。在这一世界历史进程中，能抓住这种大变局的历史机遇，聚力解决上述"三大突出矛盾"，就会顺势而为、迎势而上，否则就可能被历史淘汰出局。世界究竟向何处去？这个世界究竟怎么了、我们究竟怎么办？这是"世界之问"的第二个内涵。

世界百年未有之大变局，最关键的变量，是中国和美国，是社会主义和资本主义两种道路、制度、意识形态的较量。资本主义道路、理论、制度和文化在根本上解决不了人类发展的前途命运和世界究竟向何处去的问题，难以真正解决"三大突出矛盾"，也难以有效应对整个人类面临的世界性的系统性风险和挑战，反而会制造出许多问题。因为从学理来讲，资本主义道路、理论、制度和文化的哲学根基，是"主客对立""主统治客"。基于"主客对立""主统治客"的哲学理念和范式，其只能导致世界的分化，使整个世界陷入困境，而且其资本占有劳动并控制社会的资本主导逻辑，只能把整个人类和世界引入暴力、战争的歧途。这是一种通过战争、殖民、掠夺等方式实现现代化的老路，是一种损人利己、充满血腥且给广大发展中国家带来深重苦难的邪路。相反，只有坚持社会主义以及中国特色社会主义道路、理论、制度、文化不断发展，以全球天下视野、世界眼光来回答当今世界面临的重大问题，才能使中国站在历史正确的一边、站在人类文明进步的一边。中国高举和平、发展、合作、共赢旗帜，积极参与全球治理体系改革和建设，积极构建人类命运共同体，在坚定维护世界和平与发展中谋求自身发展，又以自身发展更好维护世界和平与发展，进而为解决人类问题和世界问题贡献中国理论、中国智慧、中国方案、中国力量；世界的发展需要中国，中国的发展离不开世界。这里就涉及了中国与外部世界的关系。显然，在21世纪"两制并存"的格局下，社会主义和资本主义如何相处？如何发挥社会主义制度的优越性、克服资本主义制度的弊端？中国应为解决人类问题和世界问题贡献什么，从而推动建设更加美好的世界？这是"世界之问"的第三个内涵。

回答"世界之问"，需要基于中国式现代化、人类文明新形态和构建人类命运共同体，创新发展21世纪马克思主义。

21世纪马克思主义是解答"世界之问"的中国理论，在解答"世界之问"上充分彰显了思想的力量。之所以如此，就在于它提出的积极参与全球治理体系改革和建设，倡导的全人类共同价值，创造的人类文明新形态，积极携手共建的人类命运共同体等，都为回答"世界之问"贡献了中国智慧、中国理论和中国方案。

# 第二节
## 以对传统秩序的超越影响人类发展命运

这里所讲的对传统文明的超越，既包括对中华传统文明的超越，也包括对西方传统文明的超越。

## 一、对中华传统文明的超越

对中华传统文明的超越，需要通过创造性转化、创新性发展来实现。

中华传统文明，本质上是"伦理型文明"。其机理在于中国传统社会是政治主导型社会，中国传统社会的政治是层级结构性政治。这种政治结构主要涉及人和人的关系。封建社会的统治者为了维护其统治，期望建构一种自上而下实施权力、自下而上服从统治的政治秩序。自然，它在理论上就要建构一种服务这种统治的人际关系上的伦理秩序，如仁义礼智信、温良恭俭让，修身齐家治国平天下，等等。

然而，这种传统伦理秩序主要是服务服从于封建专制统治秩序的。我们可以依据冯友兰先生所讲的"抽象继承法"，从中华传统伦理型文明中抽象并激活有利于推进人类发展的价值元素，如天下为公、民为邦本、为政以德、革故鼎新、任人唯贤、天人合一、自强不息、厚德载物、讲信修睦、亲仁善邻、礼仪有序、温良之道等，并通过创造性转化、创新性发展，使其具有时代价值和世界意义。这样的努力是可行的。因为21世纪的世界是存在发展赤字、和平赤字、治理赤字、信任赤字的世界，是需要推进和平发展、合作共赢、包容普惠的世界，而从中华优秀传统文化中抽象并激活出的上述价值元素，有助于解构西方文明那种损人利己、资本掠夺、殖民扩张、暴力冲突的基因和逻辑，也有助于推进和平发展、合作共赢。

## 二、对西方传统文明的超越

对西方传统文明的超越，也需要通过创造性转化、创新性发展来实现。

　　西方传统文明，本质上是资本主导的"竞争型文明"。其内在机理在于西方传统社会主要是经济主导型社会，西方传统社会的经济是通过激烈竞争而形成的二元对立型、两极博弈型经济结构。这种社会把动物世界的"丛林法则"引入社会，倡导社会竞争，甚至是残酷的社会竞争。这种"竞争性文明"，把世界带入"水火不容""势不两立""你死我活""赢者通吃""两极分化""损人利己"的境地。世界发展呼唤新的文明。

　　能超越西方传统文明的，是中华民族现代文明。中华民族既不忘本来，传承发展中华文明，注重世界伦理或全球伦理，强调天下为公、天人合一、厚德载物、讲信修睦、亲仁善邻、协和万邦、兼济天下、世界大同，也吸收外来，积极吸收人类文明一切有益成果，注重科技现代化、人的现代化，注重民主法治，还立足新时代中国发展实际，助推强国建设、民族复兴，倡导民为邦本、为政以德、革故鼎新、任人唯贤、自强不息，从而实现了中华文明的生命更新和现代转型，发展出新的文明形态，即中华民族现代文明。中华民族现代文明，在哲学上，是"主主平等文明"；在历史时间上，是注重物质文明、政治文明、精神文明、社会文明、生态文明协调发展的"全要素文明"；在历史空间上，是"和合普惠文明"；在社会主义意义上，是"人本文明"；在中国特色社会主义意义上，是"民本文明"。这样的文明形态，显然区别、超越并高于西方传统文明，为人类文明发展提供了具有光明前景的新的选择，有助于把握历史规律、掌握历史主动。

## 三、坚持中国共产党领导对特殊利益集团的超越

　　政党是否有对"自己利益和特殊集团利益的追求"，是衡量一个政党

性质、宗旨的根本标尺。

资产阶级政党是一个特别注重追求"自己利益和特殊集团利益"的政党。其自己的利益，就是想通过竞争使自己取得执政地位，取得执政地位以后，资产阶级政党不仅谋求自己的利益，而且还为资本特殊利益集团服务，使资本特殊利益集团继续支持其执政。当然，资产阶级政党也会为本国人民说话办事，但它首要的是奉行资本至上，是为资本特殊利益集团说话办事。双方实质上是在做政治权力和资本权力的交换，而人民群众的利益被放在次要地位。

作为马克思主义执政党的中国共产党没有自己的特殊利益，它坚持人民至上，其根本利益就是维护好发展好实现好最广大人民的根本利益。无论是党章、宪法，还是党的全国代表大会的政治报告，抑或是党和国家领导人的重要讲话，以及党的重要文献，都鲜明地指出了这一点。这既是根本制度，也是意识形态，还是理论体系。中国共产党历来坚持人民至上，坚持以人民为中心的发展思想；中国共产党人，把人民置于心目中最高位置，强调党的根基在人民、血脉在人民、力量在人民，把人民对美好生活的向往作为奋斗目标，强调民心是最大的政治，人民是党执政最大的依靠力量。

显然，中国共产党从本质上区别、超越并高于资产阶级政党。这样的马克思主义执政党具有世界眼光，胸怀天下，致力于为人类谋进步、为世界谋大同，能把握历史规律、掌握历史主动，为人类历史发展指明正确的方向和道路。

## 四、推进"五大文明"协调发展对单向度发展的超越

近代以来的西方文明，是以物质主义膨胀为特征的单向度文明。

这与西方资本主义的经济结构、政治结构、文化结构（或价值取向）有关。西方资本主义的经济结构是资本主导，追求的是经济利益、经济利润最大化，奉行市场经济，注重经济人假设。西方资本主义的政治结构，是总统（首相）竞选制，候选人、竞选者千方百计募集竞选基金，资本大财团也常常把资金投向具有竞争力的候选人、竞选者。就是说，竞选的背后是资本、资金，是资本大财团。竞选上总统的，便会利用手中的权力为相关资本家、资本大财团谋利益提供方便和服务。西方资本主义的文化结构，奉行个人主义、利己主义、消费主义，而不是集体主义、利他主义与奉献精神。这种经济结构、政治结构、文化结构之特质，就是奉行物质主义，是单向度的发展。对此，马尔库塞在《单向度的人——发达工业社会意识形态研究》、弗洛姆在《健全的社会》《占有还是生存——一个新社会的精神基础》中，都做了较为详尽的论述。马尔库塞直接把"单向度的人"作为书名，鲜明地表达了他的观点。弗洛姆用大量篇幅描述和分析了资本主义社会"单向度发展"所带来的人的精神病症，即人人具有"占有型人格"，社会成为不健全的社会。

中国式现代化、中华民族现代文明强调并注重物质文明、政治文明、精神文明、社会文明、生态文明协调发展。1978 年之初，处在社会主义初级阶段的中国强调坚持以经济建设为中心，把大力解放和发展社会生产力作为中国特色社会主义的根本任务，积累社会物质财富，为建成社会主义奠定坚实的物质基础，此谓发展物质文明；改革开放尤其是中国特色社会主义进入新时代以来，我国积极发展全过程人民民主，走党的领导、人民当家作主、依法治国有机统一的政治发展道路，此谓政治文明；改革开放之初，我们强调一手抓物质文明、一手抓精神文明，坚持

"两手都要抓、两手都要硬"，尤其是中国特色社会主义进入新时代，我们党大力推进丰富人民精神世界、增强人民精神力量的历史进程，大力倡导和践行社会主义核心价值观，积极造就新的文化生命体，把推进文化繁荣、强国建设和建设中华民族现代化文明作为新时代新的文化使命，巩固文化主体性，加强党对文化的领导权，此谓精神文明；在中国特色社会主义建设历史进程中，我们党积极加强和推进社会建设，促进公平正义，改善和保障民生，推进实现全体人民共同富裕，推进人的全面发展，此谓社会文明；针对过去我国一些地方存在的"先发展、后治理"以及环境污染、生态遭到破坏的情景，党的十八大以来，我们党积极并大力推进生态文明建设，使生态文明建设取得了历史性成就、发生了历史性变革，此谓生态文明。

显然，以物质文明、政治文明、精神文明、社会文明、生态文明相统一为核心内容的中华民族现代文明，区别并高于西方的单向度文明，为人类文明提供了一种具有光明前景的新的文明形态。这是中国对人类发展的一大贡献，大大推进了人类历史发展。

## 五、走和平发展、合作共赢道路对"西方中心论"、霸权主义的超越

无论是欧洲中心主义，还是从欧洲中心主义发展出来的"西方中心论"，以及实践上的西方霸权主义，走的都是通过战争、殖民、掠夺等方式实现现代化的道路。这是一种损人利己、充满血腥的道路，是一种唯我独尊、你死我活、你输我赢、赢者通吃的道路，给发展中国家人民带来深重苦难。

中国坚定地站在历史正确的一边、站在人类文明进步的一边，高举

和平、发展、合作、共赢旗帜，在坚定维护世界和平与发展中谋求自身发展，又以自身发展更好维护世界和平与发展。中华文明的一个鲜明特质，就是注重和平，具有和平性。其基础，是中华文明具有突出的统一性和包容性。

第一，统一性。对比世界诸文明，中华文明是世界上统一时间最长的文明。同时，这种统一不是小国寡民式的统一，而是以广袤地域、超大规模人口、多元民族和多样性文化为基础的"大一统"。长期"大一统"的疆域、政治、文化和民族历史赋予了中华文明"大一统"的情怀和理念。中华文明具有突出的统一性，从根本上决定了即使遭遇重大挫折，中华民族各民族文化也会牢固地凝聚为一体，决定了国土不可分、国家不可乱、民族不可散、文明不可断的共同信念，决定了国家统一永远是中国核心利益的核心，决定了一个坚强统一的国家是各族人民的命运所系。

第二，包容性。中华文明是在相对封闭的地理环境中自成体系生成的，具有突出的统一性，但这并不意味着中华文明是一元排他、自我封闭的孤立体系。相反，同世界诸多文明相比，中华文明具有突出的包容性。得益于中华民族生生不息的广袤地理空间，多样性地域文化的五方杂糅赋予中华文明无所不包、无所不容的包容性基因。漫长的民族大融合历史丰富了民族交往交流交融的经验，深化了对民族交往交流交融历史取向的认识，强化了民族交往交流交融的感情，培养了民族交往交流交融的能力，涵养了中华文明的包容性力量。中华文明海纳百川、博采众长，不仅对本民族文化元素具有包容性，而且能够包容异质文明。中华文明突出的包容性，从根本上决定了中国各宗教信仰多元并存的和谐格局，决定了中华民族交往交流交融的历史取向，决定了中华文化对世界文明兼收并蓄的开放胸怀。

正是基于这种统一性和包容性，中华文明才具有突出的和平性。如前所述，中国不断追求文明交流互鉴而不搞文化霸权，不会把自己的价值观念与政治体制强加于人。中国坚持合作、不搞对抗，决不搞"党同伐异"的小圈子。世界正处于百年未有之大变局，人类文明处在新的十字路口，中华文明作为人类唯一古老而又连续性的文明，具有鲜明的显著优势，能为建设美好世界提供更多更好的中国智慧和中国方案。

# 第三节
# 以为人类作出重大贡献影响人类发展命运

用中国式现代化、人类文明新形态和人类命运共同体的分析框架，能揭示现代化的演进逻辑。从哲学上看，许多世纪的人文社会科学领域的学术问题，大多是围绕现代化、人类文明和人类命运问题展开的。现代化、人类文明和人类命运问题具有总体性、涵盖性，与发展 21 世纪马克思主义具有本质联系。

## 一、在世界现代化进程中开创中国式现代化

西方现代化从启蒙现代性开启，之后演进的逻辑，便是从经典现代性，经资本现代性批判和反思现代性，最后走向后现代主义。"现代性"的共同点，就是具有强烈的历史意识和时间意识。如前所述，"启蒙现代性"呈现在启蒙运动历史时期，诞生于资本主义工业化初期。其根基是

人的主体性、理性[①]和个人自由，理性逻辑是其核心。它以人的主体性反对"神性"，以理性反对蒙昧，以个人自由反对宗教禁锢，在摆脱"神性"且培育"人的独立性"上发挥了历史进步作用。启蒙现代性在高扬理性主义的同时，也使理性走向膨胀，使经验理性超验化，使有限理性无限化，使属人理性实体化。"经典现代性"呈现于资本主义工业化时期，主要是对18世纪工业革命以来西方国家现代化进程——传统社会向现代社会转型——的理论阐释，18世纪法国启蒙运动是其体现。它扬弃启蒙现代性的理性和个人自由，立足现代工业文明阐释现代性。经典现代性以理性人为起点，以合理性为目标（具有语言、认识和行为能力的人获得和使用知识，获取物质财富），使理性日益工具化、世俗化和物化，成为工具理性和世俗理性。线性历史观、物质主义至上的单向度发展观、工具理性主义和自由主义是其鲜明标识，理性逻辑和物化逻辑是其内核。经典现代性强调现代化模式的唯一性和普遍性，认为后发国家实现现代化须遵循它所设定的现代化模式。这就为"特殊"披上"普遍"的外衣，蕴含"西方中心论"的基因。这种现代性导致的后果，是人被物化基础上的人与自然疏离、人与社会疏离、人与人疏离、人的身和心疏离。之后，马克思从资本批判和理性批判两个维度展开"资本现代性批判"。马克思对物化的批判集中体现为对资本的批判，对资本的批判主要是对资本占有劳动并具有控制社会权力的资本逻辑的批判；理性批判服从资本批判，主要是遏制理性主义的膨胀，矫正工具理性和科技理性。在马克思看来，他所处的资本主义社会及其现代性基础，是资本逻辑及

---

[①] 理性的本质性含义，主要是外化于物、精确计算、精细分析、确定知识、制定标准、统一控制等。

其运作，资本是处在特定社会关系中的物，具有独立性和个性，是统治社会的力量，成为资本主义现实社会的"最后本体""终极实在""最高主宰"，具有万物归一的最高统一性和终极解释性，把整个社会和人都卷入资本主导的逻辑之中，受资本"同一性""总体性"控制。资本具有投资、经营、扩张、统治、寄生和伪装的本性，进而具有增殖、自由、掠夺、操纵、功利和恶的基因，这种本性和基因内生出的线性历史观、单向度发展观、理性主义和自由主义，是为资本主导逻辑辩护的，同时也作为资本的形而上学，与注重"同一性"的理性形而上学"共谋"，是理性形而上学的"一"在资本主义现实社会的集中体现。马克思毕生的使命就是从根本上瓦解资本逻辑、颠覆理性形而上学，实现社会主义和人在思想、现实中的双重解放。其实质，就是对经典现代性的批判和超越，由资本逻辑走向人本逻辑。反思现代性注重对经典现代性及其负效应的反思、批判和修正，实质是重建西方现代社会新的现代性。后现代主义产生于后工业社会，从哲学上关切信息社会的现代性问题，注重对以理性为基础的现代性的全面彻底颠覆。马克思注重走向人本逻辑，后现代主义注重走向经典现代性的反题即多元逻辑，其哲学标志就是从整体上终结理性形而上学，颠覆机械决定论世界观，形成新的哲学理念及其逻辑，即否定理性、超验性、一元性、同质性、统一性、整体性、线性、确定性、精确性、普遍性、连续性、决定论、顺从性、可控性、预测性、均衡性、永恒性和宏大叙事，注重感性、经验性、多元性、异质性、独特性、个体性、多线性、不确定性、多义性、模糊性、差异性、断裂性、非决定论、批判精神、无把握性、不可预见性、非均衡性、突变性和微观叙事。概言之，它告别启蒙运动关于人性解放的神话、唯心主义关于精神目的论的神话、历史主义关于意义阐释的神话，告别注重主体、本质和中心的世界观，坚持注重感性、"多元论"、"非决定论"的世界观，本质上是对"不确定时代"的概括，动摇了"西方中心论"的哲学根基。

现代化运动是一种世界潮流，把多数国家卷入其中。比如，西方现代化潮流对清朝末年的中国产生强烈冲击，中国也作了一波波被动防御性的回应。第一次是洋务运动，主要是"器物"层面的回应；第二次是戊戌变法，主要是"制度"层面的回应；第三次是辛亥革命，也是"制度"层面的回应；第四次是五四运动，主要是"文化"层面的回应。五四运动前后，在如何应对西方现代化冲击问题上，中国理论界进行过四次论战①。归结起来，主要有五条路线：完全接纳西方化、现代化；完全拒绝西方化、现代化；可以西方化但不能现代化；接受现代化但不能西方化；在现代化进程中，起飞阶段可以吸收西方文化中的许多因素，在现代化加快发展阶段，西方化的比例要下降，本土文化应获得复兴和伸张。五四运动表明：解决中国现代化问题最为关键的，一是必须有正确的科学思想引领，二是必须有强有力的领导组织力量。罗斯托认为，在现代化起飞阶段，需要"出现一个政治力量强大的团体，它将经济现代化视为严肃、高度有序的政治事务"②。

第五次回应是中国共产党的诞生。这种回应，首先是在文化层面积极主动推进马克思主义中国化，把马克思列宁主义基本原理同中国具体实际相结合；更重要的是领导组织层面，马克思列宁主义同中国工人运

---

① 四次论战，指关于东西文化问题、中国现代化问题、中国文化出路问题、农业立国还是工业立国问题的论战。

② 参见［澳］布雷特·鲍登：《文明的帝国：帝国观念的演化》，杜富祥、季澄、王程译，社会科学文献出版社2020年版，第87页。

动相结合产生了中国共产党。中国共产党的诞生对实现中国现代化具有开天辟地的历史转折意义，它一改过去中国对西方现代化潮流冲击的被动防御为主动应对，从确立指导思想、领导力量、正确道路三个方面掌握历史主动，开辟了实现中华民族伟大复兴的正确道路，全力解决中国实现社会主义现代化问题。中国共产党百年奋斗的根本主题，是实现中华民族伟大复兴，其中蕴含着对实现社会主义现代化的不懈追求。

在实现社会主义现代化不懈追求的历史进程中，中国共产党人的创新突破，就是成功创造出了中国式现代化。2021年以来，习近平同志提到了"走自己的路""中国特色社会主义道路""创造了中国式现代化新道路""中国式现代化"四大论断。在学术讨论中，人们较少关注走自己的路、中国特色社会主义道路、中国式现代化新道路、中国式现代化四者间的逻辑关系，有的学者把中国式现代化新道路看作中国改革开放开创的道路，是中国特色社会主义道路的同义表达。如果精准研读相关重要文献便会发现，这四大论断是沿着历史逻辑、理论逻辑、实践逻辑一一出场的，是历史逻辑上递进提升，理论逻辑和实践逻辑上不断推进、拓展的关系，既在历史逻辑上一脉相承，不能割裂，也有理论逻辑和实践逻辑上与时俱进的推进和拓展，不能完全等同。

党的二十大报告从生成逻辑、性质方向、共同特征、中国特色、本质要求、重大原则、实践推进等方面构建起了中国式现代化的理论体系和话语体系。新中国成立特别是改革开放以来的长期探索和实践，是中国式现代化的基础，党的十八大以来我们党在理论和实践上的创新突破，成功推进和拓展了中国式现代化。这意味着，中国式现代化的创新突破、成功拓展和理论建构的历史起点是党的十八大。

中国式现代化可以开创出人类文明新形态。中国式现代化既体现世界历史发展的必然性，也在哲学上注重"主主平等普惠"，因而能创造出人类文明新形态，具有生成人类文明新形态的内在基因和哲学逻辑。中国式现代化的根本作用是推进中华民族伟大复兴，就世界而言，其最高成果就是创造了具有总体性意义的人类文明新形态，致力于构建一种新的人类文明秩序，它把"中国式现代化"提升到了"人类文明"的高度。

在世界文明谱系中，能与西方文明相提并论的，无疑是以中国为主要代表的中华文明。传统的中华文明主要是一种典型的农业文明和内陆文明，其博大精深的文明成果为人类文明发展作出了卓越贡献。在中国特色社会主义发展进程中，中国共产党人"扬弃"传统的中西文明，在创造中国式现代化的进程中也创造出人类文明新形态，进而影响人类文明发展的命运。

## 二、人类文明新形态是构建人类命运共同体的人文基础

从对文明之理论内涵的具体阐释可进一步看出，人类文明新形态是构建人类命运共同体的人文基础。人类文明新形态在人类实践上的内在诉求，就是要致力于构建人类命运共同体，构建人类命运共同体本质上就是人类文明新形态的总体性实践形式。

第一，作为"事实判断"概念的文明描述的是整个人类发展进步的客观事实，是人类历史长期演进中沉淀下来的精华，也是任何追求全人类共同发展进步的国家、民族都共同坚持的文明观。中国式现代化创造的人类文明新形态，本质上追求的就是整个人类的发展进步，且这里的发展进步是各个国家、民族为改变其不满意的现状而向前迈进的自我超越、自我调节、自我约束、自我完善、自我发展、自我进步。它注重人类间的统一性、普遍性、平等性、交融性、互鉴性、普惠性，强调民

族或地域文明所具有的世界意义、人类意义。这样的文明是"复数"多元文明，哲学基础是各国家、民族间的"主主平等""多样统一"，因而它与人类发展进步本质相关，与人类命运直接相连，与人类共同体息息相通，适合整个人类共用，有助于在实践上为构建人类命运共同体奠定"人类"基础。

第二，人类文明新形态注重人类作为类的"共同性"，包括全人类共同利益、全人类共同价值、全人类共同发展、全人类共同进步、全人类共同安全、全人类共同合作、全人类共建共享共治等，本质上追求的是世界主义和人类主义意义上的共同命运。人类文明新形态秉持人类主义立场，坚持多边主义行为准则，致力于实现全人类共同利益，超越了西方中心主义、单边主义、霸权主义、狭隘民族主义和文明冲突论，与追求全人类共同利益、全人类共同安全具有本质一致性；人类文明新形态是坚持走和平发展道路并强调世界大同、和平发展、合作共赢的类本文明，蕴含追求"和平、发展"的全人类共同价值，是不断实现全体人民共同富裕、不断促进人的全面发展与注重发挥人民主体力量的民本文明，蕴含追求"公平、正义、民主、自由"的全人类共同价值；人类文明新形态是注重"多样统一""主主平等"的多元共赢文明，蕴含追求"和平、公平、正义、民主"的全人类共同价值，与追求全人类共同价值、全人类共同发展、全人类共同合作、全人类共同进步具有本质一致性；人类文明新形态是注重物质文明、政治文明、精神文明、社会文明、生态文明协调发展的全要素文明，这种文明强调共建共享共治，与全人类共建共享共治具有本质一致性。上述这些表明，人类文明新形态本质上追求的就是人类与国家、民族的"共同命运"。因此，其有助于在实践上为构建人类命运共同体奠定"共同命运"的基础。

第三，人类文明新形态在人类实践上追求的是"共同体"。人类、国家、民族的共同命运需要构建"共同体"来实现，这样的"共同体"是实现"共同命运"的路径、方式、平台、载体。当然，构建这种共同体需要具有共同利益、共同价值、共同发展、共同安全、共同合作、共建共享、共同进步、共同治理来支撑，而人类文明新形态就为构建这种共同体提供了全方位、总体性的支撑。人类文明新形态除了蕴含对共同利益、共同价值、共同发展、共同安全、共同合作、共建共享、共同进步、共同治理的追求，还蕴含主张"世界多样"的世界观、"国家平等"的国家观、"互学互鉴"的文明观、"包容发展"的发展观、"合作共赢"的义利观，这些"观"与构建人类命运共同体具有本质一致性，为构建人类命运共同体奠定了"共同体"基础。参与全球治理体系改革和建设、共建"一带一路"、携手共建人类命运共同体，就是致力于构建这样的"共同体"。

构建人类命运共同体，是中国为解决人类问题贡献的中国智慧和中国方案，它将逐渐改变世界发展的格局，且影响人类发展的命运。

## 三、基于中国式现代化、人类文明新形态和人类命运共同体发展 21 世纪马克思主义

21 世纪的世界处在新的动荡变革期，是一个以"变革与重构"为时代特征的"不确定"的世界，是会出现系统性风险的世界，因而是迫切需要理论解释的世界。面对百年变局中的"世界动荡""变革重构""不确定"，自由主义出现了话语解释困境；而强起来的中国也需要理论上的强起来，从而为解决 21 世纪的世界问题贡献中国理论，并掌握解释 21 世纪的世界之理论话语权。发展 21 世纪马克思主义，就是与解释和引领

21 世纪的世界相关的命题；21 世纪马克思主义，就是为观察时代、把握时代、引领时代、解释 21 世纪的世界并掌握话语权而要发展起来的科学理论体系。由此，发展 21 世纪马克思主义是历史、时代和世界发展的迫切需要，也是世界马克思主义研究的一个最前沿、最具前瞻性、最具潜力的理论建构性的重大问题。应基于中国式现代化、人类文明新形态和构建人类命运共同体三大基石构建和发展 21 世纪马克思主义，它们是发展 21 世纪马克思主义的"立论基础"。

从中国式现代化经人类文明新形态到人类命运共同体，是一个环环递进、层层提升、逻辑严密的有机整体。从中国式现代化到人类文明新形态，是范式、内容、空间上的一种提升，它把"中国范式"提升为"人类范式"，把"现代化"发展提升为对整个人类、社会与国家、民族进步的不懈追求及其积累起来的积极文明成果，这是哲学思维的上升过程。就此而言，西方式现代化表面上似乎具有人类普遍性，实质上体现的却是西方特殊性；中国式现代化表面上看来具有中国特殊性，深入且从实质看，却具有世界意义。从创造人类文明新形态到构建人类命运共同体，是从人类文明形态到人类共同体之实践形态的一种转化，构建人类命运共同体实质上是人类文明新形态的一种人类实践形式。由此看来，中国式现代化、人类文明新形态和人类命运共同体是本质相关、步步递进、逻辑上升的关系，是彼此理解的关系。以往的相关研究成果未揭示出这三者的关系，就弱化了对这三者关系之学理价值和重大意义的理解。

第一，中国式现代化是发展 21 世纪马克思主义的立足点。马克思主义中国化时代化的实质，就是马克思主义基本原理同中国具体实际相结合、同中华优秀传统文化相结合，其实践上的核心就是在中国实现社会主义现代化。1956年，毛泽东同志把在新中国建设社会主义的道路问题提上议事日程。他强调："应该把马列主义的基本原理同中国社会主义革命和建设的具体实际结合起来，探索在我们国家里建设社会主义的道路了。"① 此时他最关切的根本问题，就是农民人口占大多数的中国应如何建设社会主义现代化。在改革开放和社会主义现代化建设新时期，邓小平同志等所关注的根本问题是"什么是社会主义、怎样建设社会主义"，其实质就是通过中国特色社会主义道路实现社会主义现代化。中国特色社会主义进入新时代，最具有战略全局的根本问题，就是如何以中国式现代化全面推进中华民族伟大复兴。以五四新文化运动为起点，中国道路的百年探索可以用两个关键词来概括，就是现代化与马克思主义中国化，需要深入把握的是：在中国道路百年探索中，现代化与马克思主义中国化建立起怎样的本质关联。②

中国式现代化是发展21世纪马克思主义的一个首要基石。一是发展21世纪马克思主义，本质上就是与现代化直接相关的命题，它是在"深刻反思"西式现代化与拓展中国式现代化基础上发展起来的。21世纪马克思主义既要超越以资本至上为主导逻辑的各种现代性的西方资本主义话语，更要书写坚持人民至上的中国式现代化新版本。"走自己的路，是党的全部理论和实践立足点"③，这是一个全称判断，具有广泛涵盖性，是总结中国共产党百年奋斗重大成就和历史经验而得出的具有重大理论价值和实践意义的结论，表明中国道路对党的理论和实践具有本源意义，

① 《毛泽东年谱（一九四九——一九七六）》（第二卷），中央文献出版社2013年版，第550页。

② 参见吴晓明：《世界历史与中国道路的百年探索》，载《中国社会科学》2021年第6期。

③ 习近平：《在庆祝中国共产党成立100周年大会上的讲话》，人民出版社2021年版，第13页。

是建立在"走自己的路"基石之上的。在新时代,"走自己的路"就具体体现为"中国式现代化",这意味着新时代党的理论是建立在中国式现代化基石上的。当然,发展 21 世纪马克思主义也是建立在中国式现代化基石上的。21 世纪马克思主义以中国式现代化为立足点,把中国式现代化看作 21 世纪马克思主义发展中的根本问题,认为中国式现代化是实现中华民族伟大复兴的正确道路,是立足中国、放眼世界,使 21 世纪马克思主义放射出真理光芒的道路。正因如此,习近平同志把道路问题看作我们党的"根本问题""第一位问题",决定"党的生命""国家命运"的问题。二是中国式现代化的不断发展,使中国特色社会主义伟大事业取得巨大成就,也使中国特色社会主义进入新时代,进而使 21 世纪世界社会主义运动的中心和发展 21 世纪马克思主义的中心转移到新时代的中国。21 世纪马克思主义,可理解为世界社会主义运动中心历史性地转移到新时代中国所发展起来的马克思主义,它是与中国特色社会主义进入新时代,习近平新时代中国特色社会主义思想呈现出时代意义、世界意义与未来向度相关的概念。世界社会主义运动中心历史性地转移到当代中国,实现中华民族伟大复兴战略全局和世界百年未有之大变局交织互动,创造中国式现代化、创造人类文明新形态和构建人类命运共同体,是发展 21 世纪马克思主义的三大标志性历史事件。党的十九大报告所讲的"三个意味着"①,是世界社会主义运动中心转移到新时代中国的根本标志,是

---

① "三个意味着",即中国特色社会主义进入新时代,意味着近代以来久经磨难的中华民族迎来了从站起来、富起来到强起来的伟大飞跃,迎来了实现中华民族伟大复兴的光明前景;意味着科学社会主义在 21 世纪的中国焕发出强大生机活力,在世界上高高举起了中国特色社会主义伟大旗帜;意味着中国特色社会主义道路、理论、制度、文化不断发展,拓展了发展中国家走向现代化的途径,给世界上那些既希望加快发展又希望保持自身独立性的国家和民族提供了全新选择,为解决人类问题贡献了中国智慧和中国方案。

确定"21世纪"这一时代形态的根本标识，是21世纪马克思主义立足中国、走向世界的根本依据。世界社会主义和马克思主义历史发展进程中蕴含一条规律，即世界社会主义运动的中心转移到哪里，发展马克思主义的中心就转移到哪里。21世纪，世界社会主义运动的中心已经历史性地转移到新时代的中国，新时代中国特色社会主义在引领21世纪世界社会主义的运动和发展。因此，21世纪马克思主义的生长点、发展源与中心重镇也随之转移到新时代的中国。新时代中国已成为发展21世纪马克思主义的主要实践创新地和理论策源地，将引领21世纪马克思主义的发展。在这个意义上，习近平同志强调："发展21世纪马克思主义、当代中国马克思主义，是当代中国共产党人责无旁贷的历史责任。"[1] 中国共产党领导中国人民所创造的中国式现代化为人类实现现代化提供了新的选择，也改变了世界现代化进程；中国共产党的百年奋斗，使马克思主义的科学性和真理性在中国得到充分检验，使马克思主义的人民性和实践性在中国得到充分贯彻，使马克思主义的开放性和时代性在中国得到充分彰显。马克思主义中国化时代化的这种成功，使马克思主义以崭新形象展现在世界上。

第二，中国式现代化开创出的人类文明新形态，是发展21世纪马克思主义的根本支点。马克思主义本质上是与人类文明直接相关的范畴，它从来没有脱离人类文明发展大道，是在汲取人类文明一切优秀成果的基础上发展起来的。发展21世纪马克思主义，就要汲取人类文明的一切优秀成果，要超越西方近代以来"主统治客"的文明范式，走向"主主平等"的文明范式；超越"资本文明"范式，走向"人本文明"范式；

---

[1] 习近平：《在庆祝改革开放40周年大会上的讲话》，人民出版社2018年版，第26页。

超越"地域文明"范式，走向"人类文明"范式；超越"单向度文明"范式，走向"全要素文明"范式；超越"单数文明"范式，走向"复数文明"范式；超越"掠夺—单赢文明"范式，走向"和合—共赢文明"范式；超越"西方中心论"文明范式，走向"多元文明互鉴"范式，为人类文明发展指明方向。因此，人类文明新形态蕴含发展 21 世纪马克思主义的要素，离开人类文明新形态，就无法真正理解 21 世纪马克思主义。

第三，构建人类命运共同体是发展 21 世纪马克思主义的根本支柱。21 世纪的世界处于"两个大局"交织互动的新的动荡变革期。这意味着中国深度融入并影响世界，世界也深刻融入并影响中国；中国的发展离不开世界，世界的繁荣也需要中国。这便使中国问题成为世界问题，使世界问题成为中国问题，也必然使实现中华民族伟大复兴影响世界历史进程。在"两个大局"交织互动背景下，中国如何站在历史正确的一边，站在推动人类发展进步的一边，以胸怀天下的眼光把握人类命运与资本主义、社会主义的命运？如何以中国式现代化、人类文明新形态、构建人类命运共同体超越资本主义历史局限，充分展示社会主义制度优越性，实现中华民族伟大复兴？如何从人类发展大潮流、世界变化大格局、中国发展大历史出发，正确认识和处理中国与外部世界的关系、社会主义与资本主义的关系，进而有效应对大变局中出现的世界性难题，为解答"世界向何处去"贡献中国智慧、中国方案？这迫切需要具有世界意义的理论来指引，而 21 世纪是迫切需要理论且一定能够产生理论的世纪。

《中共中央关于党的百年奋斗重大成就和历史经验的决议》指出："党推动构建人类命运共同体，为解决人类重大问题，建设持久和平、普遍安全、共同繁荣、开放包容、清洁美丽的世界贡献了中国智慧、中国方案、中国力量，成为推动人类发展进步的重要力量。"中国特色社会主义开创之初，着重解决国内解放和发展社会生产力从而使中国人民富起来的问题。随着新时代中国特色社会主义道路、理论、制度、文化的不断发展，它对解决"世界向何处去"的"人类命运"问题日益显示出重要意义：顺应世界大势和时代潮流，继承马克思主义关切人类解放的传统，提出构建人类命运共同体这种具有世界意义的理念，为解决中国和世界的关系、社会主义和资本主义的关系、当今世界和未来世界的关系贡献了中国智慧、中国方案、中国理念，为发展21世纪马克思主义奠定了基石。一是构建人类命运共同体有助于正确处理中国和世界的关系。它表明中国在与世界的关系上所采取的立场和取向是：坚持"世界既具有统一性又具有多样性"的世界观；坚持立足"人类社会"构建人类共建共享共治共同体的世界大同观；坚持任何国家在主权、规则、机会上平等的国家观，体现"主主平等"的哲学思维；坚持和平发展、合作共赢的"互利普惠"的义利观。显然，构建人类命运共同体以多样统一、世界大同、国家平等、合作共赢的理念、智慧，为处理中国和世界的关系指明了正确方向。二是构建人类命运共同体有助于正确处理社会主义和资本主义的关系。中国坚持"人民至上"的发展观，超越了"资本至上"的发展观；坚持尊重其他国家根据本国国情自主选择其发展道路的"包容发展"的道路观，超越了"西方中心论"的道路观；坚持"五大文明协调发展""文明互学互鉴"的文明观，超越了"文明冲突论"的文明观。显然，构建人类命运共同体以人民至上、包容发展、协调发展、互学互鉴的理念和智慧，正确处理了社会主义和资本主义的关系，充分彰显了社会主义制度的优越性，超越了资本主义的历史局限，为掌握社会主义发展命运指明了正确方向。三是构建人类命运共同体为解决未来"世界向何处去"问题开辟了正确道路。构建人类命运共同体所蕴含的世界观、大同观、国家观、义利观、发展观、道路观、文明观，体现了以多样性、人民性、平等性、包容性、普惠性为本质特征的中国理念和智慧。"两制并存"的21世纪，中国共产党人以构建人类命运共同体，为参与全球治理体系改革和建设、推动国际秩序"由变到治"、解答"世界向何处去"贡献了中国智慧和中国方案，为世界社会主义运动指明了正确方向。概言之，构建人类命运共同体关乎世界社会主义、马克思主义的发展，也在重构世界格局、影响世界历史进程，成为发展21世纪马克思主义的根本支柱。

第四，从总体上讲，马克思主义的发展始终与"现代化""文明""人类命运"联系在一起，中国式现代化、人类文明新形态和构建人类命运共同体作为一个有机整体，对发展21世纪马克思主义具有奠基意义。

中国式现代化、人类文明新形态和人类命运共同体彰显了21世纪马克思主义的时代特征。当今世界格局，主要是由实现中华民族伟大复兴战略全局与世界百年未有之大变局重构的。这"两个大局"相互激荡、交织互动：实现中华民族伟大复兴战略全局是影响世界百年未有之大变局的最大变量，世界百年未有之大变局也是影响实现中华民族伟大复兴战略全局的最大变量。中国式现代化是推进中华民族伟大复兴的必由之路，人类文明新形态、人类命运共同体影响世界百年未有之大变局的未来走向。"两个大局"的底层逻辑就是中国式现代化、人类文明新形态和人类命运共同体，这一底层逻辑通过"两个大局"相互激荡、交织互动，使21世纪呈现鲜明的时代特征，即"世界动荡""变革重构"。用21世纪马克思主义观察时代、把握时代、引领时代，就要把握好由中国式现代化、人类文明新形态和人类命运共同体这一底层逻辑通过"两个大局"相互激荡、交织互动所导致的"世界动荡""变革重构"这一21世纪的时代特征。

中国式现代化、人类文明新形态和人类命运共同体呈现了21世纪马克思主义的时代主题。21世纪马克思主义所直面的时代主题，就是如何基于中国式现代化、人类文明新形态和构建人类命运共同体，全面建成社会主义现代化强国，实现中华民族伟大复兴，进而在"两制并存""交织互动""世界动荡""变革重构"的21世纪世界格局中充分展示社会主义制度优越性、克服资本主义历史局限，展现世界社会主义的光明前景。21世纪马克思主义要为人类命运、中国和世界的未来发展开辟正确道路，要解决人类共同命运问题，就要从中国式现代化、人类文明新形态和构建人类命运共同体中寻求答案。

中国式现代化、人类文明新形态和人类命运共同体凸显了21世纪马克思主义所解决的根本问题。21世纪马克思主义需要聚焦解决的根本问题是"人民生活好不好""国家强不强""世界和平不和平""马克思主义政党硬不硬""21世纪马克思主义是否具有生机活力"。21世纪马克思主义是为世界人民立言、为世界人民谋幸福的马克思主义。就中国而言，21世纪马克思主义致力于全面建成社会主义现代化强国，为国家谋强大；就世界而言，在"两制并存""交织互动""世界动荡""变革重构"的21世纪，21世纪马克思主义特别注重和平发展、合作共赢，携手共建人类命运共同体，为世界谋大同。马克思主义是马克思主义政党的理论基础和指导思想，21世纪马克思主义要为马克思主义政党谋强大。中国共产党之所以能、中国特色社会主义之所以好，归根结底是因为马克思主义行、中国化时代化的马克思主义行。在世界发展、时代变迁的历史进程中，21世纪马克思主义要为马克思主义谋生机。这五大根本问题之实质，就是为人民谋幸福、为民族谋复兴、为世界谋大同、为马克思主义政党谋强大、为马克思主义谋生机。这正是中国式现代化、人类文明新形态和人类命运共同体所注重的根本问题。中国式现代化本质上致力于实现全体人民共同富裕、促进人的全面发展、创造人民美好生活，人类文明新形态本质上是一种人本文明和民本文明，此可谓为人民谋幸福；中国式现代化本质上就是实现中华民族伟大复兴的必由之路，此可谓为民族谋复兴；中国式现代化走和平发展道路，人类文明新形态是为世界谋太平的文明，构建人类命运共同体的实质就是致力于和平发展、合作共赢，此可谓为世界谋大同；中国共产党领导是中国式现代化最本质的特征，是中国式现代化之最大优势，此可谓为中国共产党（马克思主义政党）谋强大；只要沿着中国式现代化、人类文明新形态和人类命运共同体所指明的方向前行，21世纪马克思主义就必然焕发强大生机活力，此可谓为马克思主义谋生机。

中国式现代化、人类文明新形态和人类命运共同体表明新时代中国具有发展21世纪马克思主义的能力。中国式现代化、人类文明新形态和人类命运共同体推动着世界社会主义运动的中心向新时代中国转移。中国共产党的领导是中国特色社会主义最本质的特征，中国共产党以百年奋斗和天下胸怀，充分展示了马克思主义的强大生命力；马克思主义中国化时代化不断取得成功，也使马克思主义以崭新形象展现在世界上。世界百年未有之大变局提出的"世界向何处去"问题，可在中国式现代化、人类文明新形态和人类命运共同体中得到最有效的答案。

中国式现代化、人类文明新形态和人类命运共同体彰显了21世纪马克思主义的时代特征，呈现了 21 世纪马克思主义的时代主题，凸显了 21 世纪马克思主义所解决的根本问题，表明新时代中国具有发展 21 世纪马克思主义的能力。因为 21 世纪马克思主义既能站在世界历史进步和人类进步的一边，为解决人类问题贡献中国智慧、中国方案、中国理论，又能以对中华传统文明的创造性转化和创新性发展，尤其是对西方传统文明的超越而影响人类发展命运。

第九章

以建构性思维
构建 21 世纪的
"中国理论"

如果说前一章的最后部分即"基于中国式现代化、人类文明新形态和人类命运共同体发展21世纪马克思主义"，是着重从历史、实践和世界三个维度讨论21世纪马克思主义对人类发展命运影响的话，那么，这一章则进一步注重从理论维度探究基于21世纪马克思主义而建构21世纪的"中国理论"问题。也就是说，我们可基于中国式现代化、人类文明新形态和构建人类命运共同体与21世纪马克思主义，来构建面向21世纪中国和世界的"中国理论"。

　　基于马克思主义中国化的学科框架，这里提出的核心观点是：中国式现代化是新时代以来中国共产党理论和实践的立足点，从中国式现代化可开创出人类文明新形态，人类文明新形态是构建人类命运共同体的基础，三者是逐步递进提升的逻辑关系，是发展21世纪马克思主义的基石；"西方中心论"理论体系、话语体系本质上是从对现代化和文明的解释开始的，21世纪马克思主义的理论体系和话语体系应在中国式现代化、人类文明新形态和人类命运共同体的基础上建构起来。

　　世界社会主义和马克思主义历史发展进程中蕴含一条规律，即世界社会主义运动的中心转移到哪里，发展马克思主义的中心就转移到哪里。

21世纪，世界社会主义运动的中心历史性地转移到当代中国，新时代中国特色社会主义在引领21世纪世界社会主义的运动和发展。由此，21世纪发展马克思主义的中心也随之转移到当代中国，引领着21世纪世界马克思主义的发展，使当代中国成为21世纪马克思主义的主要实践创新地和理论策源地。

我们曾用中国化的马克思主义最初标注毛泽东思想的历史地位，用当代中国的马克思主义标注邓小平理论的历史地位，新时代我们可以用21世纪马克思主义表达习近平新时代中国特色社会主义思想的历史地位，使习近平新时代中国特色社会主义思想成为21世纪马克思主义核心的理论形态。

中国式现代化、人类文明新形态、人类命运共同体是创立发展21世纪马克思主义的生长点和发展源。我们可以从中国式现代化、人类文明新形态、人类命运共同体中，揭示21世纪马克思主义的核心理论。这可称为"思想芯片"。

# 第一节
# 走自己的路是党全部理论和实践的立足点

《中共中央关于党的百年奋斗重大成就和历史经验的决议》第一次系统总结了党百年奋斗的历史经验，将其概括为十条。其中第五条历史经验，就是坚持中国道路。这里的中国道路，主要指的是中国特色社会主义道路。这条历史经验，既是过去我们为什么能够成功的根本密码，也是我们开启新征程的行动指南，还是实现中华民族伟大复兴的根本之道。

## 一、坚持中国道路是一个历史性命题

中国道路首先是一个历史性命题，具有历史逻辑和历史意义，是从历史进程中走出来的。

中国道路，是从马克思主义对道路探寻的历史进程中走出来的。马克思主义发展史，在一定意义上，就是对道路探寻的历史。马克思主义的科学社会主义对空想社会主义所实现的变革，主要是对实现理想目标的道路的变革，它用解放全人类、解放无产阶级、促进每个人自由全面发展的无产阶级革命道路，超越了空想社会主义在"道路"问题上的空想，即超越空想社会主义仅仅满足于抽象的道德议论和劝说，以及实验和改良的观念。马克思、恩格斯晚年较为关切东方社会的发展道路问题。当时俄国民粹派代表人物查苏利奇向马克思提出关于俄国发展道路的重大问题，即俄国农村公社是否可以跨越资本主义制度的"卡夫丁峡谷",直接进入社会主义?就这一重大问题,马克思回了四封信,其中大多谈论的是俄国发展道路问题。列宁晚年在实践和理论上的聚焦点,就是小农经济占优势的落后的俄国如何向社会主义过渡的道路问题。十月革命一声炮响,给中国送来了马克思列宁主义,从此真正从政治上开启了马克思主义中国化的历程。一代代中国共产党人最为关切的,分别是关于中国新民主主义革命、社会主义革命和建设、实现社会主义现代化、实现中华民族伟大复兴的道路问题。中国特色社会主义道路,就是在这种不断探索中开创、形成、发展起来的。

中国道路,是从马克思主义中国化历程、中国共产党发展历程中开创出来的。中国立足自身国情和实践,从中华文明中汲取智慧,博采东西方各家之长,在不断探索中形成了自己的发展道路。马克思主义中国化的实质,就是通过马克思主义基本原理同中国具体实际相结合、同中华优秀传统文化相结合,创新发展马克思主义,形成中国化的马克思主义理论创新成果,用这种理论创新成果武装全党、教育人民、指导实践,进而解决中国的社会主要矛盾与根本问题。其中最为关键的,就是寻求解决"中国向何处去"的道路问题。马克思主义中国化进程,历经新民主主义革命时期、社会主义革命和建设时期、改革开放和社会主义现代化建设新时期、中国特色社会主义新时代四个历史时期。贯穿四个历史时期的一条主线,就是中国共产党人不断对解决中国社会主要矛盾与中国根本问题的道路的探寻。在对中国道路探寻的历程中,中国共产党历经千辛万苦、付出巨大代价,终于找到了适合中国国情、解决中国问题、促进中国成功、创造中国奇迹的中国特色社会主义道路。中国特色社会主义进入新时代,中国特色社会主义道路的现代化意义和世界意义日趋凸显,中国式现代化与西方式现代化道路相比的优势不断彰显。在这个意义上，我们把中国特色社会主义道路转换为中国式现代化道路。从提出走自己的路到确立中国特色社会主义道路，再到创造中国式现代化道路，反映了中国共产党人和中国人民对中国道路探寻的艰辛历程。值得庆幸的是，虽然历经千辛万苦、付出巨大代价，但取得的是根本成就。所谓根本成就，意味着所有成就、奇迹、成功，归根结底，都只有到中国道路中才能找到合理解释，才能彻底找到真正的答案。正如习近平同志所强调的，我们党"无论搞革命、搞建设、搞改革，道路问题都是最根本的问题"[1]，"道路问题是关系党的事业兴衰成败第一位的问题，道路就是党的生命"[2]。《中共中央关于党的百年奋斗重大成就和历史经验的决议》又强调："方向决定道路，道路决定命运。"

中国道路，也是从世界历史发展进程中逐步拓展出来的。在西方资本主义国家的发展相对占优势，即"西强我弱"的时候（在一定意义上存在着"世界失我"的情境），中国共产党人具有战略清醒和战略定力，强调走自己的路，走中国特色社会主义道路。这是相对强调中国特色社会主义道路的"中国特色"和"中国向度"，注重中国特色社会主义道路的独立性、自主性。在新时代，中国大踏步地赶了上来，中国特色社会主义与资本主义、中国式现代化与西方现代化处于并存状态。此时，我们就相对强调中国特色社会主义道路的"社会主义"意蕴及其显著优势。当今世界正经历百年未有之大变局，处在大发展大变革大调整时期，处在"动荡变革期"，世界面临着不稳定不确定。面对世界的"动荡变革"

---

[1] 中共中央文献研究室编：《习近平关于实现中华民族伟大复兴的中国梦论述摘编》，中央文献出版社 2013 年版，第 28 页。

[2] 中共中央文献研究室编：《十八大以来重要文献选编》（上），中央文献出版社 2014 年版，第117 页。

与"不稳定不确定"及其带来的世界难题，西方式现代化道路显得捉襟见肘、力不从心。然而，新时代的中国特色社会主义却"一枝独秀""露出峥嵘"，能为解决人类问题贡献中国智慧和中国方案。此时，中国特色社会主义道路更加显示其具有世界意义的"世界向度"。在世界现代化发展进程中，中国式现代化道路能站在历史正确的一边，掌握历史主动，为世界现代化发展指明正确方向，展现光明前景。这表明，世界现代化发展进程中呈现"世界有我"的存在，呈现"世界向我"的意蕴。由"世界失我"到"世界有我"，再到"世界向我"，表达了在世界历史发展进程中，中国道路逐步彰显出"中国意义"和"世界意义"，而这是与世界历史发展进程相呼应的。

## 二、坚持中国道路是一个具有本源意义的命题

中国道路在理论上是一个具有本源意义的命题，具有理论逻辑和理论意义，它有三层含义。

第一，走中国自己的道路，是党的全部理论和实践立足点。走自己的路，是对我们党在不同历史时期所探寻和确定的道路的一般性概括。在新民主主义革命时期、社会主义革命和建设时期、改革开放和社会主义现代化建设新时期、中国特色社会主义新时代，对我们党而言，道路都是"第一位问题"，党全部理论和实践都立足于、聚焦于并建立于走自己的路。在新民主主义革命时期，毛泽东思想及其实践聚焦于对"走农村包围城市、武装夺取政权"这一革命道路的探寻与确立，《实践论》《矛盾论》就是为探寻中国革命道路提供哲学基础的代表作。在社会主义革命和建设时期，毛泽东思想及其实践聚焦于探寻中国社会主义建设道路，《论十大关系》等是这一阶段的代表作。在改革开放和社会主义现代

化建设新时期，党的全部理论和实践都立足于、聚焦于中国特色社会主义道路。这可以从改革开放以来每五年召开一次的中国共产党全国代表大会的报告主题看出来。就是说，每次报告的主题，都包括"中国特色社会主义"或都与"中国特色社会主义"直接相关，而其中所阐述的理论和实践，主要是围绕中国特色社会主义而展开的。

第二，坚持中国道路这条历史经验具有总体性。《中共中央关于党的百年奋斗重大成就和历史经验的决议》所讲的十条历史经验是一个有机的系统，不能分开单独理解，而要贯通起来理解。[①] 就是说，要坚持系统观念，理解其中一条，一定要结合其他九条，只有这样，每一条历史经验才能真正成为活生生的、能发挥重要作用的具体经验，而不是抽象的经验。在十条历史经验中，坚持党的领导、坚持人民至上、坚持理论创新、坚持中国道路等更具有总体性，能统领其他历史经验。这里着重阐释中国道路的总体性。理解中国道路这条历史经验，一定要结合其他九条历史经验，把它置于十条历史经验这一有机的系统框架中来理解和把握。就是说，理解和把握坚持中国道路，一定要结合坚持党的领导、坚持人民至上、坚持理论创新、坚持独立自主、坚持胸怀天下、坚持开拓创新、坚持敢于斗争、坚持统一战线、坚持自我革命来进行，离开其他九条，是无法全面精准深入理解和把握坚持中国道路这条重要历史经验的。同时，坚持中国道路又是一条具有总体性的历史经验，它把其他九条历史经验都整合进来了：在性质上，中国道路坚持党的领导，这是中国道路中的"定性"；在方位上，中国道路坚持随着时代发展而不断与

---

① 参见《中国共产党第十九届中央委员会第六次全体会议文件汇编》，人民出版社2021年版，第94—101页。

时俱进、开拓创新，这是中国道路中的"定位"；在奋斗目标上，中国道路坚持人民至上，这是中国道路中的"定标"；在实现奋斗目标的方略上，中国道路坚持理论创新、独立自主、统一战线，这是中国道路中的"定法"；在推动力量上，中国道路坚持敢于斗争、坚持自我革命，这是中国道路中的"定力"；在世界维度上，中国道路坚持胸怀天下，强调和平发展、合作共赢，这是中国道路中的"定和"。由此，读懂了坚持中国道路这条历史经验，就有助于读懂其他九条历史经验。

第三，中国道路具有基础性、本源性。这就是说，关于中国理论、中国制度、中国文化、中国方案、中国话语等，都是立足于或建立在中国道路基础之上的。实践是理论之源。作为实践范畴的中国道路是中国理论之源。中国共产党百年奋斗的根本主题，是实现中华民族伟大复兴，而中国特色社会主义道路，是实现中华民族伟大复兴唯一正确的道路，习近平新时代中国特色社会主义思想又是全党全国人民为实现中华民族伟大复兴而奋斗的行动指南；坚持和发展中国特色社会主义，是改革开放以来包括新时代以来党的全部理论和实践的主题；习近平新时代中国特色社会主义思想的时代课题，是新时代坚持和发展什么样的中国特色社会主义、怎样坚持和发展中国特色社会主义，建设什么样的社会主义现代化强国、怎样建设社会主义现代化强国，建设什么样的长期执政的马克思主义政党、怎样建设长期执政的马克思主义政党。这三个方面表明：中国特色社会主义理论体系、习近平新时代中国特色社会主义思想这样的中国理论，首要是关于中国特色社会主义道路的理论。中国制度是中国道路中的制度维度，是从制度上对道路之本质内涵的规定，如中国特色社会主义基本经济制度，就是对中国道路中的具体经济道路的一种制度规定。中国文化蕴含在中国道路之中，中国道路蕴含着中国文化的基因，中国文化因中国道路成功而具有意义。中国方案，就是对中国道路、中国理论、中国制度、中国文化的一种具体的实证性、方案性表达和体现，其背后是中国道路在支撑，中国道路是中国方案的基础。中国话语，首要表述、表达的，是中国道路，中国话语也因中国道路的成功而彰显其影响力。要言之，中国的理论、制度、文化，都只有立足于道路，才能得到合理解释，道路不同，理论、制度、文化必然不同。中西理论之争、制度之争、文化之争，归根结底是道路之争。西方质疑中国，归根结底，是质疑中国道路。由此可以说，中国道路具有本源意义，要构建起中国道路具有本源意义这一命题，把中国道路作为理解和把握中国理论、中国制度、中国文化、中国方案、中国话语的一种解释框架。

## 三、坚持中国道路是一个实践命题

中国道路还是一个实践命题，具有实践逻辑和实践意义，需要在实践中不断拓展和完善。

作为实践命题，中国道路的实践逻辑和实践意义，首先在于它有助于理解和把握"两个结合"。"两个结合"是实现马克思主义中国化的根本路径。其目的有二：一是创新发展马克思主义理论；二是用中国化的马克思主义理论创新成果武装全党，教育人民，指导实践，解决中国问题。要解决中国的社会主要矛盾与问题，从实践上，寻求正确的中国道路是根本之策。这恰好表明：马克思主义中国化的历史进程，在实践上，实质就是不断寻求正确的中国道路，以解决中国的社会主要矛盾与根本问题的进程。

作为实践命题，中国道路的实践逻辑和实践意义，其次在于它是

"实现中华民族伟大复兴"的必由之路。历史和实践充分表明：只有中国特色社会主义道路，才是实现中华民族伟大复兴的唯一正确的道路或必由之路。中国特色社会主义道路是创造人民美好生活、实现中华民族伟大复兴的康庄大道。脚踏中华大地，传承中华文明，走符合中国国情的正确道路，党和人民就具有无比广阔的舞台，具有无比深厚的历史底蕴，具有无比强大的前进定力，就一定能够把我国建设成为富强民主文明和谐美丽的社会主义现代化强国。

作为实践命题，中国道路的实践逻辑和实践意义，也在于它有助于激活与弘扬中华优秀传统文化，使其从实践上对建设社会主义现代化强国、实现中华民族伟大复兴发挥积极作用。当今，我们之所以重视并大力弘扬中华优秀传统文化，既是因为中国特色社会主义道路把中华优秀传统文化的积极因素整合进来了，其中具有中华优秀传统文化的基因，也是因为中国特色社会主义道路在实践上的成功及其所创造的中国奇迹，使人们深刻认识到中华优秀传统文化的实践价值与意义，亦即中国道路及其实践成就了中华文化，使中华文化彰显其实践意义和价值。

作为实践命题，中国道路的实践逻辑和实践意义，又在于它有助于使中国理论、中国制度、中国文化、中国方案、中国话语走向世界。中国特色社会主义进入新时代，在实践上，意味着中国特色社会主义道路的不断发展，为发展中国家走向现代化拓展了新的途径，为那些既希望加快发展又希望保持自身独立性的国家和民族提供了全新选择，为解决人类问题贡献了中国智慧和中国方案；进而意味着科学社会主义在21世纪的中国焕发出强大生机活力，使世界高高举起中国特色社会主义伟大旗帜；还意味着，它使21世纪世界社会主义运动的中心转移到了当代中国。这就为中国理论、中国制度、中国文化、中国方案、中国话语走向世界奠定了坚实基础，注入了强大动力。

作为实践命题，中国道路的实践逻辑和实践意义，还在于它可以开创出人类文明新形态，为人类文明发展作出中国贡献。中国特色社会主义道路、中国式现代化道路开启了人类文明新形态。中国特色社会主义道路、理论、制度和文化的不断发展，既越来越彰显出"中国特色"的显著优势及其世界意义，也越来越彰显出"社会主义"的显著优势及其世界意义。"中国特色"这一概念提出之初，主要具有自我辩护、自我保护、自我确证的意义，目的在于在确立道路问题上具有独立性和自主性，呈现道路问题的"中国向度"，解决"世界失我"的问题。在中国特色社会主义道路发展进程中，日趋把公平正义、共同富裕、人的全面发展等社会主义因素更加鲜明地、更加突出地凸显出来，因而其社会主义的本质及其优越性越来越鲜明、突出地呈现出来。不仅如此，中国特色社会主义道路在不断发展的进程中，日益生长出对世界问题、人类问题的关切，它走向了世界，注重并强调积极参与全球治理，携手共建人类命运共同体，构建全人类共同价值，而且在解决世界问题和人类问题上，也日益展现出中国特色社会主义所具有的显著优势或优越性。这样，中国特色社会主义就内在生长出"中国特色"社会主义文明，生长出中国特色"社会主义"文明，生长出"人类文明"，从而在实践上为人类文明发展指明了前进方向。

# 第二节
# 迫切需要新的理论解释的 21 世纪的时代和世界

中国特色社会主义进入新时代，意味着久经磨难的中华民族迎来了从站起来、富起来到强起来的伟大飞跃。实现强起来，既有物质或硬实力方面的强起来，也有精神或软实力方面的强起来，其中包括理论、思想上的强起来。对于前者，人们相对注重；而对于后者，人们有所忽视。这是需要我们解决的一个重大问题。我们已经到了构建"理论中的中国"或"中国理论"的时候了。如果一个国家在物质上强起来了，而在理论、思想上还没有强起来，那不是真正的强起来。中国要实现强起来，还要注重在理论、思想方面强起来。我们应把理论、思想上的强起来置于实现强起来的应有位置，进而积极构建"理论中的中国"或"中国理论"，彰显理论的力量，并以此来抵御西方带有"病毒"的理论。

## 一、把理论创新置于实现强起来的应有位置

马克思曾经指出"武器的批判"和"批判的武器"。拿破仑也指出，世界上有两种力量，一是利剑，二是思想，归根到底，利剑总是要被思想战胜的。这里强调了"道济天下"的力量。

真正的强大，当然首先是物质硬件上的强大，诸如经济、科技、军事的强大，同时也必须包括理论、思想上的强大。从哲学上讲，整个世界从根本上可以划分为物质世界和精神世界两大类，精神世界具有相对独立性，也具有强大的反作用，其地位和作用不可低估。只有把物质世

界和精神世界统一起来，才是一个完整的世界。没有物质世界的强大，一个国家发展就缺乏坚实的物质基础和物质支撑；没有精神世界的强大，一个国家发展就缺乏灵魂、气质、品格、格局，其物质强大也不会持久。理论、思想的强大，是物质硬件强大基础上的延续和发展。

世界上强大的国家，在理论、思想上大多具有重要的建树。美国依然是当今世界最强大的国家，美国专家学者提出了诸多理论、思想，而且其中许多理论、思想在当今世界具有重大影响，比如"文明冲突论""文化软实力论""历史终结论""新实用主义"等。尽管其中一些理论、思想带有某种"病毒"，在世界上具有负面作用，但其影响力依然存在。德国也属于世界上强大的国家之一，其理论家、思想家也比较多。德国一些理论家、思想家提出了一系列思想、理论，其中许多思想、理论的影响也比较大。从德国古典哲学到马克思、恩格斯所创立的新哲学，至今依然具有强大的影响力。叔本华、尼采的唯意志论，雅斯贝斯的存在主义，海德格尔的现象学，彼得楚尔特的经验批判主义，马克斯·韦伯的理想的行政组织体系理论、权力的分类理论和理想的行政组织的管理制度理论，等等，至今依然具有较大影响力。英国、法国、日本也属于世界上较为强大的国家，涌现出不少理论家、思想家，他们的理论、思想至今仍影响着世界。

当今中国发展已经进入新的历史方位，这就是中国发展起来以后使大国成为强国的历史方位。这既意味着中国在物质方面逐渐强大起来了，也意味着还需要在精神方面强大起来。精神方面的强大，主要体现在成为"文化强国"，而"文化强国"的核心，是具有原创性、标识性、代表性的中国理论、中国思想、中国价值观及其世界影响力，并且这些理论、思想能解决中国问题和人类问题。只有在物质硬实力方面强起来而且也在精神文化或思想理论方面强起来，才是真正的强起来；如果精神文化或思想理论方面还没有真正强起来，那不是真正的强起来，也不会真正得到世界的认同。中国共产党之所以提出"五位一体"总体布局，很重要的一个考量，就是要注重全面发展，其中包括文化发展。而文化发展的核心内容之一，就是注重理论、思想的原创和建树。

"胸怀两个大局，做好自己的事情。"[①] 两个大局，一是实现中华民族伟大复兴战略全局，一是世界百年未有之大变局。这两个大局交织互动、相互激荡，影响着21世纪世界的发展走向。21世纪的世界进入新的动荡变革期，迫切需要新的创新理论解释。正因如此，习近平同志指出："这是一个需要理论而且一定能够产生理论的时代，这是一个需要思想而且一定能够产生思想的时代。我们不能辜负了这个时代。"[②] 在新时代，文艺创作、学术创新拥有无比广阔的空间，要坚定文化自信、把握时代脉搏、聆听时代声音，坚持与时代同步伐，坚持以人民为中心，坚持以精品奉献人民，坚持用明德引领风尚。因此，新时代呼唤着杰出的经济学家、政治家、文学家、艺术家、社会学家，呼唤理论家、思想家。日趋走近世界舞台中央的中国，必须在理论上强起来，在思想上站起来，不仅要为世界贡献更多的物质产品，也要为解决人类问题贡献更多的中国智慧、中国理论、中国思想、中国方案，从而彰显中国理论的力量。然而，当今中国的理论、思想建构还没有完全达到时代发展所要求的水平。因此，反映时代需求和呼声，构建中国理论，彰显中国理论的力量，属当务之急。

① 《习近平谈治国理政》(第三卷)，外文出版社2020年版，第77页。
② 习近平：《在哲学社会科学工作座谈会上的讲话》，人民出版社2016年版，第8页。

## 二、理论力量必须用理论力量来摧毁

近代以来，尤其是改革开放以后，西方对中国产生了较大影响。西方的器物、技术、资本、制度、管理等方面，对中国都产生了影响，但影响最大、最深刻、最持久的，当属西方的思想、理论，尤其是"西方中心论"。一段时间以来，中国学术界、理论界唯西方马首是瞻，凡事言必称西方，中国的经济学、政治学、社会学、法学、历史学、新闻学等学科，受西方的影响相对比较大。当然，向西方学习在一定意义上有利于拓展我们的学术研究视野，拓宽我们的学术研究空间，提升我们的思维格局。然而，这也给中国的意识形态带来极大挑战：在中国有些地方、有些领域出现了"耕了西方地，荒了中国田"的现象，一些人的头脑成为西方思想理论的"跑马场"，西方某些带有"病毒"的理论和思想冲击、侵蚀着一部分人的思想长城、精神长城、心理长城，给中国意识形态带来极大风险。

马克思曾经讲过，"物质力量只能用物质力量来摧毁"[1]。同理，在一定意义上，理论力量只能用理论力量来摧毁。要摧毁西方带有"病毒"的理论力量，其中一个最好的办法，就是提升我们在理论上、思想上的"免疫力"。这个"免疫力"，就是要针对"西方中心论"积极构建我们中国自己的理论，构建立足中国国情、解决中国问题和世界问题、促进中国成功、影响世界的"中国思想""中国理论"。当我们自身的理论、思想"免疫力"增强了，就会增强我们自己的理论判断力、理论鉴别力、理论抵抗力，从而自然就有利于抵御西方带有"病毒"的思想理论

---

[1]《马克思恩格斯选集》（第一卷），人民出版社 2012 年版，第 9 页。

的侵蚀。如果不注重提升我们理论的"免疫力"，只满足于喊出"坚决批判""坚决斗争"等词句，是难以从根本上抵御带有"病毒"的错误理论和思想的。习近平同志强调指出，我们不仅要让世界知道"舌尖上的中国"，还要让世界知道"理论中的中国"。①这就充分表达了构建中国理论的紧迫性和重要性，意味着理论的力量是一种绝对不可忽视的力量，是一种抵御西方理论、思想"病毒"的有效力量。

思想的力量和理论的伟力有其来源。一是它来自理论思维能力的提升。要提升理论思维能力，最好的办法，就是要学习哲学和哲学史。这实际上是一种最好的理论思维能力的训练，因为哲学是时代精神的精华，人民最精髓、最智慧的精华都体现在哲学里。二是它来自具有原创性的理论建构。这种理论能反映历史规律，体现时代精神，反映实践需要，关注民众呼声，也能深入人民的心灵世界，以大众化的方式为人民群众所掌握。因为理论的实现程度，取决于它满足国家发展需要和人民发展需要的程度。三是它来自能解决中国问题和世界问题（即人类问题）的智慧和方案。能解决问题的理论必然是具有影响力的理论，亦即具有力量的理论。

思想力量和理论伟力有其具体体现。一是对理论的信仰。人们一旦对一种理论产生信仰，这种理论就会直接指导他们的行动或活动，如唯物主义、唯心主义、新自由主义、"西方中心论"，以及一些宗教理论，当然更值得一提的是马克思主义。二是理论为人民所掌握。理论一旦被人民群众所掌握，就能变成强大的物质力量。比如，改革开放 40 多年以来，中国之所以取得这么大的成就，与中国特色社会主义理论体系、

---

① 参见习近平：《在哲学社会科学工作座谈会上的讲话》，人民出版社 2016 年版，第 17 页。

习近平新时代中国特色社会主义思想的直接指导有关，与这些指导思想为人们所理解和掌握有关。三是理论的聚心、攻心作用。思想理论具有凝聚人心或攻心的作用。西方意识形态的一个重要功能，就是用其文化、价值观、思想理论来攻心。比如，他们所谓的"普世价值""宪政民主""新自由主义"等，就具有攻心的作用。这种理论力量对我们具有负面作用，但也从一个侧面证明了理论的力量。中国共产党人之所以强调要加强思想理论建设，用指导思想武装全党、教育人民，其中很重要的，就在于思想理论具有凝聚人心、凝聚共识的作用。正因如此，我们强调积极培育和践行社会主义核心价值观，注重用实现中华民族伟大复兴中国梦来画出最大的同心圆。四是对理论的话语表达。话语的背后是道。思想理论能提升一个国家的形象和品质，而对思想理论的表达，是呈现思想力量、思想理论的一个关键因素。五是理论的逻辑。理论逻辑的魅力是理论力量的一种体现，一种理论若具有严密的逻辑，其呈现出的逻辑力量之影响力不可小觑。六是理论能揭示客观真理，并能满足合理政治发展的需要。正确的思想理论意味着对客观真理的科学认识，而对客观真理的认识有助于做出科学决策，科学决策有助于做正确的事。从这个意义上讲，政治需要思想理论支撑，能支撑政治的思想理论必然具有影响力，呈现出理论的力量。

## 三、深入把握建构中国理论的路径

既然理论力量如此重要，那就要自觉主动地去构建中国理论。那么，如何构建中国理论？中国理论的核心要义是什么？

第一，需要以习近平新时代中国特色社会主义思想为理论基础和思想来源。习近平新时代中国特色社会主义思想是对新时代或中国发展新的历史方位及其实践发展新要求的全面理解和深入把握，是对中国特色社会主义的坚持和发展，是当代中国马克思主义、21世纪马克思主义的最新成果，是实现中华民族伟大复兴的行动指南。当今我们要构建中国理论，习近平新时代中国特色社会主义思想是根本遵循，也是理论基础，更是思想来源。

第二，需要厘清六大逻辑。哲学社会科学工作者要接地气，就是要走出"象牙塔"，深入实际、深入人民群众进行调查研究，全面深入理解和把握近代以来中国发展的历史逻辑，理解和把握中国共产党成立100多年以来发展壮大的历史逻辑，理解和把握新中国成立70多年以来发展的历史逻辑，理解和把握40多年以来中国改革开放和社会主义现代化建设的历史逻辑，理解和把握党的十八大以来中国特色社会主义进入新时代的发展逻辑，进而理解上述逻辑中所蕴含的中国人民的奋斗逻辑，从而把中国历史、中国现实与中国问题搞清楚，把中国奇迹背后的中国道路、中国理论、中国制度、中国文化的优势搞清楚，把好中国脉、开好中国方。只坐在"象牙塔"里，面对的都是问题；走出"象牙塔"，才能找到解决问题的办法。只有深入基层，深入实践，深入人民群众，才能读懂中国发展的现实逻辑，才能真正理解和把握中国问题，进而才能真正用中国理论解释好中国实践，才能真正为人民立言。

第三，需要贯通中西。历史是最好的教科书，是最好的清醒剂。因此，要具有历史思维，从中国的历史、文化、传统中寻找血脉、基因和源流；同时，还要汲取西方文明、西方文化中的一些有益的合理因素；还要把握时代发展趋势。这叫作不忘本来、吸收外来、面向未来。

第四，需要基于中国式现代化、人类文明新形态、人类命运共同体建构中国理论。中国奇迹的根源、本源在于中国式现代化，我们要从中国奇迹的背后揭示出中国式现代化的优势，从中国式现代化中发掘中国奇迹的密码。简言之，中国奇迹要到中国式现代化中去寻找。中国式现代化蕴含着领航者（谁在领航与往哪领航）、历史方位（我在何处）、战略目标（走向何方）、总体方略（走法如何）和推动力量（何以推动），而领航者、对历史方位的判断、对战略目标（方向）的确定、对总体方略的选择、对推动力量的整合，从根本上推动着中国发展。坚强领导、历史方位、战略目标、总体方略、推动力量，构成中国式现代化的核心要素。中国式现代化的坚强领导者，是中国共产党；中国式现代化存在于、形成于不断发展着的历史方位；中国式现代化的战略目标，是通过解放和发展社会生产力、逐步实现全体人民共同富裕、不断促进人的全面发展，来建成社会主义现代化强国，实现中华民族伟大复兴；中国式现代化的根本路径或总体方略，是贯彻落实新发展理念，集中解决人民日益增长的美好生活需要和不平衡不充分的发展之间的矛盾；中国式现代化的推动力量，是党政主导力量、人民主体力量和市场配置力量及其合力。不仅如此，中国式现代化能创造出人类文明新形态，进而有助于构建人类命运共同体。正因如此，中国式现代化、人类文明新形态、人类命运共同体，应成为并且也是中国理论的发源地或实践基础，我们必须用中国理论来阐释中国式现代化、人类文明新形态、人类命运共同体，或者说要基于中国式现代化、人类文明新形态、人类命运共同体来构建中国理论。否则，所构建的中国理论就是"无源之水、无本之木"。

第五，哲学社会科学工作者要有信仰有情怀有担当。对马克思主义理论缺乏信仰，对马克思主义中国化时代化发展规律缺乏把握，对习近平新时代中国特色社会主义思想缺乏研究，是难以构建中国理论的。哲学社会科学工作者肩负着启迪思想、陶冶情操、温润心灵的重要职责，承担着以文化人、以文育人、以文培元的使命，必须具有对党、国家和人民的情怀。这种情怀，一是用心，与党、国家和人民心连心，与党、国家、人民心心相印，把党、国家和人民的事业放在心上，把人民对美好生活的追求放在心上。二是用情，把哲学社会科学工作这一职业当作事业，既以真挚的职业情怀研究党、国家、人民，书写党、国家、人民，把党和国家的事业发展书写好，把当代中国人民的精彩生活表达好展示好，又以高尚的道德情操着眼于人们的需要解疑释惑、阐明道理，为人民述学立论、建言献策。三是用功，集中体现为推进哲学社会科学研究的中国化时代化的功力。马克思说，"理论只要彻底，就能说服人。所谓彻底，就是抓住事物的根本"[1]，而事物的根本在于抓住"中国化时代化"这根弦。这就是说，要构建中国理论，坚持并不断推进马克思主义中国化时代化，是尤为重要的。

只有如此，才能真正写出时代名篇和历史杰作。

## 第三节
## 构建大国成为强国的"中国理论"

面对21世纪大变局的世界，面对世界新的动荡变革期，中国应担当起建构能解决中国问题与人类问题理论的神圣职责。这一理论，就是基于中国式现代化、人类文明新形态、人类命运共同体的21世纪马克思

---

[1] 《马克思恩格斯选集》(第一卷)，人民出版社2012年版，第10页。

主义。

现代化、人类文明和人类命运问题具有总体性和涵盖性，与发展 21 世纪马克思主义具有本质联系。创造中国式现代化新道路、创造人类文明新形态有其重大意义，引起理论界广泛关注。如何理解中国式现代化、人类文明新形态、人类命运共同体及其内在逻辑？"西方中心论"的理论体系、话语体系是如何建构的？如何基于中国式现代化、人类文明新形态、人类命运共同体构建 21 世纪马克思主义的理论体系和话语体系？基于马克思主义中国化的学科框架，核心观点是：中国式现代化是新时代以来中国共产党理论和实践的立足点，从中国式现代化可开创出人类文明新形态，人类文明新形态是构建人类命运共同体的基础，三者是逐步递进提升的逻辑关系，是发展 21 世纪马克思主义的基石；"西方中心论"理论体系、话语体系本质上是从对现代化和文明的解释开始的，21 世纪马克思主义的理论体系和话语体系应在中国式现代化、人类文明新形态和人类命运共同体的基础上建构起来。

21 世纪的世界处在新的动荡变革期，是一个以"变革与重构"为时代特征的不确定的世界，自由主义面临话语解释困境；正在实现强起来的中国也需要中国理论强起来，能为解决 21 世纪的世界问题贡献中国理论，并掌握解释 21 世纪的世界之理论话语权。发展 21 世纪马克思主义，就是与解释和引领 21 世纪的世界相关的命题，它就是为观察时代、把握时代、引领时代并解释 21 世纪的世界并掌握话语权而要发展起来的科学理论体系。我们必须"用马克思主义观察时代、把握时代、引领时代，继续发展当代中国马克思主义、21 世纪马克思主义"①，"要善于提炼

---

① 习近平：《在庆祝中国共产党成立 100 周年大会上的讲话》，人民出版社 2021 年版，第 13 页。

标识性概念,打造易于为国际社会所理解和接受的新概念、新范畴、新表述"①。

以认识世界为前提的解释世界,是改变世界的前提。从哲学本质功能来讲,人类活动在根本上就是认识世界和改变世界,只有认识并解释清楚世界,才能对时代和现实作出科学研判,站在历史正确的一边,掌握历史主动,从而引领时代,使实践取得成功。当今世界遇到了一系列新的深层次、全局性、长远性问题,关乎世界走向,迫切需要理论解释。谁能合理解释当今世界,谁就能掌握解释世界的话语权。一段时间,在解释世界问题上,自由主义拥有话语权,我国的学术理论却往往失语,有的人依附于"西方理论",缺乏"理论自我",往往用西方理论范式剪裁中国具体现实,对当代中国发展的现实逻辑与中国问题缺乏全面深入研究,对21世纪世界的发展逻辑与世界问题给不出合理解释。

21世纪马克思主义具有相对解释优势,能提供一种解释体系。一是当代中国是21世纪马克思主义的主要理论策源地,习近平新时代中国特色社会主义思想就是直面世界百年未有之大变局的科学理论体系。二是21世纪马克思主义能以系统应对系统,以整体应对整体。面对百年变局、动荡变革和不确定的世界,需要全人类共同努力,需要集体力量、人民力量,需要团结合作、携手克难,需要个体服从整体和大局。从哲学上讲,它既需要"我"的个性与主体性,更需要"人类"与"群体"的协同性与主体性。21世纪马克思主义的根基和力量在人民,以人民立场观察和把握世界,强调"人类主体性"和"群体协同性",注重系统整体,注重依靠人类力量、集体力量与团结合作力量,尤其是人民

① 习近平:《在哲学社会科学工作座谈会上的讲话》,人民出版社2016年版,第24页。

力量，注重个体服从整体和大局，注重携手共建人类命运共同体。三是21世纪马克思主义能站在历史正确的一边，掌握历史主动，以确定应对不确定。它注重用马克思主义观察时代、把握时代、引领时代，注重运用系统思维、战略思维和辩证思维理解和把握世界历史发展的本质、大势、规律，破解当今世界根本矛盾和人类重大问题，有助于从系统上正确处理系列复杂的矛盾关系，应对种种不确定性。21世纪马克思主义，是追求和平发展、合作共赢的科学理论体系，是积极参与全球治理体系改革和建设的科学理论体系，是注重携手共建人类命运共同体的科学理论体系，能为百年变局中的世界提供解释逻辑，从而引领时代、引领世界社会主义运动，进而掌握理论话语权。

习近平新时代中国特色社会主义思想是21世纪马克思主义，直面世界百年未有之大变局，反映世界大发展大变革大调整和新的动荡变革期出现的"变革和重构"的时代特征，立足中国、放眼世界，不忘本来、吸收外来、面向未来，积极回答"世界之问""时代之问"，为人类谋进步、为世界谋大同，提出了中国式现代化、创造人类文明新形态和构建人类命运共同体理念，倡导全人类共同价值，积极参与全球治理体系改革和建设，为人类实现现代化提供了新的选择，因而得到了联合国的深刻认同，也得到世界许多国家的广泛理解和支持。面对21世纪的世界，新自由主义出现了解释困境、力不从心，而作为21世纪马克思主义的习近平新时代中国特色社会主义思想观察时代、把握时代、引领时代，在一定意义上具有解释21世纪的世界的相对优势，为解释21世纪的世界贡献着中国理论，逐渐掌握了解释21世纪的世界的理论话语权。

由此，发展21世纪马克思主义是历史、时代和世界发展的迫切需要，也是世界马克思主义研究的一个最前沿、最前瞻、最具潜力的理论建构性的重大问题，应基于中国式现代化、人类文明新形态和构建人类命运共同体三大基石构建和发展 21 世纪马克思主义，它们是发展 21 世纪马克思主义的"立论基础"。

从中国式现代化经人类文明新形态到人类命运共同体，是一个环环递进、层层提升、逻辑严密的有机整体。从中国式现代化到人类文明新形态，是从范式、内容、空间的一种提升，把"中国范式"提升为"人类范式"，把"现代化"发展提升为对整个人类社会与民族国家进步的不懈追求及其积累起来的积极文明成果，这是哲学思维的上升过程。就此而言，西方式现代化表面上似乎具有人类普遍性，实质上体现的是西方特殊性；中国式现代化表面看来具有中国特殊性，深入且从实质看具有世界意义。从创造人类文明新形态到构建人类命运共同体，是从人类文明形态到人类共同体之实践形态的一种转化，构建人类命运共同体实质上是人类文明新形态的一种人类实践形式。由此看，中国式现代化、人类文明新形态和人类命运共同体是本质相关、步步递进、逻辑上升的关系，是彼此理解的关系，对建构 21 世纪马克思主义具有奠基意义。以往相关研究成果未揭示出这三者的关系，也就没有达成对这三者关系之学理价值和重大意义的理解。

# 第四节
# 21 世纪马克思主义的理论内涵

发展 21 世纪马克思主义，是继续深入推进马克思主义中国化进而推进理论创新所提出的一个标志性论断，是中国理论走向世界和未来的标

识性符号，当然也是一个正在生成发展的重大命题。最早提出"发展
21 世纪马克思主义"这一论断，是习近平同志 2015 年 12 月在全国党校
工作会议上的讲话。他指出："希望党校根据时代变化和实践发展，加
强理论总结和理论创新，为发展 21 世纪马克思主义、当代中国马克思
主义作出努力。"① 2016 年 5 月，他又指出："马克思主义中国化取得了
重大成果，但还远未结束。我国哲学社会科学的一项重要任务就是继续
推进马克思主义中国化、时代化、大众化，继续发展 21 世纪马克思主
义、当代中国马克思主义。"② 《中共中央关于党的百年奋斗重大成就和历
史经验的决议》强调，"习近平新时代中国特色社会主义思想是当代中
国马克思主义、二十一世纪马克思主义"。从学理上，这些代表性的重
要论述，循着"作出努力—继续发展—如何发展—引领时代—'是'
的判定"逻辑，从与时俱进推进理论创新的高度，强调发展 21 世纪马
克思主义体现了中国共产党人的责任担当，也是对习近平新时代中国特
色社会主义思想之历史地位和世界地位的政治判定，为从学理上全面准
确深入研究 21 世纪马克思主义这一理论界涉及较少的基础性问题提供
了根本遵循。发展 21 世纪马克思主义，其实质是要持续深入推进马克
思主义中国化时代化，使"中国理论"走向世界，用习近平新时代中
国特色社会主义思想解释世界与观察时代、把握时代、引领时代，使
习近平新时代中国特色社会主义思想成为 21 世纪马克思主义核心的理
论形态。

何谓 21 世纪马克思主义？21 世纪马克思主义具有哪些理论内容？

---

① 习近平：《在全国党校工作会议上的讲话》，人民出版社 2016 年版，第 20 页。
② 习近平：《在哲学社会科学工作座谈会上的讲话》，人民出版社 2016 年版，第 9—10 页。

这里以习近平同志相关重要论述为文本依据，从五个向度阐释 21 世纪马克思主义的理论内涵，以确定讨论的问题域。

第一，21 世纪马克思主义具有"原体"规定。

21 世纪马克思主义是与马克思主义本质相关的概念，属本源向度，即首先是"马克思主义"，马克思主义基本原则不能丢；丢了，21 世纪马克思主义就不是马克思主义。21 世纪马克思主义以马克思主义为"根"和"本"，归属马克思主义的"基因"，它牢固坚守马克思主义根本立场、价值取向、理想信念、基本原理、方法原则，用马克思主义观察和把握事物，使马克思主义展现强大真理力量。马克思主义的根本立场，就是始终站在人民大众立场上，马克思主义把不断促进人的全面发展作为价值取向，始终坚定共产主义理想，马克思主义最基本的原理，就是关于社会形态和社会基本矛盾运动规律等基本原理，马克思主义也始终坚持唯物辩证、实事求是、群众路线的思想方法和工作方法。说习近平新时代中国特色社会主义思想是 21 世纪马克思主义，就是首先把它看作马克思主义。

第二，21 世纪马克思主义具有"关系"规定。

21 世纪马克思主义是与现代化道路直接相关的概念，属反思超越向度，是在深刻反思西方式现代化道路与拓展中国式现代化道路、创造人类文明新形态基础上发展起来的。21 世纪马克思主义，既要超越以资本至上为主导逻辑的各种现代性的西方资本主义话语，更要书写坚持人民至上的中国式现代化道路新版本。马克思主义发展始终与现代化发展道路直接相关，马克思正是在批判超越资本主导的现代化道路中构建其学说的。道路探寻，是马克思主义发展的一条主线。十月革命后，列宁认为建设社会主义面临的第一个重大任务，就是实现国家的现代化。习近平同志强调，"走自己的路，是党的全部理论和实践立足点"①。从"走自己的路"，到"中国特色社会主义道路"，再到"中国式现代化道路"，在理论逻辑上一脉相承，在历史逻辑上与时俱进。中国式现代化道路是从中国特色社会主义道路中走出来的，又在一定意义上发展了中国特色社会主义道路，它把"中国特色"提升为"中国范式"，把"中国特色社会主义道路"转换为"中国式现代化道路"，中国式现代化道路能内生出人类文明新形态，因而是一种更为科学和规范的表述，具有大历史观、类型学、典型样本意义，易于国际社会理解和接受，能与西方式现代化处在同一主题"频道"进行对话，因而也具有世界对话和传播意义。21 世纪马克思主义以中国式现代化道路为立足点，把道路问题看作马克思主义发展历程中的根本问题，认为中国式现代化道路是实现中华民族伟大复兴的正确道路，是立足中国、放眼世界，使 21 世纪马克思主义放射出真理光芒的道路。

第三，21 世纪马克思主义具有"过程"规定。

21 世纪马克思主义是与时间意识鲜明关联的概念，属时间向度，即承接过去、立足现在、面向未来，致力于把马克思主义发展到 21 世纪时代和实践发展所要求的新境界。21 世纪马克思主义，是与时俱进（过程生成）的马克思主义，离开与时俱进，就不是 21 世纪马克思主义。21 世纪马克思主义，可理解为世界社会主义运动中心历史性地转移到当代中国所创立发展的马克思主义，它是与资本主义历史性变化和社会主义运动中心历史性转移紧密相关的概念，也是与中国特色社会主义进入新时代，习近平新时代中国特色社会主义思想呈现出时代意义、世界意义与

---

① 习近平：《在庆祝中国共产党成立 100 周年大会上的讲话》，人民出版社 2021 年版，第 13 页。

未来向度相关的概念，它以"世纪"为标识。习近平同志指出，"发展 21 世纪马克思主义、当代中国马克思主义，必须立足中国放眼世界，保持与时俱进的理论品格"①，"不断开辟当代中国马克思主义、21 世纪马克思主义新境界"②。

从"过程"向度理解 21 世纪马克思主义，需坚持历史发展"连续性和阶段性统一"的方法论。

马克思、恩格斯创立的马克思主义，总体上奠定了马克思主义发展的立场、方向、原则和道路，具有本源意义。就此而言，在 19 世纪创立的马克思主义、在 20 世纪发展了的马克思主义、在 21 世纪进一步发展着的马克思主义具有连续性，都是对马克思主义的坚持和发展，将其割裂和依次替代，看作三个马克思主义，是错误的。21 世纪马克思主义也是历史过程概念。这里的"21 世纪"，不是数学上某一精确时间，不宜精准理解为哪一年，是指在唯物主义历史观与时代形态（时代主题）意义上所使用的一个历史阶段，反映的是世界社会主义运动中心的转移与时代主题的转换。21 世纪马克思主义与时俱进，具有历史"阶段性"，是对 19 世纪创立的马克思主义、20 世纪的马克思主义与时俱进的发展，它把马克思主义提升到 21 世纪时代和实践发展所要求的新阶段新境界，使马克思主义在 21 世纪具有强大解释力和引领力。在不同时代破解不同时代主题，使马克思主义具有不同时代特点的呈现方式。

党的十九大报告所讲的"三个意味着"，具有丰富的理论含量与解

① 《习近平谈治国理政》（第二卷），外文出版社 2017 年版，第 65 页。
② 《习近平谈治国理政》（第三卷），外文出版社 2020 年版，第 76 页。

释学价值，是世界社会主义运动中心转移到当代中国的根本标志，是确定"21世纪"这一时代形态的根本标识，是21世纪马克思主义立足中国、走向世界的根本依据。第一个"意味着"的主题是实现中华民族伟大复兴，实质上是讲实现强起来的"叙事"，是第二个、第三个"意味着"的基础，第二个、第三个"意味着"是从第一个"意味着"延展出来的。第二个"意味着"的主题是世界社会主义，实质上是说世界社会主义运动中心转移到21世纪中国的"叙事"；第三个"意味着"的主题是中国特色社会主义，实质上是谈中国特色社会主义具有世界意义的"叙事"，正是由于第二个、第三个"意味着"，才使新时代中国特色社会主义具有世界意义。显然，三个"意味着"的实质，主要是讲世界社会主义运动中心转移到21世纪中国的"叙事"。世界社会主义和马克思主义历史发展进程中蕴含一条规律，即世界社会主义运动的中心转移到哪里，发展马克思主义的中心就转移到哪里。19世纪，马克思一生大部分从事理论研究与工人运动的时间主要在英国，世界社会主义运动的中心也主要在西欧尤其是英国，马克思主义也主要产生于西欧尤其是英国。20世纪，世界社会主义运动的中心转移到俄国和中国，马克思主义发展的中心也随之转移到俄国和中国。列宁领导的十月革命，把科学社会主义由理论变成实践，在世界上建立第一个社会主义国家，在理论上产生了列宁主义。以毛泽东同志为主要代表的中国共产党人不仅把科学社会主义由理论变成实践，而且也由西方走向东方。21世纪，世界社会主义运动的中心历史性地转移到当代中国，新时代中国特色社会主义在引领21世纪世界社会主义的运动和发展。由此，21世纪发展马克思主义的中心也随之转移到当代中国，引领着21世纪世界马克思主义的发展。

第四，21世纪马克思主义具有"空间"规定。

21世纪马克思主义是与空间明确相关的概念，属空间向度，是以"胸怀天下"的世界眼光立足中国、放眼世界和直面"两个大局"的马克思主义。习近平同志指出，"发展21世纪马克思主义、当代中国马克思主义，必须立足中国、放眼世界"①。展开说有两个要义。

一是世界社会主义运动中心转移到当代中国，意味着当代中国已成为21世纪马克思主义的主要生长点、发展源与大本营，成为发展21世纪马克思主义的主要实践创新地和理论策源地。不能否认世界其他地方也存在着21世纪马克思主义的生长点、发展源，不能否认其他国家一些学者对发展21世纪马克思主义的重要贡献，也不能否认当今世界一些专家学者也是发展21世纪马克思主义的重要主体。②他们对资本主义制度性缺陷和结构性矛盾的揭露，关于对新自由主义与金融资本主义的批判、数字资本主义与替代性选择、新帝国主义与国际新秩序分析、新社会主义与新共产主义研究等方面的成果，提出的关于现代性、治理、主体间性、公共性、生态学马克思主义、空间生产等理论，对发展21世纪马克思主义具有重要价值，值得关注。皮凯蒂的《21世纪资本论》，已成为2008年国际金融危机之后西方马克思主义的最新表达。然而，中国共产党是世界上具有长远视野、世界眼光、战略思维、使命担当的政党，其领导的中国特色社会主义事业波澜壮阔，新时代中国特色社会主义已融入并影响着世界历史进程；领导实现的中华民族伟大复兴是世界百年未有之大变局的重要组成部分，是影响这一变局前途和走向的关键变量；

---

① 《习近平：深刻认识马克思主义时代意义和现实意义　继续推进马克思主义中国化时代大众化》，载《人民日报》2017年9月30日。

② 参见王凤才：《21世纪世界马克思主义基本格局》，载《学习与探索》2017年第10期。

领导人民成功走出的中国式现代化道路，创造了经济快速发展奇迹和社会长期稳定奇迹，创造了人类文明新形态，拓展了发展中国家走向现代化的途径，给世界上那些既希望加快发展又希望保持自身独立性的国家和民族提供了全新选择，使中华民族向世界展现出一派欣欣向荣的气象，也改变着世界现代化进程；积极推动的构建人类命运共同体，为解决人类重大问题贡献了中国智慧、中国方案、中国力量；中国共产党百年奋斗，使"马克思主义的科学性和真理性在中国得到充分检验，马克思主义的人民性和实践性在中国得到充分贯彻，马克思主义的开放性和时代性在中国得到充分彰显。马克思主义中国化时代化不断取得成功，使马克思主义以崭新形象展现在世界上，使世界范围内社会主义和资本主义两种意识形态、两种社会制度的历史演进及其较量发生了有利于社会主义的重大转变"[①]。这些充分且必要的理由，使当代中国成为21世纪马克思主义的主要实践创新地和理论策源地。

当代中国共产党人更是发展21世纪马克思主义的核心主体。进入21世纪，在世界上真正高举马克思主义旗帜并展示马克思主义强大生命力的主要是中国共产党人。中国共产党人把马克思主义作为指导思想，把马克思主义在意识形态领域的指导地位作为一种根本制度。习近平同志是发展21世纪马克思主义命题的主要提出者，是21世纪马克思主义新境界的真正开辟者，是21世纪马克思主义立足中国、放眼世界、面向未来和胸怀"两个大局"的积极推动者，也是21世纪马克思主义的主要诠释者。习近平新时代中国特色社会主义思想具有世界意义，为发达国家和发展中国家提供了某种参考和借鉴，其中的政党治理、国家治理、全球

---

[①] 《中共中央关于党的百年奋斗重大成就和历史经验的决议》，人民出版社2021年版，第63—64页。

治理、人类命运共同体理念、中国式现代化道路、人类文明新形态，为世界提供了思想理论，为世界政党交流提供了平台，为参与全球治理体系改革和建设贡献了中国智慧、中国方案。

从更为宽广的学术视野看，21世纪马克思主义包括21世纪国外马克思主义和21世纪中国马克思主义。21世纪国外马克思主义，是当今国外学者对现代化、全球化实践的深刻反思和理论提升，体现了对当代资本主义社会的批判和超越；21世纪中国马克思主义，阐述的是世界社会主义运动中心转移到当代中国以来，立足新时代中国特色社会主义建设实践，直面"两个大局"放眼世界，而发展起来的具有世界意义的科学理论。习近平新时代中国特色社会主义思想，既是21世纪中国马克思主义，也是21世纪马克思主义的主体形态。

二是拓展当代中国马克思主义在新时代的世界向度，以天下情怀观察和把握世界。把当代中国马克思主义、21世纪马克思主义并提，有其深意。二者都立足"当代中国"，是习近平新时代中国特色社会主义思想在时空上相对不同的表达。当代中国马克思主义，是中国改革开放以来创立发展起来的中国特色社会主义理论体系之集大成之作，它把中国特色社会主义理论体系提升到"当代中国""马克思主义""集大成"的高度，侧重于马克思主义中国化，着眼于"引领中国"，关乎实现中华民族伟大复兴的前途命运。21世纪马克思主义立足当代中国、放眼世界、面向未来，是新时代理论创新，主要指中国特色社会主义进入新时代，在以大历史观全面把握"两个大局"的基础上，而开启的当代中国马克思主义的世界向度。这个世界向度，是用习近平新时代中国特色社会主义思想表达的，它体现新时代马克思主义中国化新的走向，实现了马克思主义中国化新的飞跃：既是就重大时代课题，解决社会主要矛盾，实现从富起来到强起来的伟大飞跃所创立的科学思想体系；又放眼世界，侧重于马克思主义世界化，关乎中国前途命运和科学社会主义的发展前景。① 马克思主义本质上就是具有人类情怀的世界性科学理论体系。21 世纪马克思主义同样如此，为解决"世界向何处去"问题贡献智慧、开辟新路、指明方向。这种新的飞跃具有划时代意义：我们曾用中国化的马克思主义标注毛泽东思想的历史地位，用当代中国的马克思主义标注邓小平理论的历史地位，新时代我们可以用 21 世纪马克思主义表达习近平新时代中国特色社会主义思想的历史地位，使习近平新时代中国特色社会主义思想成为 21 世纪马克思主义核心的理论形态。

第五，21 世纪马克思主义具有"功能"规定。

21 世纪马克思主义是与解释和引领世界相关的概念，属话语向度，是为观察时代、把握时代、引领时代、解释 21 世纪世界并掌握话语权贡献的科学理论体系。不然，21 世纪马克思主义就不是具有"解释世界""引领时代"的马克思主义。我们必须"用马克思主义观察时代、把握时代、引领时代，继续发展当代中国马克思主义、21 世纪马克思主义"②。

以认识世界为前提的解释世界，是改变世界的前提。从哲学本质功能来讲，人类活动在根本上就是认识世界和改变世界，只有认识并解释清楚世界，才能对时代和现实作出科学研判。当代中国应从"原材料供应国"也向"理论供应国"提升，构建"学术中国""理论中国"，构建中华民族的"理论自我""学术主体"，为解释世界提供"中国理论"，掌

---

① 参见中共中央宣传部编：《习近平新时代中国特色社会主义思想学习问答》，学习出版社、人民出版社 2021 年版，第 7 页。

② 习近平：《在庆祝中国共产党成立 100 周年大会上的讲话》，人民出版社 2021 年版，第 13 页。

握解释当今世界的话语权。构建中国特色哲学社会科学与中国理论，是我国文化软实力的集中体现。当今中西方在文化、思想理论上的交流交融交锋，往往蕴含理论话语权之争。我们要"着力构建中国特色哲学社会科学，在指导思想、学科体系、学术体系、话语体系等方面充分体现中国特色、中国风格、中国气派"①。这实质上是要确立中华民族"学术自我""理论自我""思想自主""理论主体"的宣言书和动员令，也是由理论自卑转向理论自信、由"三失"②转向"四个自信"的根本标识。这种"转向"之意义不可低估，标志新时代中国要积极面向世界，由"理论依附"经"理论主体"走向"理论引领"，为解释世界贡献科学理论，掌握解释世界的话语权。

总的来说，21世纪马克思主义的理论内涵，就是牢固坚守马克思主义根本立场、价值取向、理想信念、基本原理、方法原则的马克思主义；是在深刻反思西方式现代化道路与拓展中国式现代化道路、创造人类文明新形态基础上发展起来的马克思主义；是世界社会主义运动中心历史性转移到当代中国，与时俱进地把马克思主义发展到21世纪时代和实践发展所要求的新境界的马克思主义；是胸怀天下、立足中国、放眼世界、直面"两个大局"的马克思主义；是以马克思主义观察时代、把握时代、引领时代，为解释和引领21世纪世界贡献科学理论体系进而掌握话语权的马克思主义。

---

① 习近平：《在哲学社会科学工作座谈会上的讲话》，人民出版社2016年版，第15页。

② "三失"：马克思主义在一些学科中"失语"，在一些教材中"失踪"，在一些论坛上"失声"。

# 第五节
# 21 世纪马克思主义的"思想芯片"

中国式现代化、人类文明新形态、人类命运共同体是创立发展 21 世纪马克思主义的生长点和发展源。就是说，我们可以从中国式现代化、人类文明新形态、人类命运共同体中，揭示 21 世纪马克思主义的核心理论。这可称为"思想芯片"。这一核心理论或"思想芯片"，就是三种根本机制论、系统力量结构论、五为五谋论。三种根本机制论，就是动力机制、平衡机制和治理机制三者统一；系统力量结构论，就是由党的领导力量、人民主体力量、市场配置力量、文化凝聚力量、社会动员力量、生态滋养力量、世界和合力量七种进步力量构成的系统整体；五为五谋论，就是为中国人民谋幸福、为中华民族谋复兴、为世界谋大同、为中国共产党谋强大、为马克思主义谋生机。

## 一、三种根本机制论

### （一）三种根本机制是具有普遍性的规律性存在

作为自然科学用语，机制，原意是指有机体的构成要素、运作方式、作用机理和实际功能及其相互关系，或机器的构造和工作机理。20 世纪 80 年代后期以来，越来越多的社会学家、经济学家把"机制"概念引入社会、经济研究之中，用来指隐藏在经济现象、社会现象背后，且发挥驱动、控制、整合等作用的诸多因素的本质、结构、功能及其相互联系，以及这些因素产生影响、发挥作用的运行逻辑和功能原理。他们还运用经济运行机制、社会运行机制等理论，来分析经济社会的发展模式。这里，我们主要从哲学上，把机制界定为规律与制度体制政策的中介，进而探寻普遍存在并发挥根本作用的规律表现形式和制度体制政策的内在机理。

动力、平衡和治理是普遍存在于自然界、人类社会、人的精神世界中的三种根本机制。这三种机制既是社会历史发展隐蔽规律的具体体现，也是制度规范、体制运行、政策措施和所呈现象的内在机理。动力机制，释放着社会发展的能量；平衡机制保持着社会各要素、各领域、各部分之间的协调；治理机制力求使动力机制和平衡机制之间达到优化、协调、配合。就是说，动力机制、平衡机制和治理机制在任何事物、任何对象、任何领域中都普遍存在，是从任何事物、任何对象、任何领域中抽象出来的三种根本机制，因而具有普遍性和规律性。

第一，动力机制、平衡机制和治理机制的内涵、功能及其相互关系。

首先，关于动力机制。动力机制，主要指由社会发展的基本要素所构成的动力系统及其作用机理和方式。动力机制的基本表现是活力。在经济领域，它具体表现为市场效率；在政治领域，它具体表现为政府效能；在文化领域，它具体表现为人民创新精神；在社会领域，它具体表现为社会发展。

动力机制由一些基本要素构成。主要是：人的需要及利益；人的能力尤其创新能力；人的积极性、主动性和创造性；科学技术；市场机制；发展活力。这些基本要素在动力机制中发挥着不同作用：社会发展的动力机制，以人的需要及利益为动力源，以人的能力尤其是创新能力为动力能，以人的积极性、主动性和创造性为动力流，以科学技术和市场机制为主要动力手段，以党政主导力量、市场配置力量、人民主体力量之合力为动力核心，以充满发展活力为动力目的。动力机制的本质性功能，主要是解决社会赖以发展的动力问题。从社会层面上，它让一切创造财富的源泉涌流，让一切创新能力迸发；从个人层面上，它要使每个人各显其能。

衡量动力机制的标准主要是速度、效率和活力。考察一个社会的动力机制状况，就要考察这种机制能否最大限度地激发全体社会成员的创新能力；能否调动全体社会成员的积极性、主动性和创造性；能否使社会各要素、各领域和各方面充满发展动力和创新活力，从而使社会得到快速有效的发展。

其次，关于平衡机制。平衡机制，是指社会各基本要素和各部分之间保持协调、和谐，且稳定有序运行的机理和状态。平衡机制的最高表现是和谐。在经济领域，它主要表现为公平分配利益、化解利益矛盾；在政治领域，它主要表现为公平正义，具有平等的权利、机会和规则；在文化领域，它主要表现为和谐思维；在社会领域，它主要表现为人与人之间的平等和谐关系以及社会稳定有序。

构成平衡机制的基本要素主要是：公正和谐、全面协调、统筹兼顾、稳定有序。公正和谐属于理念，全面协调属于基本要求，统筹兼顾属于根本方法，稳定有序属于结果。平衡机制既注重经济、政治、文化、社会之间的全面协调、统筹兼顾，又注重生产关系与生产力、上层建筑与经济基础之间的相互适应，还注重人与自然、人与社会、人与人、人的身心之间的和谐。平衡机制的本质性功能，就是通过平衡利益分配和确立公平正义的价值取向，使速度与稳定、效率与公平达到一种均衡状态，并形成一种各得其所、和谐相处、稳定有序的社会发展状态。

衡量平衡机制的标准主要是公正、和谐和稳定。考察一个社会的平衡机制状况，就要考察这种机制能否使全体社会成员各得其所、和谐相处；能否使社会各要素、各领域、各方面的关系处于协调状态；能否使社会公正得到保障，使社会矛盾趋于平缓，使社会发展安定有序。

最后，关于治理机制。治理机制，是直接指向动力问题和平衡问题的，它以一定理想目标为尺度，通过治理，矫正经济社会发展在动力和平衡方面存在的弊端，使动力机制与平衡机制达到优化、协调、配合，从而促进生产关系与生产力、上层建筑与经济基础之间相适合，推动经济、政治、文化、社会、生态等诸种体制不断完善。

治理机制的理念，是促进公平正义、增进人民福祉；治理的核心对象及其目的，是实现动力机制与平衡机制的优化及二者之间的协调、配合，使利益、资源达到公正合理的分配；治理的内容，是调整生产关系与生产力、上层建筑与经济基础不适合的部分；治理的方式主要有两种——革命与改革，完全不适合则需要革命，部分不适合则需要改革。衡量治理机制的标准，主要看社会发展的动力机制与平衡机制是否得到优化、协调和配合，看利益、资源是否达到公正合理的分配。

动力机制、平衡机制和治理机制都是通过一定的制度规范、运作体制和政策措施体现出来的，在一定制度规范、运作体制和政策措施的背后起根本作用的，是动力、平衡和治理三种根本机制。比如，看社会主义分配制度的作用，就主要看它的分配的效率性（动力）、分配的道义性（平衡）和分配的正义性（治理）状况；看一种政治体制的作用，就主要看政府的效能（动力）、权利的平等（平衡）与政府对经济社会发展的动力和平衡的治理（治理）状况；把握改革的政策措施的作用，应主要围绕改革（治理）与发展（动力）、稳定（平衡）的关系展开，即改革的政策措施能否解决经济社会发展的动力与平衡的问题。由此，我们在设计和制定一个社会的制度规范、运作体制和政策措施时，从根本上应围绕动力、平衡和治理三种机制来进行。检验一个社会的成熟程度或健全程度，关键要看这三种机制的优化、协调、配合程度。

动力、平衡、治理三种根本机制既相互独立，又相互联系。相互独立，是说这三种根本机制中的每一种机制，分别是人们考察自然界、人类社会和人的精神世界的一个相对独立的角度、层面，是人们观察问题的一种方式。相互联系，是指在分析研究某一个具体对象时，这三种根本机制是同时存在、相互影响且彼此理解的，它们在结构上是相互协调的，在功能上是相互补充的。

第二，动力、平衡、治理是存在于任何对象中的三种根本机制。

在我们所观察的任何对象中，都存在着动力、平衡和治理三种根本机制。作为诸多规律的表现形式，三大机制对自然界、人类社会和人的精神世界中的诸多现象发挥着驱动、平衡和治理的作用，是诸多规律与体制机制政策及现象之间普遍存在的中介。

首先，动力、平衡、治理是存在于自然界中的三种根本机制。

在自然界，动力机制是物质运动规律与物质运动现象的中介：物质运动规律既通过动力机制作用于物质运动现象，分析动力机制可以透过运动现象把握运动规律；动力机制也是物质运动现象的内在驱动，规定着物质运动的速度、方向和方式。在动力机制驱动的过程中，平衡机制发挥着不可或缺的作用，缺乏平衡，任何物质运动都无法持久。物质运动过程中"能量守恒"就是平衡机制在自然界的主要存在方式。而"物竞天择，适者生存"的生物进化规律，是通过治理（这里可理解为调整）机制的中介作用，呈现在诸种自然现象之中，并自然发挥着在生物进化上的作用。 此外，在受到刺激、干扰时，生物有机体、种群或生态系统所表现出来的适应能力或者修复能力，也是自然界自我调整机制的重要表现。 三大机制既广泛存在于自在自然中，也普遍存在于"人化自然"中，比如人制造的自行车、汽车、火车、轮船、飞机等物质上。

其次，任何社会都具有动力、平衡和调整三种机制。

动力、平衡和治理是人类社会赖以运行和发展的三种最根本、最普遍的机制。 动力机制，释放着社会发展的能量；平衡机制，保持着社会发展各部分之间的协调；治理机制，使动力机制和平衡机制达到优化、协调和配合。 社会发展的动力机制和平衡机制要达到优化、协调、配合并有效发挥作用，需要治理机制。

现代化从根本上要解决好动力机制、平衡机制和调整机制的问题。现代化首先要解决发展及其发展的动力机制问题；当发展起来以后，即进入现代化发展的第二阶段，民众表达诉求日趋增强，在社会不能为满足这种诉求提供足够资源或者资源配置不合理的情况下，就会发生利益矛盾甚至冲突。 这使和谐稳定问题突显出来，因而现代化还要解决好稳定及其平衡机制问题；发展和稳定问题、动力机制和平衡机制问题，都要通过改革来解决，改革本质上就是通过治理或调整，使动力机制和平衡机制之间达到优化、协调、配合。

在社会基本矛盾运动中，要注重把握好社会发展的动力机制、平衡机制和治理机制。 改革本质上是一种治理机制，就是通过治理，来解决我国社会基本矛盾中的不适合部分，其目的就是既为社会发展注入动力，发挥好动力机制的作用，又促进社会和谐稳定，发挥好平衡机制的作用。 社会基本矛盾适合或不适合，主要看社会基本矛盾是否使社会发展充满"动力"与"平衡"，看社会发展的动力机制与平衡机制之间是否协调、配合；如果社会发展缺乏动力且不够平衡，动力因素与平衡因素也不够协调、配合，说明社会基本矛盾具有不适合的状况，于是必须通过改革进行调整或治理。所以，社会基本矛盾运动规律是通过社会历史发展的动力机制、平衡机制和治理机制而体现出来并发挥作用的。

再次，三大机制也存在于人的精神世界中。

经过系统深入研究我们发现，人的精神结构有六个基本要素，即欲求、情感、认知、评价、伦理和超验。其中，欲求和情感发挥着动力作用，主要驱动人发挥其积极性、主动性和创造性，进而推动人不断地为满足其合理需要而奋斗；认知和评价主要对个体欲求的合法性做出合理判断，平衡个体与整体的关系，使个体在追求个人利益最大化的过程中，不能危害他人的基本权益，不能超越法律允许的范围，还要接受道德舆论的监督；伦理和超验是对个体和群体行为的调整和规范，亦即治理。

最后，一些专家学者还从对自然、社会和人的精神世界的研究中，在不同程度上揭示了动力、平衡和治理三种根本机制。

作为实证主义的创始人和社会学的开创者，孔德虽然没有明确使用社会运行机制这样的概念，但他把社会学分为社会动力学（探究社会的运动和发展的规律，研究社会的进步）和社会静力学（探究一般的社会关系、社会结构及其性质，以及它们存在的条件，简要说，就是研究社会的秩序），并且强调社会动力学与社会静力学是一个统一有机的整体。[①]其中，社会静力学所研究的"秩序"必然通过社会动力学所研究的"进步"表现出来，而进步又是秩序的渐进的发展。"秩序向来是进步的基本

---

① 参见刘放桐等编著：《新编现代西方哲学》，人民出版社 2000 年版，第 11—12 页。

条件，而反过来，进步则成为秩序的必然目标。"① 如果没有进步，秩序就会僵化、腐败和衰退；如果没有秩序，社会就会陷入无政府状态，不会有真正的进步。这里，"进步"与社会历史发展的动力有关，而"秩序"与社会历史发展的平衡有关。美国社会学家罗斯曾指出："社会秩序意味着根据一些规则来调节冲突。"② 也就是说，社会发展需要通过调整或治理以达到平衡。未来学家托夫勒认为，人类社会从古至今主要经历了三种力量的更替，即暴力、财富和知识。在当今时代，知识是创造财富的发动机，人的智力和创新能力将成为支配社会发展的主导力量。这主要是从动力的角度探讨社会发展的依赖力量。

有学者从影响社会运动的诸多因素出发，认为社会运行机制是人类社会在有规律的运动过程中，影响这种运动的各因素的结构、功能及其相互联系，以及这些因素产生影响、发挥功能的作用过程和作用原理。相关学者把社会运行机制按层次进行分类，将社会运行机制分为动力、整合、激励、控制、保障等五个二级机制，并具体阐释了这五个二级机制的内涵、结构和功能。③ 其中的"动力""控制""整合"分别与"动力""平衡""治理"有关。还有学者认为，社会机制是指社会系统内各组成部分之间的联动作用关系，是自然机制和人工机制作用于社会生活的结果，包括社会规律的作用机制和利用机制方面的内容。在对社会机制做出定义之后，相关学者还揭示了社会机制和社会规律的有机联系，认为社会规律之所以对社会反复起作用，是通过"社会机制"这个中介

---

① ［法］奥古斯特·孔德：《论实证精神》，黄建华译，商务印书馆1996年版，第40页。

② ［美］爱德华·罗斯：《社会控制》，秦志勇、毛永政等译，华夏出版社1989年版，第2页。

③ 参见郑杭生、郭星华：《试论社会运行机制》，载《社会科学战线》1993年第1期；郑杭生主编：《社会学概论新修》，中国人民大学出版社1994年版，第40—45页。

实现的，并且概括性地指出，"动力机制和约束机制是促进和协调社会事物发展的两种最基本的机制"①。

### （二）经典马克思主义的根本主线和基本逻辑蕴含三种根本机制

经典马克思主义理论博大精深，具有丰富的内容。然而，其根本主线和基本逻辑即核心要义究竟是什么？借助三种根本机制可把握其三个核心要义。一是动力机制上关于社会基本矛盾尤其是生产力的观点。它注重社会生产力的高度发展，认为生产力是一切社会发展的物质基础，是社会历史发展的最终决定力量。在《德意志意识形态》《哲学的贫困》《共产党宣言》《〈政治经济学批判〉序言》，以及《恩格斯晚年历史唯物主义书信》等著作中，马克思、恩格斯都强调物质生产力是全部社会生活的物质前提，"生产归根到底是决定性的东西"②，生产力的发展是社会发展的最终原因。二是平衡机制上关于人的全面、平等、和谐发展的观点。在《共产党宣言》和《资本论》中，马克思、恩格斯强烈批判资本主义社会发展的不公正和不平衡现象，认为理想社会的最高价值目标是实现每个人自由而全面的发展，在这一社会，每个人的自由发展是一切人的自由发展的条件。三是治理机制上关于无产阶级革命的观点。它强调无产阶级要通过革命消灭私有制，解放无产阶级，进而解放全人类，认为这是推翻资本主义社会进而走向理想社会的根本途径。

其实，马克思心目中的资本主义和社会主义也是基于三种根本机制来描述和分析的。

---

① 严家明：《社会运行机制概论》，载《社会科学》1990 年第 8 期。

② 《马克思恩格斯选集》（第四卷），人民出版社 2012 年版，第 608 页。

马克思把资本主义社会作为主要批判对象，他既是在批判资本主义社会中构想社会主义理想社会的，也是因批判资本主义社会而出场的。这叫作"在批判旧世界中发现新世界"。马克思心目中的资本主义有三种基本图像。一是在动力机制上，马克思高度评价资本与资产阶级在推动社会生产力发展方面的历史作用。马克思认为，"工业的历史和工业的已经生成的对象性的存在，是一本打开了的关于人的本质力量的书"[1]。借助于资本的作用，"资产阶级在它的不到一百年的阶级统治中所创造的生产力，比过去一切世代创造的全部生产力还要多，还要大"[2]。二是在平衡机制上，马克思又强烈批判资本主义社会的非人道性质，认为资本主义社会是资本占有劳动并控制社会的不平等的社会；在这一社会，社会物质财富的增长以牺牲人的发展为代价，资产阶级发展以牺牲无产阶级的发展为代价。马克思强调指出，19世纪资本主义的发展模式必然导致贫富差距及工人的贫困，"死的资本总是迈着同样的步子，并且对现实的个人活动漠不关心"[3]，"工人生产的财富越多，他的产品的力量和数量越大，他就越贫穷"[4]。这实际上是对当时资本主义社会平衡机制不健全的客观评价。三是在治理机制上，马克思认为资本主义社会无法解决自身固有的矛盾及不断发生的危机，"社会所拥有的生产力已经不能再促进资产阶级文明和资产阶级所有制关系的发展；相反，生产力已经强大到这种关系所不能适应的地步，它已经受到这种关系的阻碍；而它一着手克服这种障碍，就使整个资产阶级社会陷入混乱，就使资产阶级所有制的存在受

① 《马克思恩格斯文集》(第一卷)，人民出版社2009年版，第192页。
② 《马克思恩格斯选集》(第一卷)，人民出版社2012年版，第405页。
③ 《马克思恩格斯全集》(第三卷)，人民出版社2002年版，第227页。
④ 《马克思恩格斯全集》(第三卷)，人民出版社2002年版，第267页。

到威胁。资产阶级的关系已经太狭窄了，再容纳不了它本身所造成的财富了"①。而资产阶级面对这样的历史困境显得无能为力、无所适从："资产阶级用什么办法来克服这种危机呢？一方面不得不消灭大量生产力，另一方面夺取新的市场，更加彻底地利用旧的市场。这究竟是怎样的一种办法呢？这不过是资产阶级准备更全面更猛烈的危机的办法，不过是使防止危机的手段越来越少的办法。"②究竟如何解决资本主义社会的固有矛盾及不断发生的危机呢？在马克思看来，通过社会改良、道德劝说和良心发现也无法克服资本主义社会存在的根本弊端，只有通过无产阶级革命，才能用一个理想社会取代资本主义社会。正是针对资本主义社会在运行和发展机制上存在的诸多问题，马克思力求构想动力机制、平衡机制和治理机制能够相互协调、配合的理想社会的发展模式："代替那存在着阶级和阶级对立的资产阶级旧社会的，将是这样一个联合体，在那里，每个人的自由发展是一切人的自由发展的条件。"③具体来说，在这样的社会里，社会生产能力得到前所未有的解放，社会生产力高度发展，物质财富极大丰富，社会发展充满动力和活力；同时消除了私有制、旧式分工和阶级对抗，每个人都能够互不影响地得到自由全面发展；在人们自我监督、自我管理的"自由人联合体"中，对社会产品进行有计划的调节。

### （三）当代西方资本主义社会新变化主要是围绕动力机制、平衡机制和治理机制进行的

2008 年国际金融危机使本来对于资本主义发展前景充满信心的西方

---

①② 《马克思恩格斯选集》(第一卷)，人民出版社 2012 年版，第 406 页。
③ 《马克思恩格斯选集》(第一卷)，人民出版社 2012 年版，第 422 页。

社会陷入深深的困惑：如何对待不断创新的金融体系？如何调整危机后经济社会发展模式？如何从根本上解决周期性的经济危机？从经济社会运行的内在机制来看，国际金融危机后以美国为代表的西方社会发生了新变化。这种变化，主要是围绕动力机制、平衡机制和治理机制进行的。

第一，动力机制出现新变化。

美国金融危机的原因之一在于其扭曲的经济增长方式，即经济增长依赖于过度消费，增长动能不足。美国国内生产总值中占比最大的是消费支出，约占国内生产总值的 70%，而生产部门所占比重不大。从 20 世纪 80 年代至今，消费逐渐成为推动美国经济增长的主要动力。在以消费驱动增长的经济中，政府必然会鼓励消费，扩大信贷规模。这就导致次贷市场膨胀，产生泡沫。过度消费使得储蓄不足，最终导致贸易逆差过大，经常账户赤字增加。而不断增加的经常账户赤字最终又导致美国汇率下降，从而使进口商品价格升高，产生通货膨胀压力。为了平稳物价，货币当局便提高联邦利率，进而导致金融市场泡沫破裂。由此，美国首先开始调整经济结构，寻求新的经济增长动力。一是大规模整合金融业，颁布金融监管改革法案，改革金融监管体系，推进金融创新。二是转换经济增长模式，由消费驱动型增长转向出口驱动型增长。美国积极整合政府资源，成立出口促进内阁，放松对某些高技术产品的出口限制。这些调整，有利于加快科技创新的速度和生产率的提升。三是更加注重自主创新能力，"创新发展"备受重视。从历史经验来看，重大危机往往会激发新一轮的技术革命。作为应对金融危机的战略措施，美国等发达国家政府更加重视新技术研发与新产业发展。实际上，美国在研发投入总量、技术储备、人才与产业基础等方面仍占有明显优势，继续引领全球技术创新的方向。四是反思危机前过度追求经济虚拟化的教训，重视实体经济发展。金融危机后，美国推出"再制造业化"战略，高度重视实体经济发展。为拯救实体经济，振兴制造业，美国政府制定了包括基础设施更新、人力资源提升、5 年吸引 1.5 万亿美元外商直接投资的"选择美国"计划等一揽子措施，发布"先进制造业国家战略计划"，使制造业显露复苏迹象。五是把"低碳经济"和"绿色增长"作为经济发展的主题。美国将重点放在新能源和环保产业上，努力推动其向产业化方向发展，把绿色、低碳技术及其产业化作为突破口，从而引领产业结构再调整，使其拉动新一轮经济增长，并为长期经济增长和繁荣打下坚实基础。六是新能源成为驱动美国产业结构调整的重要力量。页岩气和页岩油开采技术的突破与大规模应用，给美国带来了能源价格"洼地"、制造业复兴等诸多好处，也对国际能源格局构成冲击，为美国全球战略布局提供了巨大空间。

第二，平衡机制出现变化。

美国在平衡机制上的变化，主要围绕"虚拟经济与实体经济""政府监管与金融创新""储蓄与消费""贫与富""美国与中国"进行。一是调整不平衡的虚拟经济和实体经济。在美国，虚拟经济过大，实体经济相对较小。这不仅导致经济泡沫化，而且也难以支撑虚拟经济发展。因此，美国加大发展实体经济的力度。二是平衡政府监管与金融创新的关系，调整国际金融体系对美元的过度依赖。金融绝不能脱离政府监管，政府监管要及时跟上金融创新步伐。由此，美国既加强政府对金融的监管，又积极推进金融创新。三是平衡储蓄与消费的关系。合理消费可拉动经济增长，但零储蓄举债消费会带来虚假繁荣，当储蓄与消费间的关系彻底失衡、负债率开始上升，带来的则是风险。于是，美国开始限制举债消费。四是平衡贫与富的关系。比如，通过终身雇佣、职工持股等手段，不断提高工人的收入与待遇；在生产资料私有制的限度内，实行社会福利政策，改善社会底层的待遇与地位，努力解决贫富悬殊和两极分化问题，使社会达到相对和谐。五是重新平衡中美关系。核心就是美国用一切办法包围、遏制中国。比如，提出"中国威胁论"和"亚太再平衡战略"。

第三，治理机制出现新变化。

美国吸取1929—1933年经济大萧条的教训，相对减少市场调节，加大政府调整干预力度，积极用政府这只"有形的手"，连续不断地干预市场进行救市。其政策措施频率之高、政策操作范围之广、政策实施力度之强，实属罕见。此外，当代西方社会注重吸纳社会主义因素，建立工会和社会慈善组织，充分发挥社会的力量，协调劳资矛盾，使无产阶级丧失阶级意识和革命意识。

如前所述，习近平同志把当今世界所面临的难题概括为三个根本方面：全球经济增长动能不足，全球发展失衡，全球治理滞后。这实际上就是从动力机制、平衡机制、治理机制三个根本方面入手或着眼来理解和把握世界发展大势的。

### （四）改革开放、中国特色社会主义、中国式现代化的底层逻辑就是三种根本机制

我们党深刻理解和把握了马克思主义的精髓，也深刻理解和把握了动力机制、平衡机制和治理机制这三种根本机制，在改革开放、中国特色社会主义和中国式现代化实践中达到了认识自觉和实践自觉。

第一，中国特色社会主义、中国式现代化的发展逻辑与三种根本机制。

从领导主体来看，中国特色社会主义、中国式现代化首先坚持中国共产党领导，中国共产党领导的好坏，主要体现在能否坚持、发展与运用好这三种根本机制上。党政军民学，东西南北中，党是领导一切的，办好中国的事情关键在党。中国共产党领导首先要努力使中国的经济社会发展具有动力和活力，如果缺乏动力和活力，停滞不前，就意味着中国共产党在动员力、感召力、恒定力方面存在着问题；中国共产党领导其次要努力使中国的经济社会发展达到平衡、和谐，具有稳定性，如果失去平衡，导致不和谐、不稳定，就意味着中国共产党在引领力、净化力方面出现了问题。历史和实践表明：中国共产党在革命、建设、改革年代，在总体上具有广泛的动员力、感召力、恒定力，经济社会发展的动员能力较强，尤其是在中国改革开放和社会主义现代化建设方面，其经济社会发展的动员能力得到最大程度的发挥，而且总体来看，也在经济社会发展的动力、活力与速度、效率方面取得较好效果。党的十八大以来，以习近平同志为核心的党中央特别注重创新发展，着力解决发展不充分的问题。不仅如此，中国共产党也具有较好的引领力、净化力以及平衡力。比如，党中央要求牢固树立落实新发展理念，注重全面协调发展和共享发展，致力于解决发展不平衡的问题。党中央治国理政的一个鲜明特点，就是强弱项、补短板。以习近平同志为核心的党中央还积极推进全面深化改革，而全面深化改革的总目标之一，就是推进国家治理体系和治理能力现代化，以进一步解决好中国经济社会发展动力不足（发展不充分）、发展失衡（发展不平衡）的问题，创造了经济快速发展奇迹和社会长期稳定奇迹，新时代我们党正致力于创造中国之治奇迹。

从战略目标来看，中国特色社会主义坚持以解放和发展社会生产力、逐步实现全体人民共同富裕、不断促进人的全面发展，来支撑实现中国式现代化、实现中华民族伟大复兴，这一战略目标之深层逻辑，主要是中国经济社会发展的动力、平衡、治理三个根本机制的统一。解放和发展社会生产力，内在要求注重解决好经济社会发展的动力机制问题；逐步实现全体人民共同富裕，内在要求注重解决好经济社会发展的平衡机制问题；推进人的全面发展，包括推进人的需要、人的能力、人的关系、人的个性的全面发展，而人的能力和人的个性的全面发展，要求一个国家、一个社会建立健全良好的动力机制，人的需要的全面发展、人的关系的全面发展，要求一个国家、一个社会建立健全良好的平衡机制。当一个国家、一个社会的动力机制和平衡机制出现问题，就必须加强治理机制建设，提升政党、国家、社会的治理能力。实现社会主义现代化、实现中华民族伟大复兴，从根本性来讲，内在要求解决好经济社会发展的动力机制、平衡机制和治理机制问题。一个国家和社会如果缺乏动力，就好比一台没有马达的机器，都是散放的零件；一个国家和社会如果缺乏平衡、和谐、稳定，就好比一匹脱缰的野马，没有秩序。一个国家和社会既要具有动力，又要达至平衡、和谐、稳定，国家治理、社会治理是关键。

从总体方略来看，中国特色社会主义、中国式现代化分别把"总体布局""发展理念""战略布局"作为总框架、路线图、"牛鼻子"，三者共同构成中国式现代化道路的总体方略。这一总体方略内在蕴含着经济社会发展的动力机制、平衡机制、治理机制。我们党提出并注重统筹推进"五位一体"总体布局，与注重经济社会全面协调发展以达至平衡、和谐有关。创新、协调、绿色、开放、共享新发展理念，更是鲜明地体现了经济社会发展的动力机制、平衡机制和治理机制：创新发展内在要求注重动力，协调发展、绿色发展、共享发展内在要求注重平衡，要实现创新发展、协调发展、绿色发展、开放发展、共享发展，国家、社会的治理体系、治理能力是关键。协调推进"四个全面"战略布局，同样鲜明地体现了经济社会发展的动力机制、平衡机制和治理机制。全面深化改革相对注重经济社会发展的动力，全面依法治国相对注重经济社会发展的公平正义，公正即和谐，和谐即稳定，公平正义以及和谐、稳定都与平衡机制直接相关。全面依法治国和全面从严治党内在要求注重经济社会发展的治理机制，因为其中所讲的法治本身就是治理的一种主要方式，全面从严治党就是要加强对党本身的治理。

从推动力量来看，中国特色社会主义、中国式现代化的主要推动力量，是党的领导力量、市场配置力量、人民主体力量。这三种力量之合力，是创造中国奇迹的根本原因，是推动当代中国经济社会发展的根本动力，是破解中国问题的根本智慧，因而是中国式现代化道路的精髓和灵魂。这三种力量合力之底色，就是注重动力机制、平衡机制和治理机制。市场配置力量相对注重经济社会发展的动力机制，党的领导力量、人民主体力量既注重经济社会发展的动力，力求把"蛋糕"做大，也注重经济社会发展的平衡，担负起维护并促进公平正义、调节经济社会发展中的不平衡，即致力于公平合理地分割"蛋糕"的责任，以达到平衡、和谐、稳定，还注重经济社会发展中的治理。

从中国特色社会主义、中国式现代化的发展逻辑这一总体来看，也充分且鲜明地体现了动力、平衡、治理三种根本机制。1978年改革开放之初，中国特色社会主义主要致力于解决中国经济社会发展动力不足的问题，相对注重动力机制。那时，我们党强调解放思想、解放人、解放社会生产力，强调敢闯、敢干、敢为人先，强调让一切创造财富的源泉涌流、让一切创新能力迸发等，都是着力于解决好中国经济社会发展的动力、活力问题。中国特色社会主义发展到胡锦涛同志担任总书记时期，中国经济社会获得了长足发展，与此同时，中国经济社会发展中的不平衡、不和谐、不稳定的新情况新问题也出现了。针对这种新情况新问题，胡锦涛同志提出了科学发展观，强调第一要义是发展，核心是以人为本，基本要求是全面协调可持续，根本方法是统筹兼顾，实践要求是构建社会主义和谐社会，其实质就是致力于解决中国经济社会发展进程中的不平衡、不和谐、不稳定问题，进而构建社会主义和谐社会，因而相对注重平衡机制。党的十八大以后，为进一步解决好中国经济社会发展的创新动力和活力不足问题，并促进公平正义、增进人民福祉，以习近平同志为核心的党中央进一步推进全面深化改革，其总目标之一就是推进国家治理体系和治理能力现代化，这在本质上就是致力于解决好中国经济社会发展中的治理问题，相对注重治理机制。之后，政党治理、国家治理、政府治理、社会治理、网络治理、全球治理等，都被提上了议事日程。

第二，改革开放以来中国社会发展的历史逻辑与三种根本机制。

"创新是改革开放的生命"[1]，这一论断鲜明揭示了创新在改革开放历程中的核心地位和作用。由此，我们更要以高度的理论研究自觉来研究改革开放与创新的关系问题。

创新的主体是人，人是一切创新和创新活动的主体承担者。研究创新，首先要研究人。展开来说，就是我们还要以高度的理论研究自觉，来全面深入研究改革开放进程中人的问题。

---

[1] 《习近平著作选读》（第二卷），人民出版社 2023 年版，第 224 页。

一般来讲，"人"有三种基本的规定，即自在规定、关系规定、过程规定。"人"的自在规定，是指关于人本身的规定，即人的本质在人本身。这一规定着眼于人与动物的本质区别，其本质含义就是人是一切活动的"主体"和"主体承担者"，人通过其具有主体性的自主劳动而创造历史，人是历史的剧作者。其核心概念是"主体""创造"。"人"的关系规定，是指关于"人"在社会关系中被赋予的规定性。这一规定着眼于人所在的各种社会关系，其本质含义就是人是一切社会关系的总和。在这里，"人"又是剧中人。比如，人在不同的社会关系中便具有不同的社会角色和身份：一个人在夫妻关系中是丈夫，在上下级关系中是领导，在师生关系中是老师，在全国政协又是政协委员，等等。在这种关系规定中，其核心概念是"社会关系""社会角色""社会身份"。"人"的过程规定，是指关于"人"在其历史发展过程中所获得的规定，其本质含义就是人在其实践发展过程和历史发展过程中，不断成其为人，进而不断获得其历史的规定性。其核心概念是"人的生成性""人成其为人"。由此，我们需要从三个维度来理解和把握"人"：注重解放人（人的解放）；注重约束人（对人的约束）；注重成为人（人的生成性，把人放在历史发展过程中来理解和把握）。

这样，一个具有重要的理论研究价值和实践价值的重大问题就提出来了——改革开放与人，展开来说，就是"改革开放与人的发展的历史逻辑"。

从历史发展的动态来讲，也就其一般性而言，当一个社会在发展动能相对不足的历史时刻，相对注重"解放人"；而当一个社会的发展相对处于失序的时候，往往注重"约束人"。当然，这只是相对而言的，不可将其绝对化。

在我国改革开放初期，整个历史场景是相对注重解放人的逻辑。当然，我们在指导思想上，还是强调对人的正当约束的，比如强调要坚持"四项基本原则"等。

改革开放初期，我们强调解放思想，把解放思想、实事求是确立为党的思想路线，这对改革开放具有前提性和基础性意义。没有解放思想、实事求是思想路线的确立，是根本迈不开改革开放步伐的。把解放思想作为党的思想路线的一个重要内容而且置于前位，可见对解放思想的重视。当时把解放思想、实事求是确立为党的思想路线，其实质就是要打破"左"的教条主义、本本主义的思想禁锢，从思想观念上为人松绑，从思想上解放人。从思想上解放人，对人的解放发挥着十分重要的作用，人的解放首先是从思想解放开始的，换言之，解放人首先是从解放思想开始的。这在当年主要表现为通过全党全国真理标准问题大讨论，打破了"两个凡是"的思想禁锢，强调从客观实际出发看问题，对人的解放发挥了不可低估的积极作用。

改革开放初期，我们强调解放生产力、发展生产力，把解放生产力、发展生产力确立为社会主义本质的主要内容而且置于首位，也把解放和发展社会生产力作为改革开放、社会主义现代化建设和中国特色社会主义建设的首要根本任务，可见对解放生产力、发展生产力的高度重视。人是生产力中最活跃、最革命的首要因素。强调解放生产力、发展生产力，具体体现为中国共产党带领广大人民群众实现党的工作重心大转移，由过去"以阶级斗争为纲"转向以经济建设为中心，而且把以经济建设为中心、坚持改革开放、坚持"四项基本原则"作为党的基本路线。不仅如此，当时我们还强调让一切创造财富的能力迸发，让一切创造财富的源泉涌流，聚精会神搞建设、一心一意谋发展。注重解放生产力、发展生产力，其实质就是解放人，它对解放人或人的解放发挥着十分重要的历史推动作用。

改革开放初期，我们强调体制改革，把体制改革作为改革的核心内容。改革之所以强调改革体制，实质就在于冲破体制对人的禁锢，从体制上为人松绑，赋予人以自主性或主体性。当初农村实行的家庭联产承包责任制，城市实行的现代企业制度，在一定意义上都是改革传统陈旧的束缚生产力发展从而束缚人的发展的体制，其实质在于通过解放人来进一步解放和发展社会生产力。

改革开放初期，我们强调尊重每个人的物质利益。在《解放思想，实事求是，团结一致向前看》这篇讲话中，邓小平同志指出："不讲多劳多得，不重视物质利益，对少数先进分子可以，对广大群众不行，一段时间可以，长期不行。"[1]他又指出，"革命是在物质利益的基础上产生的，如果只讲牺牲精神，不讲物质利益，那就是唯心论"[2]。这是对人的物质利益的恢复、坚持和捍卫。思想的背后是利益，思想一旦离开利益，也是要出丑的。马克思讲过："人们奋斗所争取的一切，都同他们的利益有关。"[3]对每个人物质利益的尊重、恢复、坚持和捍卫，对解放人具有重要的推动作用，因为物质利益是人的一切活动的原初动因，是人的生存的基本需要。

改革开放初期，我们强调经济体制改革的大方向，就是建立社会主义市场经济体制。这里主要涉及对市场经济的理解。一般传统观点认为，市场经济的本性是追求经济利益和经济利润最大化。这是对市场经

---

[1][2] 《邓小平文选》（第二卷），人民出版社1994年版，第146页。

[3] 《马克思恩格斯全集》（第一卷），人民出版社1956年版，第82页。

济的经济学解读。若从哲学来理解和把握市场经济，那么，市场经济在本质上就是"四个 li"的有机统一。一是从本性上讲，从事经济活动的人首先追求的是经济利益和经济利润的最大化，这是从事经济活动的人的原初动因。这是利益的"利"。二是我们进一步追问，从事经济活动的人怎样才能正当获取其经济利益？君子爱财，取之有道。这在本质上就是在要求从事经济活动的人必须最大限度地充分发挥其能力，进而为社会作出应有的贡献。就是说，从事经济活动的人是靠其能力最大限度的发挥来获取经济利益的。这是能力的"力"。三是我们再进一步追问，从事经济活动的人怎样才能最大限度地充分发挥其能力？这就内在地要求必须有一种制度安排，且这种制度安排要体现公平正义。比如在奥林匹克运动会上，110 米的跨栏比赛，每个运动员都想赢得金牌，为此，每个运动员就必须最大限度地发挥其奔跑和跨栏能力。要保证运动员能充分发挥其奔跑和跨栏能力，就必须有一种体现公平正义的制度安排，即保证五个方面的平等：同一个场地、同一个起点、同一个时间、同一个裁判、同一种规则。这种制度安排体现出人具有理性，人是靠其理性来做出合理的制度安排的。这是理性的"理"。四是人在体现公平正义的制度安排中最大限度地发挥其能力，从而获取最大的利益，这意味着每个人是凭自己的努力奋斗、能力发挥、业绩贡献而自立的。这是自立的"立"。这"四个 li"是能激发人的创新活力的，是有助于解放人的。其中最重要的，就是市场经济的核心是平等竞争，而平等竞争能激发人的创造潜能，进而能解放人和开发人。所以，从积极意义上来说，市场经济是一所大学校，进一步说是一所解放人、开发人的大学校。当然，我们也不否认，市场经济也具有逐利本性，对其约束、规范和管控不好，也会在一定程度上滋生功利主义、利己主义。这是需要加以警惕和避免的。

改革开放初期，我们强调科学技术是第一生产力，十分注重科学技术。这里就涉及科学技术、生产力和人的关系。科学技术大都来源于科技创新，科技创新本质上是人的创造性活动，彰显着人的创造性力量。因而，它内在地要求充分尊重和信任人即科研人员，内在要求激发人即科研人员的创造活力。这显然也是有利于解放人和开发人的。

改革开放初期，我们强调社会主义现代化建设，真正从实质上开启了社会主义现代化建设的步伐，这也是有助于解放人的。一般来讲，我们可以依据马克思所讲的人的发展三形态理论来理解和把握现代化的发生、历史进程及其一般本质。马克思的三形态理论的核心内涵是：人的存在和发展方式一般要经历由"人的依赖"经"物的依赖基础上的个人独立"，走向"自由个性"，这是一种自然历史过程。按照马克思的三形态理论，现代化就是在批判、超越"人的依赖"的历史进程中，逻辑必然地内在生长出来的，它起源于人对"人的依赖"的超越且成为独立主体的历史必然性。这里讲的"人的依赖"，主要指人对血缘共同体（家族）、国家权力和人身依附关系的依赖。要言之，依据马克思的三形态理论，现代化发源于"社会结构转型"，即由以"权力"为主导的社会结构走向以"物"和"个人独立"为主导的社会结构。这种理解，实际上抓住了现代化起源的本质，因为从历史和实践来看，现代化就是从社会结构转型开始的，现代化过程本质上就是社会结构转型的过程。从"社会结构转型"角度阐释现代性本质，这一本质就是：从人的依赖（或人身依附关系）中解放出来，使市场或资本力量相对独立出来，使个人相对独立且成为主体。本质只有一种，本质之表现却有所不同。就是说，现代化在本质上是一元的，而现代化本质之表现形式可以是多样的。

一般来讲，现代化主要从经济、社会和政治三个维度体现出来。在经济维度上，现代化体现为以市场力量为主导的工业化生产方式；在社会维度上，现代化体现为以个人物质利益和人格独立为基础的市民社会；在政治维度上，现代化体现为为市场经济提供平等竞争环境、注重民众社会参与和法治的国家治理方式。以上三个维度可以揭示出一种共性，即现代化是一种注重人的"权利、能力、理性、自立（包含自由）的批判精神和启蒙精神"。现代化具有积极和消极的双重效应。就现代性作为批判和超越"人的依赖"出场而言，它具有历史的积极作用，是一种肯定性概念；就现代化迷恋"物的依赖"而言，它又具有历史的消极作用，因而它又是一种否定性概念。其历史积极作用集中体现在"摆脱人身依附关系"（如对官本位或对权力膜拜的批判和超越）、"生长出物质文明成果"和"培育人的独立人格"，它既促进了人的独立人格的形成，也把人对"权力"的过度追逐转向对"物质财富"的追逐，这自然会使人类创造出丰硕的物质文明成果。然而，这种现代化也有其历史局限性。这集中体现在：人过度追逐物质财富而在一定程度上破坏了自然；人对物质财富的过度崇拜异化为物对人的统治，使人的生存成为物化生存；在市场力量发挥主导作用的过程中，在过于追逐物质财富的过程中，造成了贫富之间的不平等；在市场力量起主导作用的地方，在追逐物质财富的过程中，产生了金钱至上的风气，进而会诱发人的物欲、贪欲，使物欲横流、贪欲膨胀；在人们追逐物质财富的进程中，人们往往把手段当成目的，用手段遮蔽目的，即把工具理性看作高于价值理性。对此，我们自然要特别加以警惕和防范。但不管怎么说，现代化确确实实具有解放人、解放人性的一面。这在改革开放初期是充分体现出来的，即人的自主性和主体性得到了一定程度的张扬和彰显。

改革开放初期，我们在精神状态上特别强调大胆地试、大胆地闯，要具有闯的精神、"冒"的精神，要敢为人先。这在实质上就是说，在改革开放进程中，人在精神上要具有主动性，要由被动性走向主动性。这是在精神上对人的解放，是从精神状态上解放人。在当时的历史场景中，邓小平同志反复强调："改革开放胆子要大一些，敢于试验，不能像小脚女人一样。看准了的，就大胆地试，大胆地闯。深圳的重要经验就是敢闯。没有一点闯的精神，没有一点'冒'的精神，没有一股气呀、劲呀，就走不出一条好路，走不出一条新路，就干不出新的事业。不冒点风险，办什么事情都有百分之百的把握，万无一失，谁敢说这样的话？一开始就自以为是，认为百分之百正确，没那么回事，我就从来没有那么认为。"① 邓小平同志还突出强调人的创新精神："在党内和人民群众中，肯动脑筋、肯想问题的人愈多，对我们的事业就愈有利。干革命、搞建设，都要有一批勇于思考、勇于探索、勇于创新的闯将。没有这样一大批闯将，我们就无法摆脱贫穷落后的状况，就无法赶上更谈不到超过国际先进水平。"②

重新确立党的思想路线，强调大力解放生产力、发展生产力，注重体制改革，尊重每个人的物质利益，建立社会主义市场经济体制，注重科学技术，加强社会主义现代化建设，鼓励大胆地试、大胆地闯并具有闯的精神、"冒"的精神，等等，构成了中国改革开放初期的总体图景和场景。这一总体图景和场景之内核，就是解放人，推进人的解放。正因如此，广大人民群众的积极性、主动性、创造性被大大地激发出来了，

---

① 《邓小平文选》(第三卷)，人民出版社1993年版，第372页。

② 《邓小平文选》(第二卷)，人民出版社1994年版，第143页。

也极大地解放了生产力、发展了生产力，促进了生产力的发展，为实现富起来的中国注入了强大的动力。

改革开放进入新时代，相对注重塑造人的逻辑。改革开放初期，我们只注重解放人的逻辑，而对人的约束即法治和德治没有完全跟进，结果在一定程度上出现了社会发展失衡和无序的现象。改革开放之初，我们强调"放开"，"放开"在总体上是具有积极意义的，同时放开是为了搞活；放开之进一步发展，就体现为"放活"。放活，在总体上也具有积极意义，因为放活在当时主要表现为放权让利，这有利于激发人的创新活力。放活之进一步发展，由于法治和德治没有完全跟进，结果在一些人身上就表现为"放松"。这里的"放松"主要体现为"总开关"放松了，即一些人放松了对其世界观、价值观、人生观的改造，这就为"邪恶"因素的出现打开了闸门。放松之进一步发展，也由于法治和德治没有完全跟进，结果在某些人身上就发生了变异，异化为"放任"，即有权就任性、有钱就任性、有嘴就任性，出现了许多社会丑恶现象和腐败现象。放任之进一步发展，也是由于法治和德治没有完全跟进，结果在某些人那里，就变异为"放肆"，导致极端的腐败行为，进而导致社会发展的失衡，使社会显得无序。把"人"放在历史进程中来理解和把握，就必然相对注重并加强对人的约束，或者说对人的约束要跟进。改革开放进入新时代，从总体上的宏观图景看，就是相对强调约束人。这里所讲的约束，讲的是人受所规定的东西，如法律、道德、政治纪律的制约和规范。当然，也应清醒地认识到，我们在指导思想上，还是注重解放人的逻辑的。比如，强调要通过全面深化改革，进一步激发人的积极性、主动性、创造性，等等。

改革开放进入新时代，一是强调推进全面依法治国，注重法治对人的行为的法律约束。党的十八大以后，习近平同志强调要全面深化改革，随即又提出协调推进"四个全面"战略布局，把全面深化改革和全面依法治国纳入"四个全面"，且将其看作"鸟之两翼""车之两轮"的关系。法治，蕴含着法治精神。法治精神，基本上可以概括为"公正、权利、约束、秩序"。其中的约束，就是要求人严格依法办事、有法可依，把法作为人的行为的基本规则和遵循，把人的行为纳入法的框架和轨道，受法治约束。习近平同志又指出："要在道德教育中突出法治内涵，注重培育人们的法律信仰、法治观念、规则意识，引导人们自觉履行法定义务、社会责任、家庭责任，营造全社会都讲法治、守法治的文化环境。"① 要加强法治宣传教育，引导全社会树立法治意识，使人们发自内心信仰和崇敬宪法和法律。要坚持把全民普法和全民守法作为依法治国的基础性工作，使全体人民成为社会主义法治的忠实崇尚者、自觉遵守者、坚定捍卫者。要坚持把领导干部带头学法、模范守法作为全面依法治国的关键，推动领导干部学法经常化、制度化。

改革开放进入新时代，二是强调德治，注重道德对人的行为的约束。道德，是对人的内心世界及其内在行为的约束或规范。中国共产党第十八届中央政治局就"中国历史上的法治和德治"进行了第三十七次集体学习。习近平同志在主持学习时强调，法律是准绳，任何时候都必须遵循；道德是基石，任何时候都不可忽视。在新的历史条件下，我们要把依法治国基本方略、依法执政基本方式落实好，把法治中国建设好，必须坚持依法治国和以德治国相结合，使法治和德治在国家治理中相互补充、相互促进、相得益彰，推进国家治理体系和治理能力现代化。法

---

① 《习近平谈治国理政》(第二卷)，外文出版社 2017 年版，第 134 页。

律和道德都具有规范社会行为、调节社会关系、维护社会秩序的作用，在国家治理中都有其地位和功能。法安天下，德润人心。[①] 习近平同志又指出，要发挥领导干部在依法治国和以德治国中的关键作用。以德修身、以德立威、以德服众，是干部成长成才的重要因素。领导干部要努力成为全社会的道德楷模，带头践行社会主义核心价值观，讲党性、重品行、作表率，带头注重家庭、家教、家风，保持共产党人的高尚品格和廉洁操守，以实际行动带动全社会崇德向善、尊法守法。[②]

进入新时代，三是强调自治，注重自治对人的行为的自治约束。自治的核心要义，就是人在具有自主性的同时又具有自觉性和自律性，对自己行为的后果承担责任。具有自治能力的人，往往既具有自觉性，能自觉恪守法治和德治，又具有自律性，能主动约束自己的行为。

进入新时代，四是强调政治，注重对人的行为的政治约束。政治对人的约束，主要体现在用政治纪律、党规党纪约束党员干部，使其行为时时刻刻在政治纪律、党纪党规的约束之下。强调增强"四个意识"、做到"两个维护"，其实质就是用政治来约束人。

应当充分肯定，改革开放进入新时代，我们在注重调动人的积极性、主动性、创造性的同时，相对强调法治约束、德治约束、自治约束和政治约束，确实取得了重要且重大的积极成果，那就是：整个社会呈现出良性有序的大好局面，党风、社会风气明显好转，风清气正的环境正在形成。这充分表明：对人的合理约束，是理解和把握人尤其是改革开放进程中的人的发展逻辑的一个基本维度。改革开放初期，对人的约

---

①② 参见《习近平在中共中央政治局第三十七次集体学习时强调 坚持依法治国和以德治国相结合 推进国家治理体系和治理能力现代化》，载《人民日报》2016 年 12 月 11 日。

束相对薄弱，进入新时代，加强对人的合理约束是必然的，也是十分必要的。

今天，我们看到另外一种情景，即在一些人那里出现了"不作为""懒政""动力不足""形式主义""明哲保身、但求无过"等不良现象。这绝不是注重对人的合力约束或约束人而造成的，而是由以下五种原因导致的。一是一些人对约束人的误读。似乎认为约束人，就不需要激发人的积极性、主动性、创造性，就是把人管得死死的，老实听话就行，这也不能做，那样也不行，什么都不敢做，结果就是"约束过度"，没有给激励机制和激励人留下空间，影响了人的积极性、主动性、创造性的发挥。二是一些人还没有真正或完全适应在有约束的环境中工作和生活。也就是，对具有约束的环境还不适应、不习惯，在一定程度上有抵触。三是担当的机制还没有真正建立起来，结果使有些敢于担当的人吃了亏。四是一些地方的问责不精准，问责不规范，致使一些人怕问责而不敢作为。五是对某些地方的一些诬告陷害行为缺乏有效的限制，对领导干部的保护和信任不够。这些原因，多是在理解和操作层面出了问题。

对这些情况，中央已充分认识到，并及时且积极采取了应对措施。主要体现在：出台相关政策，鼓励领导干部积极作为，大胆使用忠诚干净担当的领导干部；强调约束比如问责的科学性、针对性、精准性；对陷害诬告领导干部之人，采取有效措施加以抵制，对被陷害诬告的领导干部大胆使用；为那些敢于担当的领导干部提供宽广舞台；等等。

这就给我们提出一个十分迫切、亟须弄清的哲学问题：如何在解放人的逻辑进程中对人进行有效约束，不致走向任性，或者在注重解放人的逻辑的同时给合理约束人留下合理空间？如何在注重约束人的逻辑的同时继续解放人并加强有效激励，或者在合理约束人的同时给解放人的逻辑留下合理空间？要言之，如何在解放中有约束、在约束中有解放？用大众化的语言来表达，就是如何让广大领导干部和民众既有活力也守规矩？这需要借助辩证思维，需要哲学智慧，也需要实践经验。解决这一问题的基本思路，就是要注重并加强治理，以建构"三种秩序"：一是法治秩序，培育和铸就"公正、权利、约束、秩序"的法的精神；二是德治秩序，以德治引领社会风尚；三是自治秩序，使每个人既自主自觉又承担责任，达至自律。这三种秩序的实质，就是对"人"的治理。这种治理的核心，就是要运用辩证思维正确处理解放人的逻辑和约束人的逻辑之间的关系：在解放人的时候，法治、德治、自治要跟上；在约束人的时候，对利益、能力、自主的尊重要跟上。这是时代给我们提出的一个重大课题，对这一课题的解答关乎党和国家发展的命运，因而应加强深入研究。这一课题及其解决思路正好契合动力、平衡、治理三种根本机制：对"人"的治理契合了治理机制；治理的核心，是要运用辩证思维，正确处理解放人的逻辑和约束人的逻辑之间的关系，这就契合了动力机制和平衡机制，因为解放人的实质，就是为人"松绑"，让人具有追求发展的动力，换言之，要激发人的创新动力和活力，必须注重解放人，而约束人的实质，就是把人的行为纳入规范的框架内，使人追求并保持公正、和谐、平衡、稳定。改革开放以来，从相对注重解放人（没有忽视约束人）走向相对注重约束人（没有轻视解放人）的逻辑，恰恰蕴含着经济社会发展的动力机制、平衡机制和治理机制。这是改革开放以来我国学术界在学术理论创新上取得的最大成果。

总之，动力、平衡、治理三种根本机制在任何对象、任何事物、任何领域都普遍存在，这三种根本机制能为解释和解决中国问题与人类问题、世界问题贡献中国智慧和中国方案。因此，21 世纪马克思主义要把三种根本机制论作为一种分析框架，来解释和回答中国问题与人类问题、世界问题，并为此贡献核心理论。

## 二、系统力量结构论

习近平同志基于中国特色社会主义、中国式现代化伟大实践经验，提出了最具鲜明标识的"两个创造"——创造中国式现代化新道路、创造人类文明新形态。21 世纪马克思主义的立足点、根本支点、重要基石，就是中国式现代化、人类文明新形态（当然还有人类命运共同体）。中国式现代化、人类文明新形态、人类命运共同体蕴含着发展 21 世纪马克思主义的核心要素。

21 世纪马克思主义是一个系统整体。决定 21 世纪马克思主义发展命运的，是其中蕴含的核心要素及其结构。可从中国式现代化道路、人类文明新形态、人类命运共同体中，提炼出发展 21 世纪马克思主义的核心要素。这就是：坚持中国共产党领导；坚持以人民为中心；坚持社会主义市场经济等基本经济制度；不断解放和发展社会生产力、实现全体人民共同富裕、推进人的全面发展；贯彻新发展理念，注重五大文明协调发展；整合党的领导力量、人民主体力量、市场配置力量；坚持走和平发展道路，注重人类进步、世界大同、和平发展、合作共赢。对这些核心要素做进一步提升概括，其中蕴含七大力量要素，即党的领导力量、人民主体力量、市场配置力量、社会动员力量、文化凝聚力量、生态滋养力量、世界和合力量。基于中国式现代化道路、人类文明新形态和人类命运共同体创新发展 21 世纪马克思主义，需要进一步对七大力量要素及其结构作出理论上的表述和阐释。只要对中国式现代化的性质方向、本质特征、本质要求、重大原则进行学理分析，就能揭示出这七种力量要素；所创造的人类文明新形态，是人人"主主平等"的人类文明新形态，是"全要素文明"（物质文明、政治文明、精神文明、社会文明、生态文明）的人类文明新形态，是"和合普惠文明"的人类文明新形态，是"人本文明"和"民本文明"的人类文明新形态。人人"主主平等"之实质，是注重人民主体力量、社会动员力量、文化凝聚力量、生态滋养力量、世界和合力量；"全要素文明"之实质，是注重党的领导力量、人民主体力量、市场配置力量、社会动员力量、文化凝聚力量、生态滋养力量；"和合普惠文明"之实质，就是注重世界和合力量、人民主体力量、社会动员力量、文化凝聚力量；"人本文明"和"民本文明"之实质，就是注重人民主体力量、社会动员力量、文化凝聚力量、生态滋养力量；构建人类命运共同体，内在要求注重人民主体力量、市场配置力量、社会动员力量、文化凝聚力量、生态滋养力量和世界和合力量。

这七种力量要素构成具有本源意义的系统结构，即由"党的领导为主导的人民主体力量、市场配置力量、社会动员力量、文化凝聚力量、生态滋养力量、世界和合力量"构成的系统结构，可称为党主导的"系统力量结构论"。在这一理论中，在党的领导下的七种力量相互贯通、相互作用、彼此理解，构成一个逻辑严密的有机整体，发挥着系统整体的功能。党主导的系统力量结构论，以习近平新时代中国特色社会主义思想为支撑。中国特色社会主义进入新时代，在注重经济社会全面发展的基础上，以习近平同志为核心的党中央进一步注重"系统性战略谋划"。这种以系统为基础的战略谋划具有三大本质特征：抓住影响新时代中国发展命运的所有根本要素；对所有根本要素进行系统性、战略性的顶层设计；在顶层设计的基础上，对这些根本要素的系统性、整体性进行战略谋划，使之形成合理的结构并能发挥合力作用。习近平新时代中国特色社会主义思想就是这种"系统性战略谋划"的思想结晶，其中蕴含着深厚的系统性战略谋划特质：在新的历史方位所解答的时代课题，其新发展理念、"五位一体"总体布局、"四个全面"战略布局、"两步走"的战略谋划、总体国家安全观、构建人类命运共同体、推进国家治理体系和治理能力现代化等系列重要论述，其经济思想、法治思想、生态文明思想、强军思想、外交思想等，都坚持系统观念，都体现战略思维。正因如此，习近平同志强调，"战略问题是一个政党、一个国家的根本性问题。战略上判断得准确，战略上谋划得科学，战略上赢得主动，党和人民事业就大有希望"[①]，"我们是一个大党，领导的是一个大国，进行的是伟大的事业，要善于进行战略思维，善于从战略上看问题、想问题"[②]。

越是在历史重要关头，越要注重战略思维。党的十八大以后，中国特色社会主义进入新时代，这是我国发展新的历史方位。以习近平同志为核心的党中央统筹把握实现中华民族伟大复兴战略全局和世界百年未有之大变局，对关系新时代党和国家事业发展一系列重大战略性时代课题和根本问题进行深邃思考和科学判断，提出了一系列治国理政新战略，其中统筹中华民族伟大复兴战略全局和世界百年未有之大变局，构建以国内大循环为主体、国内国际双循环相互促进的新发展格局，改革国务院机构、推进国家治理体系和治理能力现代化，打赢脱贫攻坚战、全面建成小康社会，打好关键核心技术攻坚战、提高创新链整体效能，实施

① 《习近平谈治国理政》（第二卷），外文出版社 2017 年版，第 10 页。
② 《习近平谈治国理政》（第四卷），外文出版社 2022 年版，第 31 页。

区域协调发展战略，注重军队组织构架和力量体系重塑，等等，都是"系统性战略谋划"的具体体现。

创新发展21世纪马克思主义，要基于中国式现代化、人类文明新形态和构建人类命运共同体，整合这七种力量，使之形成合力。这可以为解释并回答21世纪的中国问题与人类问题、世界问题，提供中国理论、中国方案。

### 三、五为五谋论

21世纪马克思主义的"思想芯片"或"核心理论"，是"五为五谋"，即为中国人民谋幸福、为中华民族谋复兴、为世界谋大同、为中国共产党谋强大、为马克思主义谋生机。

这可以从"哲学根基""时代课题""社会主要矛盾""四大之问""两个创造""历史意义"的文本表述中，有逻辑地提升概括出来。

第一，从"哲学根基"提升概括。"哲学根基"具有根本性。习近平新时代中国特色社会主义思想的哲学根基，是"系统为基的战略辩证法"，可成为提炼"五为五谋"的第一个依据。其中最为关键的，就是要理解和把握其中蕴含的系统性、整体性、全局性、根本性、战略性问题。习近平同志指出："以前我们要解决'有没有'的问题，现在则要解决'好不好'的问题。"[1] 这里的"好不好"，核心就是人民的美好生活。新时代我国社会主要矛盾发生了历史性转化（社会主要矛盾影响我国发展的根本、全局、长远和整体），转化为人民日益增长的美好生活需要和不平衡不充分的发展之间的矛盾，这里把"人们对美好生活的向往"历史

---

① 《习近平谈治国理政》（第三卷），外文出版社2020年版，第133页。

必然地推到新时代我国发展的前台和中心。其中蕴含的根本问题，就是解决人民生活"美好不美好"，实质就是"为中国人民谋幸福"。实现中华民族伟大复兴是战略全局，它是近代以来中华民族最伟大的梦想，任何国家和势力都阻挡不了我们前进的步伐，我国已经开启强国建设、民族复兴新征程，把以中国式现代化全面推进"强国建设、民族复兴"看作新时代新征程的中心任务，显然，这既是战略性问题，又是全局性问题，其实质，就是解决国家和民族"强不强"的问题，从而"为中华民族谋复兴"。这两个问题，就是我们常讲的"初心和使命"。习近平同志提出的参与全球治理体系改革和建设，倡导全人类共同价值，创造人类文明新形态，构建人类命运共同体，实质上就是直面百年来未有之大变局，致力于解决世界"和平不和平"的问题，"为世界谋大同"。党的二十大报告指出，"全面建设社会主义现代化国家、全面推进中华民族伟大复兴关键在党"，"中国特色社会主义最本质的特征是中国共产党领导，中国特色社会主义制度的最大优势是中国共产党领导"，"坚持党的全面领导是坚持和发展中国特色社会主义的必由之路"，"全面从严治党是党永葆生机活力、走好新的赶考之路的必由之路"。党的十八大以来，党中央治国理政总体上是围绕"打铁必须自身硬"展开的，统揽推进"伟大斗争、伟大工程、伟大事业、伟大梦想"，其中起决定性作用的是党的建设新的伟大工程，协调推进"四个全面"战略布局、"十个明确"之首尾、"十四个坚持"之首尾、党百年奋斗十条历史经验之首尾，及中国特色社会主义制度的十三个显著优势，等等，都把坚持党的全面领导和全面从严治党的统一置于核心地位，其实质就是聚焦解决中国共产党自身"硬不硬"的问题，"为中国共产党谋强大"。马克思主义是我们立党立国、兴党兴国的"根本指导思想"。实践告诉我们，中国共产党为什么能，中国特色社会主义为什么好，"归根到底是马克思主义行，是中国化时代化的马克思主义行"。拥有马克思主义科学理论指导是我们党坚定信仰信念、把握历史主动的根本所在。100多年来，党坚持把马克思主义写在自己的"旗帜"上，马克思主义中国化时代化不断取得成功，使世界范围内社会主义和资本主义两种意识形态、两种社会制度的历史演进及其较量发生了有利于社会主义的重大转变。这里，"旗帜""根本指导思想""归根到底是马克思主义行，是中国化时代化的马克思主义行"等，都充分表明马克思主义在我们党治国理政实践的全局中居于核心地位，实质就是解决马克思主义如何始终保持蓬勃生机、旺盛活力的问题，从而"为马克思主义谋生机"。归结起来，从哲学根基所蕴含的系统性、整体性、全局性、根本性、战略性问题中，我们分析和揭示出了"为中国人民谋幸福""为中华民族谋复兴""为世界谋大同""为中国共产党谋强大""为马克思主义谋生机"五大内核，这五大内核涉及"人民""中华民族""世界""中国共产党""马克思主义"，这恰恰是在习近平新时代中国特色社会主义思想科学体系中最具根本性、全局性、长远性、战略性的问题，居于核心地位。由此可以得出结论：习近平新时代中国特色社会主义思想的"体系主干"，若用学理的话语来表达就是："为中国人民谋幸福""为中华民族谋复兴""为世界谋大同""为中国共产党谋强大""为马克思主义谋生机"，简称"五为五谋"。

第二，从"时代课题"提升概括。"时代课题"管根本、管全局、管整体、管长远，具有系统性和战略性，能成为提炼"五为五谋"的第二个依据。习近平同志就新时代坚持和发展什么样的中国特色社会主义、怎样坚持和发展中国特色社会主义，建设什么样的社会主义现代化强国、怎样建设社会主义现代化强国，建设什么样的长期执政的马克思主义政党、怎样建设长期执政的马克思主义政党等重大时代课题进行深邃思考和科学判断，提出了一系列原创性的治国理政新理念新思想新战略。其中，建设社会主义现代化强国，本质上就是解决国家和民族"强不强"的问题，是"为中华民族谋复兴"；建设长期执政的马克思主义政党，本质上就是解决中国共产党自身"硬不硬"的问题，是"为中国共产党谋强大"；建设中国特色社会主义，与马克思主义、中国化时代化的马克思主义本质相关联，因为科学社会主义是因中国特色社会主义而在 21 世纪的中国焕发出强大生机活力，中国特色社会主义为什么好，归根结底是马克思主义行、中国化时代化的马克思主义行，显然，其实质就是解决马克思主义如何始终保持蓬勃生机、旺盛活力的问题，从而"为马克思主义谋生机"。"为中华民族谋复兴""为中国共产党谋强大""为马克思主义谋生机"，是从"时代课题"中提炼概括出的"体系主干"。

第三，从"社会主要矛盾"提升概括。社会主要矛盾具有全局性、根本性和长远性，能成为提炼"五为五谋"的第三个依据。新时代的社会主要矛盾，是人民日益增长的美好生活需要和不平衡不充分的发展之间的矛盾。"人民日益增长的美好生活需要"，主要是解决人民生活"好不好"的问题，其实质是为中国人民谋幸福，"不平衡不充分的发展"，主要是解决国家和民族"强不强"的问题，其实质是为中华民族谋复兴。

第四，从"四大之问"提升概括。"四大之问"具有系统性、整体性、全局性、根本性、战略性，涉及党和国家事业的整体、全局、根本和战略，能成为提炼"五为五谋"的第四个依据。"习近平在领导党和人民应变局、开新局的伟大实践中，坚持解放思想、实事求是、守正创新，对关系新时代党和国家事业发展的一系列重大理论和实践问题进行新的深邃思考和科学判断，提出了一系列原创性的治国理政新理念新思想新战略，进一步科学回答了中国之问、世界之问、人民之问、时代之问。"① "中国之问"之根本，就是解决国家和民族"强不强"的问题，是"为中华民族谋复兴"；"世界之问"之核心，就是解决"世界和平不和平"或"世界向何处去"的问题，是"为世界谋大同"；"人民之问"之关键，就是解决人民生活"美好不美好"的问题，是"为中国人民谋幸福"；"时代之问"与"新时代及其时代特征"和"时代课题"本质相关，其内核涉及如何谱写马克思主义中国化时代化新篇章，涉及新时代在"为中国人民谋幸福""为中华民族谋复兴""为中国共产党谋强大"进程中，如何"为马克思主义谋生机"。显然，"四大之问"蕴含了"为中国人民谋幸福""为中华民族谋复兴""为中国共产党谋强大""为世界谋大同""为马克思主义谋生机"，这是从"四大之问"中提炼概括出的"体系主干"。

第五，从"两个创造"提升概括。这里的"两个创造"，就是创造中国式现代化新道路，创造人类文明新形态。这"两个创造"是中国特色社会主义、社会主义现代化建设的具有根本性、全局性、长远性、战略性的标识性重大成果，因而可以成为提炼"五为五谋"的第五个依据。"两个创造"蕴含21世纪马克思主义所解决的根本问题。21世纪马克思主义需要解决的问题很多，但最聚焦最根本的问题主要是："人民生活好不好""国家强不强""世界和平不和平""政党硬不硬""马克思主义是否具有强大生命力"。这五大根本问题之实质，就是为人民谋幸福、为民族谋复兴、为世界谋大同、为无产阶级政党谋强大、为马克思主义谋生

① 《习近平谈治国理政》（第四卷），外文出版社2022年版，出版说明。

机。政党、国家、人民、世界、马克思主义是"两个大局"中的根本问题。中国式现代化道路和人类文明新形态蕴含着五大根本问题：中国式现代化道路本来就是实现中华民族伟大复兴的必由之路，此可谓为民族谋复兴；中国式现代化道路本质上就是实现全体人民共同富裕、促进人的全面发展、创造人民美好生活的道路，此可谓为人民谋幸福；中国共产党领导是中国特色社会主义道路最本质的特征，是中国特色社会主义道路之最大的制度优势，中国共产党是中国特色社会主义的核心领导力量，此可谓为中国共产党谋强大；中国式现代化道路是走和平发展的道路，人类文明新形态是为世界谋太平的文明，此可谓为世界谋大同；只要沿着中国式现代化道路和人类文明新形态前行，21世纪马克思主义必然焕发强大生机活力，此可谓为马克思主义谋生机。

第六，从"历史意义"提升概括。这里讲的"历史意义"，是中国共产党百年奋斗的历史意义。党的十九届六中全会通过的《中共中央关于党的百年奋斗重大成就和历史经验的决议》，是用大历史观，从党史、新中国史、改革开放史、社会主义发展史、中华民族发展史、人类发展史这种宽广、长远、整体、纵深视野，来分析和揭示中国共产党百年奋斗的伟大历史意义，其"历史意义"能成为提炼"五为五谋"的第五个依据。它所讲到伟大历史意义，是分别从中国人民、中华民族、马克思主义、世界历史、中国共产党五大根本主题来讲的。深读文本可以明确看出，其分别讲的是"中国人民对美好生活的向往""中华民族向世界展现的是一派欣欣向荣的气象""马克思主义中国化时代化不断取得成功，使马克思主义以崭新形象展现在世界上""党为世界谋大同""保持了党的先进性和纯洁性，党的执政能力和领导水平不断提高"。其实质，显然讲的就是"为中国人民谋幸福""为中华民族谋复兴""为马克思主义谋生机""为世界谋大同""为中国共产党谋强大"。这是从"历史意义"中提炼概括出的"思想芯片"。

综合上述分析，21世纪马克思主义的"思想芯片"，就是为中国人民谋幸福、为中华民族谋复兴、为世界谋大同、为中国共产党谋强大、为马克思主义谋生机。

# 结　语
## 建设中华民族现代文明的重大创新及其意义

中国式现代化推动了中华文明的生命更新和现代转型，实现了从传统向现代的跨越，发展出中华民族现代文明，而创造人类文明新形态，需要基于中国式现代化和中华民族现代文明。由此，探析从中国式现代化到开创人类文明形态问题，建设中华民族现代文明是其中关键一环。深入思考推进中国特色社会主义文化建设、建设中华民族现代文明这个重大问题，对进一步深入研究从中国式现代化到开创人类文明新形态问题，具有重要的学理价值和时代意义。

习近平同志强调："在新的起点上继续推动文化繁荣、建设文化强国、建设中华民族现代文明，是我们在新时代新的文化使命。"[①] 把建设中华民族现代文明作为我们党在新时代的文化使命，其实质，就是新时代我们党推进文化建设的总框架、总目标、总任务之一，就是建设中华民族现代文明，建设中华民族现代文明，在新时代我国文化建设中具有总体性、核心性、战略性地位。

2023 年 2 月 7 日，习近平总书记在学习贯彻党的二十大精神研讨班开班式上指出："中国式现代化蕴含的独特世界观、价值观、历史观、文明观、民主观、生态观等及其伟大实践，是对世界现代化理论和实践的

---

① 习近平：《在文化传承发展座谈会上的讲话》，人民出版社 2023 年版，第 10 页。

重大创新。"① 从世界观、历史观、价值观、文明观、生态观、民主观等角
度分析中国式现代化的重大创新，对理解中国式现代化开创人类文明新
形态的历史必然和实践可能具有重要意义。这里的重大创新，既是中国
式现代化对人类实现现代化的重大创新，也是人类文明新形态对西方文
明形态的重大创新。这种重大创新，简要来说集中体现在以下几点。

在历史观上，由"历史单线论"走向"历史多线论"。它坚持"走自
己的路"，以"历史多线论"打破了西方的"历史单线论"，终结了"历
史终结论"和"西方中心论"，在人类实现现代化的道路上蹚出了一条区
别于西方的中国式现代化新道路。

在世界观上，由"世界一元论"走向"世界多元论"。面对资本逻辑
下的"世界一元"世界观主导的旧世界格局，中国式现代化创造人类文
明新形态，为推动构建以多元文明、互学互鉴、和平共处等为基本共识
的新世界格局奠定了世界观基础。

在价值观上，由"普世价值论"走向"全人类共同价值论"。全人类
共同价值是社会主义核心价值体系的重要组成部分，它实现了历史和时
代的统一、共性和个性的统一，具有不断发展进步的独特精神特质；它
既体现了社会主义的本质要求，又传承发展了中华优秀传统文化，也吸
收和借鉴了西方价值观中的有益成分，还离不开人类文明发展大道；它
以"和而不同"为原则，既强调公共性，亦不否认个性。中国式现代化、
人类文明新形态倡导全人类共同价值，既不会孤立地、无条件地鼓吹某
个民族、阶级、种族的价值话语，也不排除全人类的公共性。

---

① 《习近平在学习贯彻党的二十大精神研讨班开班式上发表重要讲话强调　正确理解和大力推进中
国式现代化》，载《人民日报》2023 年 2 月 8 日。

在文明观上，由"文明冲突论"走向"文明互鉴论"。人类文明的发展演进是在合作与斗争中进行的。过分夸大文明冲突，不利于文明间的有序交往和文明本身的健康发展，只会让人类陷入你死我活的无序斗争之中，导致文明的终止与断裂，甚至阻碍人类文明的进步。人类文明多样性蕴含统一性原则，人类文明的融合和发展离不开文明合作。

在民主观上，由"自由民主论"走向"发展全过程人民民主论"。现代西方民主不具有历史的永恒性，民主是具体的、发展的文明范畴。中国共产党带领中国人民经历了百余年的探索与实践，在不断反思"西方自由民主"理论和实践的基础上，在民主主体、民主过程、民主效能等方面超越"西方自由民主"，弥合了西方民主观主导下的民主与善治之间的鸿沟，确立了一种新的区别于西方"自由民主"的政治形态——全过程人民民主，丰富了人类政治文明形态。全过程人民民主，是中国共产党领导的民主，是人民当家作主的民主，是全链条、全方位、全覆盖的民主，是最广泛、最真实、最管用的社会主义民主，它突破对"西式民主"的盲目迷信，重新思考一种"精英民主"之外的真正的民主。

此外，在生态观上，由"狭隘人类中心主义"走向"和谐共生论"。

除上述"六观"外，中国式现代化、人类文明新形态还在民族观、人性观、社会观、尺度观、人类命运观、哲学观上，实现了对西方现代化、西方文明的重大超越。在民族观上，它以中华文明的突出特性超越西方的"民族优越论"；在人性观上，它以在社会性的群己关系中注重为他超越西方那种基于人的自然本性的"注重个人自我、为我"；在社会观上，它以体现中国式现代化的本质要求和重大原则的社会治理超越"西方社会竞争进化论"；在尺度观上，它以坚持人民至上的人民标准观超越西方的"理性尺度观"；在人类命运观上，它以积极构建人类命运共同体理念超越西方的"文明开化使命论"；在哲学观上，它以"主主平等"的普惠哲学超越了西方那种"主客对立"的哲学观。

西方现代化、西方文明观在历史观、世界观、价值观、文明观、民主观、生态观，以及民族观、人性观、社会观、尺度观、人类命运观、哲学观上表现出来的悖论和缺陷，鲜明地暴露了西方现代化、西方文明的历史限度，表明人类亟须一种扬弃西方现代化和西方文明的新的现代化理论和新的文明观。相应地，中国式现代化、中华民族现代文明、人类文明新形态在历史观、世界观、价值观、文明观、民主观、生态观，以及民族观、人性观、社会观、尺度观、人类命运观、哲学观上，超越了西方现代化和西方文明，打破了对"现代化＝西方化"和"西方中心论"的迷思，为人类实现现代化提供了新选择。在这个意义上可以说，中国式现代化正在从"现代化在中国"走向"中国式现代化在世界"。

由此可以说，这样的中华民族现代文明和人类文明新形态实现了人类文明范式的变革。它不是"主客对立"的文明，而是"主主平等普惠"的文明；不是单向度的工业文明，而是一种从工业文明走出来且高于工业文明的全要素文明；不是以"西方中心论"为取向的文明，而是构建人类命运共同体的文明；不是资本主义文明，而是社会主义文明和中国特色社会主义文明；不是静止不变的文明，而是不断发展进步的文明。

新时代新征程，创造人类文明新形态只是一个新的历史起点，推进中国特色社会主义文化建设，尚需我们凝聚文化共识，坚定文化自信，担负文化使命，致力于建设中华民族现代文明。

# 主要参考文献

［1］ 孙皓晖：《强势生存：中国原生文明的核心力量（修订版）》，中信出版社 2023 年版。

［2］ 唐爱军：《中国式现代化道路研究》，商务印书馆 2023 年版。

［3］ 陈学明等：《走向人类文明新形态》，天津人民出版社 2022 年版。

［4］ 王立胜：《中国式现代化道路与人类文明新形态》，江西高校出版社 2022 年版。

［5］ 颜晓峰、杨群主编：人类文明新形态研究丛书，社会科学文献出版社 2022 年版。

［6］ 张占斌等：《开创人类文明新形态——中央党校专家深层次解读人类文明新形态的理论与实践》，中共中央党校出版社 2022 年版。

［7］ 文扬：《文明的逻辑——中西文明的博弈与未来》，商务印书馆 2021 年版。

［8］ 左鹏等：《理论自信：马克思主义与中华文明》，人民出版社 2021 年版。

［9］ 于铭松等：《文化自信：中华文明的当代价值和世界意义》，人民出版社 2021 年版。

［10］ 吴新文：《再造文明——马克思主义与中国》，上海人民出版社 2017 年版。

［11］ 刘希刚、徐民华：《马克思主义生态文明思想及其历史发展研究》，人民出版社 2017 年版。

［12］ 罗京辉主编：《马克思恩格斯列宁斯大林论欧洲文明》，中国社会科学出版社 2015 年版。

[13] 罗荣渠：《现代化新论——世界与中国的现代化进程（增订本）》，商务印书馆 2004 年版。

[14] [德] 奥斯瓦尔德·斯宾格勒：《西方的没落》，吴琼译，四川人民出版社 2020 年版。

[15] [法] 米歇尔·福柯：《疯癫与文明：理性时代的疯癫史（修订译本）》，刘北成、杨远婴译，生活·读书·新知三联书店 2019 年版。

[16] [美] 塞缪尔·亨廷顿：《文明的冲突与世界秩序的重建（修订版）》，周琪等译，新华出版社 2010 年版。

[17] [德] 诺贝特·埃利亚斯：《文明的进程——文明的社会起源和心理起源的研究》，王佩莉、袁志英译，上海译文出版社 2009 年版。

[18] [美] 阿瑟·赫尔曼：《文明衰落论——西方文化悲观主义的形成与演变》，张爱平等译，上海人民出版社 2007 年版。

[19] [美] 罗伯特·路威：《文明与野蛮》，吕叔湘译，生活·读书·新知三联书店 2005 年版。

[20] [德] 于尔根·哈贝马斯：《现代性的哲学话语》，曹卫东等译，译林出版社 2004 年版。

[21] [美] 弗朗西斯·福山：《历史的终结及最后之人》，黄胜强等译，中国社会科学出版社 2003 年版。

[22] [英] 安东尼·吉登斯：《第三条道路——社会民主主义的复兴》，郑戈译，北京大学出版社、生活·读书·新知三联书店 2000 年版。